Portrayal of Bank Novices in 1912–1949

民国银行
练习生记事

刘平 著

上海远东出版社

图书在版编目(CIP)数据

民国银行练习生记事/刘平著. —上海:上海远东出版社,2016
ISBN 978 - 7 - 5476 - 1184 - 5

Ⅰ.①民… Ⅱ.①刘… Ⅲ.①银行史-史料-中国-民国
Ⅳ.①F832.96

中国版本图书馆 CIP 数据核字(2016)第 236035 号

民国银行练习生记事

刘　平　著

策划/陈占宏

责任编辑/陈占宏　　装帧设计/张晶灵

出版:上海世纪出版股份有限公司远东出版社
地址:中国上海市钦州南路 81 号
邮编:200235
网址:www. ydbook. com
发行:新华书店　上海远东出版社
　　　上海世纪出版股份有限公司发行中心
制版:南京前锦排版服务有限公司
印刷:上海市印刷二厂有限公司
装订:上海市印刷二厂有限公司

开本:710×1000　1/16　印张:14.25　插页:2　字数:255 千字
2016 年 10 月第 1 版　2016 年 10 月第 1 次印刷

ISBN 978 - 7 - 5476 - 1184 - 5/F·589
定价:45.00 元

序言

　　刘平的新著《民国银行练习生记事》即将付梓。通览全稿,觉得这是一部颇具特色的金融史读物,值得向读者推荐。

　　首先,这部书稿注目于民国时期银行从业人员的最低层——练习生,这是很有见地的。自1897年第一家国人自办新式银行——中国通商银行成立以来,已经有近120年了。民初以降,华资银行业得到了长足的发展,先是与钱庄业和外资银行成鼎足之势,至20世纪30年代更是在制度安排和金融市场均居于主导地位,中、中、交、农四大政府银行掌握了法币发行权,加上北四行、南三行、小四行等诸多跨区域的商业银行,控制了绝大部分的财政性金融业务,主导着与工商社会密切相关的存贷汇业务。从金融市场变迁的角度来看,华资银行业无疑是诸多金融史论著的主角。但是,进一步看有关华资银行业的研究状况,就可以发现"三重"和"一轻"的倾向,即重视机构(包括特定银行及其同业团体)、市场和业务,轻视人在银行业的作用。而在人的问题上,业已问世的相关论著几乎都集中于被称作银行家的上层人士,其中最常被提及的是政府银行、大商业银行的代表性人物,也就是十来个人,如宋子文、张嘉璈、钱新之、叶景葵、陈光甫、李铭、吴鼎昌、周作民、谈荔孙、胡笔江等,而且时常被提及的近代银行业职业经理人也就是百来人,可以说是"精英"金融史。(见徐矛等著《中国十银行家》,上海人民出版社1997年版。)当然,与政治、外交、军事、文教、科技等领域相比,对于近代银行业精英人士的研究,无论是群体还是个人,都还有待继续深入进行;但是,对于数量更多的近代银行业中低层从业人员,尤其是通常由办事员、助员和练习生构成的银行普通职员群体,目前普遍为各种金融史教材、专著乃至一般读物所忽略,这样的金融史研究及相应书写,无疑是不完整、不全面的,也是难以真正深入的。因此,刘平的这部书稿选择以练习生这一银行最低层群体为对象,既是对以往"三重""一轻"的金融史研究领域的拓展,也意味着金融史研究除了"精英"之外,已经触及了"草根"群体,是深化金融史研究层面的有益探索。

其次,这部书稿较全面地还原了民国银行练习生的方方面面,尤其是较清楚地揭示了练习生是如何"炼成"的各个环节。现实生活中的民国银行练习生,究竟是怎样一个群体?他们真实的工作和生活状态究竟如何?对此,以往有关银行史的书写中,并无直接的叙述。虽然我们可以对这个处于最低层的群体作出如下初步的判断,即在整个银行普通职员中,练习生大抵属于年龄轻、资历浅、薪水低,同时又承担了大量琐碎、基础性工作的群体,其地位相当于钱庄和其他商铺的"学徒"。但在本书作者看来,"这些都不过是非常表层的印象"。"他们究竟是一些怎样的人?他们是如何进入银行的?最后又会有怎样的归宿呢?这些都是我试图探究和回答的问题。"目前的书稿正文分为十个部分,分别说明对练习生的招聘、考试和录取,到谒师、培训、实习和教化,再到待遇、公余生活,以及涵盖各主要环节的具体人物个案。通过依序阅读书稿,读者可以通过一个个鲜活的例子,走进民国时期银行练习生的场域。可以说,绝大部分的银行从业人员,或多或少地要经历过"练习生"这一阶段的历练,银行练习生群体中既有后来成为知名围棋界人士的应昌期、"七君子"之一的章乃器等,更多的是芸芸众生的普通人。书稿栩栩如生地介绍了这一群体的学习、工作、生活、家庭、人际交往的具体情况,揭示出他们在银行业的真实处境和际遇,他们的愿望和追求,他们的快乐和烦恼。

比如,那些莘莘学子怎样才能踏入向往已久的银行的门槛,成为一名练习生呢?读了本书稿的前三部分"招聘""考试"和"录取"之后,可以了解到决非易事。民国银行练习生通常来自中学毕业生,年龄一般不到 20 岁,必须有介绍人(如中学校长);考试科目一般银行都有国文、英文、算学、银行簿记,甚至还有史地、时政常识和书法;平均科目考分需在 70 分以上,而国文不到 70 分者不予录取;除了笔试之外还有口试;录取和报考比例通常在十分之一左右。另外,书稿还特别列举了 20 世纪 30 年代几家银行招考练习生的"国文"科目的题目:如江西裕民银行委托《新生周刊》代为招考时,国文科目曾出题目"试述银行与工商业之关系";交通银行上海考场曾出国文试题为:(1)论银行与实业之关系;(2)银行为分利机关,或为生利机关说明;同期天津考场的国文试题为:(1)合作与互助;(2)农工业与金融业之关系;新华信托储蓄银行曾出国文试题"储蓄银行与社会之关系";四行准备库储蓄会曾出国文试题"试论银行与工商业之关系"。平心而论,这些题目对于刚毕业的初中生、高中生都有相当的难度,也反映了当时银行业普遍重视与工商实业以及社会的关系。

又如，被录取之后的练习生是如何融入相关银行的呢？书稿在谒师、培训、实习、教化部分有非常生动的介绍。我们可以看到，进入那些著名银行的练习生，面临着提高业务水平和思想境界的高要求和可贵的学习机会。作为南三行之一的浙江兴业银行总行，指派各股主任担任练习生培训的指导员，并利用每星期六下午六时后的时间，专门举办同人学术演讲，讲题范围包括：银行法规、商业常识、服务道德、银行实务知识、普通经济知识、本国金融知识、国际政治经济知识、本行掌故、各埠商业金融现况及一般知识等。主讲人为该行董事长、常务董事等重要职员，以及行外专家，包括马寅初、卫挺生、潘序伦、徐永祚、顾季高、刘大钧、邹秉文、王志莘、章乃器、刘驷业、李权时、樊仲云等著名专家学者。而上海商业储蓄银行为练习生举办的训练班，通常由董事长庄得之和总经理陈光甫亲临致辞，其中陈光甫以上海商业储蓄银行发展的历史向练习生说明须把银行认作社会事业和立志为社会服务的道理，要求练习生进入银行就须确立"银行是我，我是银行"的决心，勉励他们"不把物质享受放在心上，只知求高深的学问，丰富的知识，学习人情世故，做人的道理，把身心献给社会，献给国家"。而中国银行总经理张嘉璈主张的训练办法之一是：由中行总管理处和沪行"组织人事委员会，由各处保送人员，先加以体格上、道德上、学识上之训练，在相当期满后，再遣派各地工作"。除了各种培训班、训练班之外，不少银行还为练习生的公余学习提供了不少机会，如夜校、讲习会、读书会等。这些举措实际都是练习生培训的有益补充。读到这些文字，我们可以看到，书稿虽然以练习生为研究对象，但同时较多地介绍了知名银行家和银行上层人士在培养新进行员方面所作的努力，展示了他们以银行为事业和通过从事银行业而服务国家和社会的抱负和理念。这也是作者在金融史研究中兼具"草根"和"精英"视野并努力将两者有机融合的体现。

作者称这部书稿的定位"并非是对民国银行练习生的纯学术研究"，但却是他多年坚持"翻阅薄脆泛黄的旧期刊，旋动缩微胶片，比对模糊的档案"，付出了艰辛学术努力的产物。目前的书稿着重考虑到普通读者的阅读习惯和兴趣，一方面舍弃了诸如学术回顾等内容和有关统计报表及数字；即便是涉及当时练习生管理方面的一些比较重要的章则，以及多家银行招考练习生时的考试试题等，也列为了正文的附录。同时努力发掘丰富的史事案例，行文生动流畅，注意交代当事人所处的特定环境及社会关系，点明其具体行为举止背后的缘由甚至取向；全书引用了大量未刊、已刊档案史料，以及多种金融机构所办刊物和具有重要社会影响力的报刊资料，并在正文之后集中列出所有史事，特别是具体个人案例的史料出处，备专业研究者和有兴趣的读者查考。总体看来，全书体现了可读性、逻辑性、客观真实性的统一。

　　如前所述，练习生作为民国银行业中最低层的从业人员，本书稿揭示了这一群体的特点并予以必要的说明，也就达到了作者撰稿的初衷。另一方面，银行业中除了总行处负责人士和练习生之外，尚有其他层级的银行从业人员，如与练习生同属于普通职员的银行办事员、助员，如各股、科的负责人，如各分支行的经、副、襄理，等等。各个层级的银行从业人员应当都有其特定的"记事"。建议刘平酌予留心收集相关史料史事，在不久的将来推出银行业其他从业群体的记事，以飨读者同仁，对金融史专业研究也会有新的推进。

吴景平

2016 年 8 月于斯坦福大学胡佛研究院

目录

引言

新闻纸上载着天文台的情报，酝酿着旬日以来的阴雨的低气压已经离开了上海。

于是，一道半暖半寒的秋阳，正像一个神迹似的，直射在小陆的写字台前面涂着一半黑漆的大玻璃窗上了。

小陆（他们都这样称呼他，为什么他们一定要称呼他的名字呢？），是一个才由练习生升上来的银行里的初级职员，三个月以前，他初次独占着这临窗的大写字台，这上面，有供给他一人用的台灯、呼人铃、玻璃墨水台，还有交给他一个人计算的挺厚的账簿。这一切，都曾使他很愉快过。他坐在能回转的圆臂椅中，觉得这职位的升擢是已经充分地证明了的。

但是现在他不这样想了。他试把眼光看向将来，三年，五年，七年，那可憎的景象展开在他面前，台灯的玻璃罩的花纹中，满嵌着揩拭不去的灰尘，呼人铃需揿两三下才能稍微地发着疲懒的令令声，玻璃墨水台上积满了红蓝的斑渍，而挺厚的账簿写完了一本，又送来了一本，好像永远是不会写完的，而他还是这样机械地每天从早上九点钟坐到下午四点钟……

于是二十三岁的小陆在洁白的账簿上贷方项下，轻微地喘了一口气。

……

他记好了一笔账，把那挺厚的账簿合拢，继续着他的沉思。鸥鸟的白翅在他脑筋中闪烁着，发着银灰色的辉煌。他不经意地翻开账簿的坚硬的封面，在那蓝色的衬页上随意地画下了他所想象着的鸥鸟，他很满意于他的钢笔画，这是自从脱离学校之后，就没有机会再练习过的。他计算着，并且自己欣赏着这些具有各种不同的姿态的鸥鸟，一共是四十只。

四十只，为什么是四十只呢？小陆曾经一瞥眼看着那座右的日历：31。光泽的黑字跃然于纸上，这是今天，这是月底，这是发薪水的日子！四十元。是的，今天是轮到他第三次领取月薪四十元的时候。不知不觉地计算着，于是四十元的薪金在账簿的天蓝色的衬页上变形为四十只翻飞的鸥鸟了。

啊啊！这自由地遨游在土沥青铺道上的都会之鸥啊，四十只！……①

以上两段文字，摘自著名作家施蛰存先生的短篇小说《鸥》。

施蛰存著《小珍集》扉页

《鸥》讲述了上海某银行的初级职员小陆"白鸥"之梦的幻灭。来自沿海某村庄的小陆，经过两年的艰辛努力，终于由练习生晋升为初级职员，这也使得他有了独立使用的办公设备，以及"交给他一个人计算的挺厚的账簿"，每月还能有 40 元的薪水。但职位的升擢并没能持续很长的时间，每天要面对着涂了一半黑漆的大玻璃窗，"机械地每天从早上九点钟坐到下午四点钟"，他的心中充满了无奈。

有一天，当他看见窗外有四五个戴着白帽子的修道女经过时，小陆感觉到"一群白翅的鸥鸟从一望无涯的海面上飞过了"。于是，"那个村庄，那个村前的海，那个与他一同站在夕暮的海边看白鸥展翅的女孩子，一时都显呈在他眼前"。前年回家的时候，小陆就没有再看见过她，"只听说她已跟着吴老爹把铺子搬到苏州阊门马路上，并且帮着吴老爹照顾生意了"。"端坐在上海最繁盛市区里最大的银行中"，小陆做着他的白鸥之梦。

然而，有一天，小陆在大光明戏院前，无意间看到了一个女子，"那是他的唯一的女朋友，幼年时代的游侣，初恋的女孩儿，也是直到如今还下意识地萦系着的秘密的意中人，那是他乡下的邻居，那开广货店的吴老爹的掌珠"。然而，"在完全上海化的摩登妇女的服装和美容术里"，吴家少女已俨然成了小陆银行里的同事阿汪的情人……

于是，"小陆轻轻地嘘了一口气，缓步走出了戏院门。卖报童子将晚报挥舞在他面前，正如一群白鸥乱飞着，他觉得有些憎厌了"。

小说的结尾，施蛰存先生如此写道：

是的，那唯一的白鸥已经飞舞在都市的阳光里与暮色中了，也许，所有的白鸥都来了，在乡下，那迷茫的海水上，是不是还有着那些足以偕隐的鸥鸟呢？

做银行小职员的小陆开始有些虚无主义的感情了。[②]

多年以前，在阅读这篇小说时，我就对小陆这个银行练习生留下了深刻的印象；而且脑海中一直留有许多疑问：现实生活中的民国银行练习生，究竟是怎样一个群体？他们真实的工作和生活状态究竟如何？

大约两年前，因编纂《稀见民国银行史料丛编》，我有机会接触和阅读了民国时期多家银行专供本行同人阅读的内部刊物，对民国时期银行职员的生存状态有了比较多的了解。其中，练习生这一特殊群体更是引起了我格外的关注。

这个群体处于银行职员的最低层，其留给时人的初步印象，大抵包括年龄较轻、薪水较低，同时又承担了大量琐碎、基础性工作，等等。然而，这些都不过是非常表层的印象。他们究竟是一些怎样的人？他们是如何进入银行的？最后又会有怎样的归宿呢？这些都是我试图探究和回答的问题。

翻阅薄脆泛黄的旧期刊，旋动缩微胶片，比对模糊的档案，我从中窥见了民国时期银行员工生活的方方面面，从行务动态到同人消息，从居家生活到出游考察，从休闲娱乐到体育比赛等等，每每有一种触摸历史的悸动和穿越时光的恍然。

一个偶然的机会，笔者在阅读浙江兴业银行内刊《兴业邮乘》时，发现了一位名为"徐寿民"的作者，所撰文稿数量相当多，时间跨度也很长，内容也颇具特色。由此，笔者产生了进一步了解此人的兴趣。通过阅读此人在该刊发表的所有文稿，以及对上海市档案馆所藏相关史料的进一步追寻，一个普通银行练习生成为银行高级职员的故事逐渐浮出水面。在本书中，徐寿民的故事作为真实个案，专门列为一章。

另一个偶然的机会，笔者在上海福寿园有关网站上发现了胡守礼其人。他的遗著《雪泥偶留》所叙述的故事，时间跨度长达数十年，内容连贯，细节真实，文笔生动，从一定意义上说，亦可称之为一个民国银行练习生的成长史。笔者在本书中引述了《雪泥偶留》的相关内容，以作为多个章节的起始。有意思的是，此人退休前所在单位中国人民银行上海市分行，也正是笔者曾经供职的工作单位。这大概也算一种缘分吧。

从对练习生的招聘、考试和录取，到谒师、培训、实习和教化，再到待遇、公余生活，以及真实个案，本书试图勾勒和还原民国时期银行练习生的基本状况。本书并非是对民国银行练习生的纯学术研究，考虑到普通读者的阅读习惯和兴趣，本书在写作过程中，舍弃了诸如学术回顾等内容和有关统计报表和数字；即便是涉及当时练习生管理方面的一些比较重要的章则，以及多家银行招考练习生时的考试试题等，也列为了正文的附录。需要说明的是，本书所引用的所有史料都有具体出处，考虑到阅读的流畅性，所有注释内容集中排在各章正文之后，以供专业研究者和有兴趣的读者查考。

注释

① 施蛰存：《鸥》，《小珍集》，上海良友图书印刷公司 1936 年 9 月版，第 82～92 页。
② 同上。

招聘

1934 年 10 月上旬的一天，时年 20 岁的上海曹家渡"增裕新"烟纸店学徒胡守礼，在《新生周刊》上看到了一则广告：

　　本社受南昌某银行委托代为招考练习生二十名，有志应考者，请作自荐书一封，叙述籍贯、年龄、家庭状况、通信地址、已否定婚或结婚、以往求学或就业经过等，于十月十五日以前寄到上海福州路复兴里本社，信封上请注明"应考"两字，附最近四吋半身照片一张及挂号回件邮票（本埠一角、外埠一角三分），合者函约面试，不合者当将照片寄还，恕不另复。

　　希望条件：（一）体格健全；（二）具有初中毕业或同等程度者（无须文凭）；（三）年龄在二十五周岁以内；（四）品性端正，心思细密，能刻苦耐劳。

　　待遇：录取后须经过三个月至六个月之训练，训练期内供给膳宿，期满正式任用，除仍供膳宿外，分三阶段（四元、八元、十二元）支给津贴，每半年为一阶段。录取后赴南昌旅费由银行供给。

　　注意：（一）截止斯后，批阅来信颇需时日，请勿催询；（二）公开招考，秉公选择，请勿另作请托。①

胡守礼写好应考信，附了照片及 10 分邮票寄出，心里想的是："这次应考还是抱着试一试的心理，横竖于我并无损失。"在自荐书的最后，他如此写道：

新生周刊社代招考银行练习生启事

001

"在这失业像波涛一般的社会,中学以上的青年卷入这波涛者,如恒河沙数;故对贵社之招考,不敢存分毫的奢望。惟窃念虽未进过贵族之学府,却受过几年商业之训练和上海市商会商业职业学校通问班初中三年级课文的补习,虽不能并驾齐驱,却想追随其后,此乃无希望中求希望也。"

同年10月20日,胡守礼接到了新生周刊社来信,通知已被选入参加考试,并定于10月21日上午8时至福州路复兴里生活书店(世界书局)隔壁楼上报到应试,要求随带笔砚、算盘等物。这封信是店门口卖小菜的陆阿毛递进来的,他问胡守礼这封信是啥地方来的,胡守礼很高兴,老实告诉了他。不知怎么,这消息很快就传到外面去了,下午裁缝店里女人问:"明朝阿是到银行里去做啦?"胡守礼连忙解释:"没有这事,是去考,好比买航空奖券,中头奖要碰额角头!"②

少年胡守礼初到上海

胡守礼,别名胡世敬,1914年1月4日生于浙江余姚斗门镇九功寺胡家村的一个贫雇农家庭,1923年进求实国民小学读书。1926～1928年,先后到上海静安寺瑞成铜铁机器号、曹家渡增裕新烟纸店做学徒。1931年满师后,他自学中学课程,订阅《生活周刊》《申报自由谈》。③

此前,因忧于自己的前途,胡守礼曾经给《申报》"职业专刊"写信求助,《申报》的编者对此信,连同对另外两位读者的来信,一并作了回复,并在报上刊登了出来:

这几天,我们接到屠耀昶、王宇屏、胡世敬三君的来信;都表示不满于目下的职业,想另"找出路",以解决其生活问题,经我们详细研究的结果,认为同一"找出路"的问题,解答却不能不因人而殊。

(一)屠君是旧式工厂里已经满师三年的工友,在学徒时代,受尽许多磨折;现在工资微薄,想起将来家庭重任,不能负担,怨望悲哀与恐惧交作,因思另"找出路"。编者以为,学徒时代的痛苦,业已过去;屠君不必因回忆而怨望,说什么"人间牛马""人间地狱"等话,应当因此而愈益重视其已得之技术;不宜改弦更张,致使多年辛苦,等于虚掷。至于以后的问题,也不宜过于忧虑。只须抓住"现在"的一刹那,力谋自己技术的进步;那末"行行出状元"。到得那时,自然迎刃而解了。

(二)王君是烟兑店里才满师的伙友,因为该店规模甚小,无甚希望,而思另"找出路"，我们对于王君因执业之店规模太小而思别就，当然表示同情，但别就的范围，应当予以慎重考虑！是否为本人能力所能胜任；在没有把握以前，更须出以秘密。免得进退两难。

（三）胡君是一爿小茶叶铺里的学徒，这爿店，据胡君说：每日营业，不过六七元；除"市洋帐"一本之外没有其它帐簿；除店主（另有职务）及胡君外，别无伙友。所以胡君非但不能进窥茶业的堂奥，并且连普通的商业经络也无法学到；而在这种环境之下，也断无出头的希望。"人生几何！不容蹉跎"。我们以为胡君除于职务余暇勤求学术外，非亟谋别就不可！至于进行的方法，可先多托亲友，并留心各种机会。惟亦须与王君同样的严守秘密。④

"胡君"即是胡守礼。他给报社写信时用的是真名，不过幸亏未被老板发觉。关于此人的故事还远未结束，此后还会多次提及。

需要指出的是，江西裕民银行总部设在江西南昌，在上海尚未开设分行，因此便委托《新生周刊》代为招考练习生。这是一种比较特殊的情形。一般而言，银行均自行组织招考，尤其对于上海本地的一些具有相当规模的银行来说，更是如此。

这是一份交通银行在民国二十二年（1933年）招考试用员的简则，文字不长，抄录如下：

一、投考资格：男子年在十五岁以上，品端体健，曾在高中学校毕业或初中程度之职业学校毕业者。

二、投考方法：先由适当之介绍人向本行介绍，经本行审查与投考资格相符，于考期前二十日函知介绍人，转嘱前来报考。

三、报考手续：投考人员除由介绍人介绍外，应亲自依式缮具报考书，黏贴本人四吋半身照片，仍由介绍人签名或盖章后，连同毕业证书（新毕业生证书尚未颁发者，得以学校证明书代之，但录取后仍须呈验毕业证书）于考期十日前投送本行，审查合格后通知应考。投送报考书时应掣取本行收条，考案揭晓后十日内，凭条领取报考时附缴各件。

四、报考地点：上海汉口路甲一号本行总管理处总务部。

五、考试科目：国文、英文、银行簿记、数学（珠算及笔算）、口试。各科成绩之总平均分数须在七十分以上方得录取，但国文一科不满七十分者概不录取。国文应用文言。各科之试卷一律弥封。未曾习过银行簿记及珠算者,得声请将各该科免考。

六、考试日期:二十二年二月十八、十九两日。每日上午九时起十一时半止,下午一时起五时止。午膳由本行供给。

七、考试地点:上海汉口路甲一号本行总管理处。

八、考取后到行手续:录取各员由本行通知后,应迅具保证书,填写履历书,并补缴四寸半身照片两张,经本行核准后依照指定日期来行试用。如逾期十五日不到者应即注销,递补备取各员。

九、待遇:录取各员到行后,分派总管理处或本外埠各行试用三个月,其地点由本行指定,不得藉故推诿、延不前往。试用期内给津贴八元,并由行供给膳宿。试用期满合格者,派充练习生,月给薪水自八元至十六元;其成绩优异者得派充助理员,试用不合格者即行辞退。

十、附则:投考员除中西笔墨及算盘外,稿纸、书籍等件一概不准携带。⑤

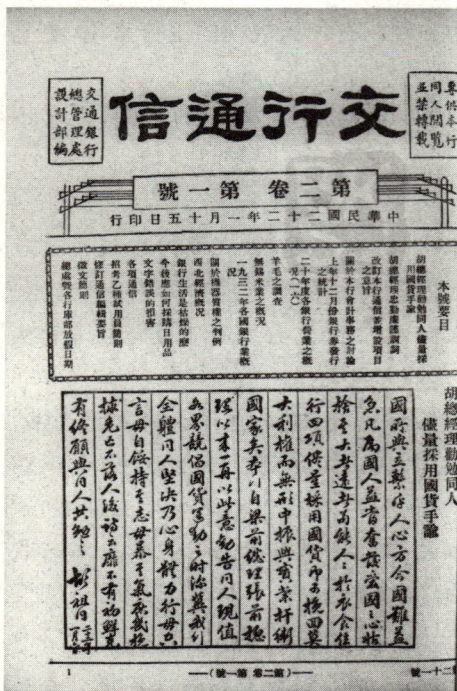

《交行通信》二卷一号封面

仅从这份招考简则中的一些关键词,便可以看出当时商业银行选人上的一些考量。

"试用员"。当时,交通银行的普通职员分为办事员、助员和练习生三个层级,而试用员则是进入这些层级前的预备阶段。试用员又分为甲乙两种,甲种试用员要求年龄在二十岁以上,曾在国内外大学或学院毕业,或高中程度之商业学校毕业者;乙种试用员则要求年龄十五岁以上,曾在高中学校毕业或初中程度之职业学校毕业者。甲种试用员试用合格应派充助员,乙种试用员合格应派充练习生。其成绩优异者得破格叙用,不合格者随时辞退。⑥更多的一些商业银行,如浙江兴业银行、中国银行等,则直接招收练习生。⑦有的银行还招收试习生。⑧1935 年 8 月,浙江实业银行招考练习生时,"事前对投考资格一层,煞费踌躇,几经考虑。"几经考虑,才决定以高中毕业或初中毕业而曾在金融机关及殷实商号服务三年以上者为合格,"那末一则有六年之中学学历,一则虽仅具三年之学历,而已获得三年以上之办事经验,使他们熔冶一炉,以定取舍,可说是一种很公允而适当的办法。"⑨

"男子"。自五四以来,妇女就业的领域就得到不断的拓展,银行业是女性最早涉足的行业之一。从民国初年开始,一些银行机构开始招纳女性职员。北京的新民储蓄银行"以振兴商业,提倡妇女储蓄为宗旨"附设妇女储蓄部,专门招待女界,并招收妇女职员。而上海的国民商业储蓄银行、美丰银行、上海商业储蓄银行等也相继雇请妇女担任会计、书记、行员等职务。⑩1920年代,北京和上海还先后设立了两个女子商业储蓄银行。出现这种现象,并非由于银行界对妇女职业的提倡,或对当时妇女运动的支持要比其他行业热衷。在妇女从事职业并不广泛的情况下,这些做法足以引人注目,实际还是出于营业策略上的考虑。⑪不仅是交通银行,其他不少银行在招考练习生时,也有类似规定,如浙江兴业银行民国二十二年(1933年)招考练习生时,规定的投考资格即为:"高中毕业(凡在大学肄业一学期以上者即不合格本届考试资格),及在校高中三年级学生,年龄在二十一岁以下者,男性。"⑫

"介绍人"。民国时期,对于所有新进员工,必须有保人担保,实际已成为各家银行用人上的一种惯例。交通银行即规定:"试用员应照本行行员保证规则觅具妥报,经本行核准后方能妥到行"。⑬"简则"中特别提到,"录取各员由本行通知后,应迅具保证书",有两处则专门提到了介绍人。这或可认为是考生在成为试用员之前的临时"保人"。首先,报考资格中,要求必须有适当的介绍人介绍;其次,考生在办理报考手续时,报考书上仍然需要由介绍人签名或盖章。在当时资讯不十分发达的情况下,这不失为一种审慎的考量。关于民国时期银行保人制度,在20世纪二三十年代,曾经有过一次较大的改良尝试,但最终效果却未能尽如人意。限于篇幅,这一话题留作另文讨论。

"国文"。国文被列入试用员各科考试的第一种,除必须应用文言外,国文考试成绩不满七十分之卷,其他各科成绩虽优,亦不得录取。由此可见对国文的重视程度。交通银行总行在民国二十二年(1933)十一月第二次招收试用员考试时,则规定先考国文,之后即举行口试,凡不及格者,不得进入英文、算学等第二轮考试。⑭到第三届时,这一规定才略有调整。实在也是难为了考生。

对于各家银行来说,对练习生员额的补充,除极少量由本行服务生、工役等递补外,⑰主要是通过对外公开招考的方式进行。

再以浙江兴业银行为例。以下是该行1934年7月发布的《浙江兴业银行招考练习生简则》：

一、投考资格：高中毕业（凡在大学肄业一学期以上者即不合本届考试资格），年龄在二十一岁以下者，男性。

二、报名方法：高中毕业生，其平时操行及学科成绩认为优良而品貌端正、体格健全者，可由本行选定之学校保送投考，录取后进行练习。

三、报名手续：投考者应自二十三年八月一日起至试期前一日止，应携带校长正式证明函（每校保送学生人数及姓名已先由校长函送本行）至本行报名，办理下列手续：

1. 缴纳最近四寸半身软照片一张，后应由学校校长或介绍人盖章，证明确为本人。

2. 缴纳在校历年之全部学科成绩单，务须详填分数，由校长签字证明，并应交验毕业证书。该项证书于口试后发还（其成绩单或证书已由学校直接函送，报名时可不必再缴）。

3. 领取准考证。办毕上列各项手续后，即发给准考证，俟考试日期，凭证入场考试。

四、考试

1. 填写登记表（录取后何人可为保证人及其履历必须于表内填明）。

2. 考试科目为国文、英文、算学、书法、常识（常识包括历史、地理、时事等）。

3. 日期：二十三年八月九日起至十一日止。

4. 地点：上海。

5. 文具：应考者随带毛笔、墨盒、铅笔、自来水笔（或钢笔及墨水）、米突尺。笔试完毕随即进行口试。

五、揭晓：考试及格与否，一概用函通知。

六、进行手续：考试及格者应于通知函发出日一星期内向本行领取凭信，赴指定之医生处检验体格，合格者始作为录取论，可即来行将本行定式保证书依式填写（保证人由行审定认可），交到本行方得到行。

七、待遇：录取之练习生练习期限二年，在练习期内由本行致送津贴每月八元至二十元，除供宿舍外，并给膳食津贴每月十四元（在本行全缮月缴十元，可多余四元）。练习期满考核及格者得升为助员，其待遇按照本行员生俸给规程办理。[16]

　　上述简则中提到的该行选定的保送学校,大都是当地较有声誉的中学。这一年共选定了7家,包括上海中学、南洋模范中学、杭州高级中学、光华大学附中、江苏省立苏州中学、上海民立中学和南洋中学。其中,南洋中学是第一次列入保送学校名单。浙江兴业银行向这些学校致函:"夙称贵校声誉昭著,英才蔚起",希望"酌予保送",并附上该行招考练习生简则。[17]随附的"保送学生注意事项"载明:"(一)保送名单内载明学生姓名、年龄、籍贯、高中毕业年月。(二)校长须给正式证明函;于学生预备缴入本行之照片,须由校长盖章于照片背后,证明其确为本人。(三)请于得函后十日以内寄示保送学生之名单;其毕业证书或学科成绩单能随函附下尤盼(学科成绩单须由校长签字证明)。"[18]

　　结果,上海中学保送了钱德富等5人,[19]杭州高级中学保送了周维选等2人,[20]光华大学附中保送了宝鹤年等5人,[21]江苏省立苏州中学保送了袁光楣1人,[22]上海民立中学校长保送了徐永焜1人,[23]南洋中学保送了阮亦韩等6人。[24]唯独南洋模范中学最终未保送。在致浙江兴业银行的复函中,南洋模范中学称:"嘱以保送敝校本届毕业生投考贵行练习生,即经查询,都系升学就业,并无应试者。"[25]

　　除了保送学校的推荐外,相关介绍人的推荐也占了一定比例。该次招考时,向该行推荐练习生的人士,包括该行总经理徐新六(字振飞)[26],以及张笃生、华汝洁、陈元嵩等中高级职员,还有沪江大学、中国银行、中央银行等相关人士。推荐总数达十余人。[27]当时,不少银行甚至鼓励本行员工推荐和介绍。如上海商业储蓄银行即提出:"同人中有才识优长之亲友,如愿来吾行服务,而吾行亦有此需要者,可尽力介绍,绝无派别可言。"[28]

　　时任中央银行经济研究处事务长徐维震,曾当面向其上海南洋公学校友、浙江兴业银行总经理徐新六推荐了其同乡、浙江桐乡考生朱元鸿,后又致函徐新六:"投考贵行之朱君元鸿系初中毕业,不知合格否?若能通融与试固好;若实在不能,请兄复弟一书,俾便能转达。但弟甚望其来试,因此人甚勤恳耐劳,毫无学生气,一可造之才也。"[29]此函不长,既作了认真推荐,也说明了实情,同时也考虑了善后之策。受人之托,有时确实也有为难之处。随此函所附朱元鸿履历表明,此人系浙江桐乡县人,21岁,上海私立浦东中学初中毕业,家住桐乡南门起凤桥。[30]徐新六复函则称:"敝行考试练习生系限于高中毕业者,朱君学历似不相符,至以为歉",同时还附上了该行招考简则以作佐证。[31]

　　1935年,浙江兴业银行招考练习生的招考简则,内容与上年基本相同,只是在报名办法中,在"高中毕业生,其平时操行及学科成绩认为优良而品貌端正、体格健全",加上了"而有志入银行服务"一句。[32]这点对于作为用人方面的银行来说,实际是相当重要的。

该年招考时,保送学校名单有所扩充,包括:复旦大学附属中学、沪江大学附属中学、江苏省立上海中学、南洋模范中学、浙江省立高级中学、南洋中学、光华大学附属中学、江苏省立无锡中学、江苏省立苏州中学。浙江兴业银行对每校保送名额统一规定为 10 名,并事先明确告知此次练习生招考录取额数为 20 名、备取额数为 5 名。[33]

江苏省立上海中学保送了该校当年度商科毕业班学生吴履正等 5 人;同时提出:"此次招考练习生,对于商科毕业学生投考者,能否加考经济学、会计学、银行簿记、商业簿记及珠算等科。"[34]对此,浙江兴业银行回复称:"查商科毕业学生亦可加入考试;惟此次考试科目业已拟定,未能加考经济学等科目,殊深歉仄,请鉴谅为幸。"[35]此后,该校又保送了普通科三年级学生吴连吉等 4 人参加应试。[36]

南洋中学保送了该校本届毕业生郭豫城 1 人;同时提出:"敝校去年毕业生夏善良应考贵银行,曾蒙录入备取,夏君遂留校服务,以待递补。兹将一年,又值贵银行招考之期,该生可否有缺补入或再应试,即希见告是荷。"[37]对此,浙江兴业银行回复称:"至夏善良君,因敝行上次招考之正取练习生均已到行练习,无缺递补;此次招考系另案办理,如夏君再愿应试,可请尊处再为保送。"[38]最终,南洋中学仍然保送夏善良参加考试。[39]

私立南洋模范中学起初保送了该校学生高章魁等 3 人。[40]时隔数日,又增加保送了 2 人。这两人中,一为高三学生王承明;另一位则为前届毕业生蒋保善,"以去岁毕业后身体不健,在家休养,闻贵行招考,有志应试。"[41]

此外,复旦大学附属中学保送了该校高中三年级学生陈景培等 10 人。[42]江苏省立苏州中学保送了范绩成等 7 人。[43]浙江省立杭州高级中学保送了该校普通科秋季三年级学生舒适等 5 人。[44]

如前所述,浙江兴业银行招考简则中规定了考生报名时须填写"报考书",而上海商业储蓄银行则要求报考者填妥"声请任用书"。各家银行如此要求,其目的都是为了在考试前即对考生相关情况,包括对其本人、介绍人、保人等有所了解。这些内容,对银行确定应试者的考试资格具有重要的参考价值。

上海商业储蓄银行的"声请任用书",要求声请人用毛笔亲笔填写,并附贴本人四吋全身站立照片和四吋半身正面相片各一张。该表主要包括如下内容:

(一)本人基本情况:报考者姓名(别名),籍贯,年龄,本人现在住址,本乡固定住址,通讯处;未婚/已婚/离婚/鳏寡,现与何人同居。

（二）家庭成员情况：父（如已故，请填写最近之尊亲，祖父，伯父，叔父，岳父，舅父，或兄），名，号，年龄，职业，服务处所（如无，请填住址）；母（存，亡），弟妹几人，年龄；本人配偶之职业，服务处所，每月收入概数；子女几人，年龄最长几岁，年龄最幼几岁，已入学校者几人。

（三）家庭财务状况：（1）家庭有资产否，估值若干，现属于何人名下；（2）本人及直接依赖本人赡养之家属月需开支若干，除上项开支外，尚须资助亲友否，请述负担情形，如不敷开支有何弥补方法。

（四）主要社会关系：（1）此次向本行声请任用是否有人介绍，介绍人姓名，职业，服务处所地址，居家地址，与本人之关系；（2）本行人员中有相识者否，请开列其姓名；（3）拟觅之保证人姓名，职业，服务处所地址，居家地址；（4）请列举至亲好友五人（姓名，号，职业，通讯处）。

（五）学习与工作简历：（1）曾在何校肄业（学校类别、名称、地址、肄业期间、所习科目、读完几年级、离校原因）；（2）曾在何处服务（机关名称、地址、主管人姓名、月薪、服务期间、离职原因）；（3）在校时参加何种学生组织，任何职务，何种课程最合兴趣，何种运动最为所好，能谙习几种外国文字，能否鉴定钞票，能否用珠算加减乘除，能否英文打字，平时阅读何种书籍；如有专门学识及经验或其他特长须详述。

（六）本人意愿：（1）请述拟入本行之目的与志愿，自审担任何种职务最为相宜；（2）希望每月月薪至少若干；（3）能听本行随时调遣至外埠服务否。

在该"声请书"的最后，介绍人还须在下列声明之后签名盖章："申请人系由鄙人介绍，如任用后发生违背行规、怠忽职务等情事，致使贵行遭受损失，鄙人愿负追究责任。"⑤

上海商业储蓄银行在审核"声请书"和其他资料后，如认为符合报考条件，则通知报考者来行应试；同时要求各位参加应试者须缮写自传一篇。该自传的要点包括：

（一）家世：包括里居、童年生活、家庭教育、家庭人数及其现况、家庭经济情形、婚事及子女等事项。

（二）学历：包括历次求学经过；

（三）经历：包括历次服务经过，及对于历次服务之体验与感想。

（四）自我观察与批评，包括：人生观、对自身学识能力有何自信、平时喜读之书籍刊物、最崇敬之人及其崇敬之理由、平时所遇最艰险之事实及其应变经过与感想、个性、毕生工作之志愿等。⑥

接下去，对所有考生而言，要面对的就是考试了。当然，也有例外。比如：

章乃器

或者考生之前学业成绩特别优异的,或者与银行掌权者有特殊关系的,或者银行规模很小,或者不太讲求规矩的银行,等等,都有可能不经过招聘及考试而直接录取。

中国民主建国会创始人之一,著名经济学家、实业家、银行家章乃器,⁴⁷早年也有过一段银行练习生的经历。1918 年夏天,从浙江省立甲种商业学校以全校第一名的成绩毕业后,即由该校校长周季伦先生亲自保荐,未经考试,直接进入浙江地方实业银行成为一名练习生。⁴⁸这是他日后银行事业的重要起步阶段。

台湾著名实业家、应氏围棋计点制规则创始人应昌期⁴⁹,早年也有过练习生的经历。其被录取为练习生的过程,如果说也经过了考试的话,那么这种考试显然比较简单。

应昌期是宁波江北慈城镇人,小学毕业后,升读于慈湖商校。一年后商校结束,改为师范,他因家境清寒,未能深造,就遵父母之命,远走他乡,到上海另觅生计了。1932 年春,16 岁的应昌期怀揣父亲写给其金兰好友陈润水先生的信,只身乘坐沪甬客轮来到上海。他从十六铺码头寻寻觅觅,一直走到天津路的阜昌里,到统源银行拜见该行经理陈润水先生。以下是《应昌期传》所描述的场景:

润水先生看了好友的信,心里有数,但仍想考考眼前的这位小世侄:

"昌期啊,你商校都没有毕业,就想来上海做银行?我倒想问问你,记帐会伐?打算盘会伐?"

"不会,还没学过。"应昌期老实地回答。但昌期是何等聪明的人哪,眼珠骨碌一转,马上就悟到了这位陈伯父的心思,所以随即跟上一句:"不过,我可以边做边学,不难的。"

润水先生笑了。几句话让他知道这位世侄很有见地,决非等闲之辈,于是就为他安排了一位好老师,让应昌期跟鲍英甫先生学习银行业务——鲍氏毕业于金陵大学,是当时统源银行里新派的高级职员。鲍英甫见昌期天资聪颖,又勤奋好学,十分赏识。⁵⁰

1934 年,《新中华》杂志以"上海的将来"为题征文,应征者中有一位银行家瞿荆洲⁵¹,讲述了"几个真正老牌的上海人"转告的故事:

　　最近有几家银行招考练习生,有些大学毕业生都名落孙山,这里有二个原因:第一因为有的银行,名虽曰招考,实际只要出股本若干,即可推荐练习生一名;其次则是因为人浮于事,粥少僧多,慢说是国内的大学生,就是出洋留学得有学位回来的朋友,仍找不着嗷饭地的,也数见不鲜。一位老上海,看破了这种玄机,他决定让他的"少爷"上学,准备把这一笔从中学生出洋的教育费,储藏起来,等到"少爷"到了相当的年龄,即将此款挪作股本,若照那推荐练习生的数目推算,他的少爷至少可作襄理或主任。⑫

　　瞿荆洲甚至认为,"这一段话,我认为是上海将来社会、经济、教育的一个恰当的法子。"

　　抗战胜利后第二年,上海《万花筒》杂志曾刊登了以下一则新闻:

某银行招练习生黑幕

　　在这"人浮于事"的现实社会中,要谋一栖身之地,真是谈何容易,偶然在新闻报的分类广告中,发现了一则"某银行招考男女练习生数十名"的广告,见猎心喜,跃跃欲试。于是照了报上的地址,找了半天,原来是一家"荐头店",一个四十开外的中年人,架着一副玳瑁的眼镜,头发有些斑白,他笑迎着我说:

　　"侬阿是来应征银行练习生?"

　　"是的,请问投考有什么手续?"

　　他不由分说的,拿出一本簿子来,要我报名。我把姓名和地址填写了上去,他便向我要了一千元报名费,然后给了一张章程我看,这真是一个滑稽的骗局,原来是"银行补习学校",而且声明三个月的学期满了以后,成绩优良者,负责介绍职业。我明知上了当,但是既来之则安之,上一次当,学一次乖,我想看看究竟葫芦里卖些什么药。于是照它的规定,付了学费,是九千元。这时又来了一群青年朋友,他们和她们,都是来报名的。

　　其中有一个女孩子,她很担心地告诉她的同伴说:"我一定没有希望吧?"

　　这句话给那中年男子听见了,他和蔼可亲的安慰着她:"不要紧的,银行练习生邪气便当,无论谁都可以做的。"

　　过了三天,是开学的日子了,我怀着好奇心去尝试了。上课不是在"荐头店",而在附近的一个小学里,上课的时间,是小学校放学以后,四点半开始。踏进了教室,早已有许多男女的同学了。先生迟到十分钟才来,就是那个戴眼镜的朋友,满口江北腔,闲话讲起来"拉块拉块",真有点汗毛凛凛。上课是没有课本的,一大篇叫学生抄,你道抄的是什么?原来是"银行练习生的座右铭",究竟是可以"学以致用"吗?就不得而知了。

学生大都没有好好用心听讲,专和几个女学生聊天,好在这不比普通学校,先生只要钞票到手,不管学生"谈情"也好,"说爱"也好,各听尊便。放了学,听得一位男同学要求一位女同学说:

"我请你大华看电影去吗?"

"不,没空,改天再奉陪!"女的撒娇似的。

"去吧,《出水芙蓉》这张片子,再好也没有了。"于是两个人手挽着手,大为"熟络"的出去了。

有一个油滑的少年,俏皮的说:"这里化了这一眼铜钿,凭良心讲,比玩向导还要上算得多呢!"这句话,说得太微妙了!

上了一个星期课,简直没有学问可得,我只得自动退学了。⑤

这种情况,实际是有人假借了招聘银行练习生名义敛财。这与正规的银行招聘,则恐怕没有多大关系了。

注释

① 《新生周刊代招考银行练习生启事》,《新生周刊》一卷三十五期,1934 年 10 月 6 日。

② 胡守礼:《雪泥偶留》,http://hushouli.netor.com/,2016 年 5 月 26 日登录。

③ 同上。

④ 《找出路!因人而殊!》,《申报》本埠增刊,1933 年 1 月 13 日。

⑤ 《交通银行招考乙种试用员简则》,《交行通信》二卷一号,1933 年 1 月,交通银行总管理处设计部编。

⑥ 《交通银行试用员规则》,交通银行总行、中国第二历史档案馆合编:《交通银行史料》第一卷(1907~1949),中国金融出版社 1995 年版,第 1429 页。

⑦ 《浙江兴业银行招考练习生简则》,《兴业邮乘》十六号,浙江兴业银行发行,1933 年 12 月 9 日出版。《中国银行练习生服务规则》,中国银行总行、中国第二历史档案馆:《中国银行行史资料汇编》上编,档案出版社 1991 年 10 月出版,第 2619 页。《大陆银行练习生服务规则》,1920 年 7 月,大陆银行总管理处印,上海市档案馆藏大陆银行档案,Q266-1-39。《大陆银行练习生服务规则》,1947 年 3 月修订,上海市档案馆藏大陆银行档案,Q266-1-102。

⑧ 如浙江兴业银行录用员生即分为四种,录用方式也有所不同:(1)办事员、助员:在商界或他界服务,确有经验学识,合于本行需要,经介绍甄选合格者,得为办事员或助员;其有特殊经验学识者,并得派充股主任。(2)试用员:凡毕业于本国或外国大学,及高等商业学校,年龄在三十岁以下,经考试甄选合格者;或在商界及他界服务,有相当经验学识,合于

本行需要,经介绍甄选合格者,得为试用员,试用期限为一个月至三个月,期满考核成绩合格者,得酌补办事员或助员。(3)练习生:高级中学毕业,或高级中学三年级修业生,年龄在二十一岁以下,经考试甄选合格者,得为练习生,练习期限二年,期满考核成绩合格者,得升补助员。(4)试习生:毕业于小学、初中,或有相当程度,年龄在十四岁以上、十六岁以下,经考试合格者,得为试习生,试习期限为二至五年,期满考核成绩合格者,得升充练习生。参见《员生录用规程》,上海市档案馆藏档案,Q199-7-440。

⑨ 祖桐:《本届招考练习生后记》,《浙光》二卷三期,1935年。

⑩ 陈友琴:《中国商业女子的现状》,《妇女杂志》十卷六号,1924年6月1日。

⑪ 史立丽:《上海女子商业储蓄银行研究(1924~1955)》,复旦大学硕士学位论文(2003年)。

⑫ 《浙江兴业银行招考练习生简则》,《兴业邮乘》十六号,浙江兴业银行发行,1933年12月9日出版。

⑬ 《交通银行试用员规则》,交通银行总行、中国第二历史档案馆合编:《交通银行史料》第一卷(1907~1949),中国金融出版社1995年版,第1430页。

⑭ 《交通银行第二次招考乙种试用员简则》,《交行通信》三卷五号,1933年11月,交通银行总行事务处编辑。

⑮ 如福建省银行即规定,凡服务生依规定年限实习期满,可通过考试升级为练习生。考试科目为商业常识、本行概况、人事管理规则、所服务之工作、平时课业(无课业者以论文代),以及体格检查。考试成绩占40%,服务工作占30%,平时课业占30%。服务生经考试及格者升为练习生,其成绩在甲等者支练习生最高级津贴。参见《福建省银行服务生练习生升级考试办法》(1939年11月20日修订),《福建省银行章则汇编》。

⑯ 浙江兴业银行招考练习生简则,1934年7月,上海市档案馆藏浙江兴业银行档案,Q268-1-236。

⑰ 浙江兴业银行致保送学校函稿,1934年7月,上海市档案馆藏浙江兴业银行档案,Q268-1-236。

⑱ 保送学生注意事项,1934年7月,上海市档案馆藏浙江兴业银行档案,Q268-1-236。

⑲ 郑通和致浙江兴业银行函,1934年8月6日,上海市档案馆藏浙江兴业银行档案,Q268-1-236。

⑳ 浙江省立杭州高级中学致浙江兴业银行函,1934年8月8日,上海市档案馆藏浙江兴业银行档案,Q268-1-236。

㉑ 光华大学附属中学致浙江兴业银行函,1934年8月7日,上海市档案馆藏浙江兴业银行档案,Q268-1-236。

㉒ 江苏省立苏州中学致浙江兴业银行函,1934年8月8日,上海市档案馆藏浙江兴业银行档案,Q268-1-236。

㉓ 苏本铫致浙江兴业银行函,1934年8月7日,上海市档案馆藏浙江兴业银行档案,Q268-1-236。

㉔ 王宗孙致浙江兴业银行函,1934年7月31日,上海市档案馆藏浙江兴业银行档案,Q268-1-236。

㉕ 私立南洋模范中学致浙江兴业银行函,8月7日,上海市档案馆藏浙江兴业银行档案,Q268-1-236。

㉖ 徐新六(1890~1938),字振飞,祖籍浙江余杭,清光绪十六年(1890)生于杭州。1902年入公立上海南洋公学,1908年赴英国留学,获伯明翰大学理学士和维多利亚大学商学士学

位,后又在巴黎国立政治学院学习国家财政学一年。1914 年回国后,派任北洋政府财政部公债司金事,并任教于北京大学经济系。1917 年夏随梁启超赴欧洲考察战后各国政治经济情况,被委任为财政部秘书,11 月改任中国银行总处金库监事和北京分行副经理。1919 年被任命为巴黎和会赔偿委员会中国代表。1921 年任浙江兴业银行总办事处书记长,1923 年任协理,1925 年升任常务董事兼总经理,兼任交通银行、中国企业银行、中国建设银公司董事,并为上海票据承兑所发起人。抗战爆发后,徐新六和李铭受财政部长孔祥熙委派,负责维持上海租界内的金融安定事业。1938 年 8 月 24 日因所乘飞机被日机击落,不幸罹难。

㉗ 浙江兴业银行致相关介绍人函稿,1934 年 7 月,上海市档案馆藏浙江兴业银行档案,Q268 - 1 - 236。

㉘ 沈维经:《银行之人事管理》,《海光》月刊十二卷一期,1948 年 1 月。

㉙ 徐维震致徐新六函,1934 年 7 月 31 日,上海市档案馆藏浙江兴业银行档案,Q268 - 1 - 236。

㉚ 朱元鸿履历,上海市档案馆藏浙江兴业银行档案,Q268 - 1 - 236。

㉛ 徐新六致徐维震函稿,1934 年 8 月,上海市档案馆藏浙江兴业银行档案,Q268 - 1 - 236。

㉜ 浙江兴业银行招考练习生简则,1935 年 4 月,上海市档案馆藏浙江兴业银行档案,Q268 - 1 - 236。

㉝ 浙江兴业银行致保送学校函稿,1935 年 3 月,上海市档案馆藏浙江兴业银行档案,Q268 - 1 - 236。

㉞ 郑通和致浙江兴业银行函,1935 年 3 月,上海市档案馆藏浙江兴业银行档案,Q268 - 1 - 236。

㉟ 浙江兴业银行致江苏省立上海中学函稿,1935 年 3 月,上海市档案馆藏浙江兴业银行档案,Q268 - 1 - 236。

㊱ 江苏省立上海中学致浙江兴业银行函,1935 年 3 月 30 日,上海市档案馆藏浙江兴业银行档案,Q268 - 1 - 236。

㊲ 王培孙致浙江兴业银行函,1935 年 3 月 29 日,上海市档案馆藏浙江兴业银行档案,Q268 - 1 - 236。

㊳ 浙江兴业银行致南洋中学函稿,1935 年 3 月 29 日,上海市档案馆藏浙江兴业银行档案,Q268 - 1 - 236。

㊴ 王培孙致浙江兴业银行函,1935 年 3 月 30 日,上海市档案馆藏浙江兴业银行档案,Q268 - 1 - 236。

㊵ 沈维桢致浙江兴业银行函,1935 年 3 月 28 日,上海市档案馆藏浙江兴业银行档案,Q268 - 1 - 236。

㊶ 沈维桢致浙江兴业银行函,1935 年 4 月 2 日,上海市档案馆藏浙江兴业银行档案,Q268 - 1 - 236。

㊷ 复旦大学附属中学致浙江兴业银行函,1935 年 3 月 29 日,上海市档案馆藏浙江兴业银行档案,Q268 - 1 - 236。

㊸ 江苏省立苏州中学致浙江兴业银行函,1935 年 3 月 27 日,上海市档案馆藏浙江兴业银行档案,Q268 - 1 - 236。

㊹ 项定荣致浙江兴业银行函,1935 年 4 月,上海市档案馆藏浙江兴业银行档案,Q268 - 1 - 236。

㊺ 上海商业储蓄银行声请任用书,上海市档案馆藏上海商业储蓄银行档案,Q275－1－185。

㊻ 人事处办事细则,上海市档案馆藏上海商业储蓄银行档案,Q275－1－185。

㊼ 章乃器(1897～1977),又名埏,字金烽,浙江青田人,清光绪二十三年(1897年)生。1913年考入杭州浙江省立甲种商业学校。1918年毕业后任杭州浙江实业银行练习生,后调往上海分行。一年后改任北京通州京兆农业银行营业主任,后升为襄理兼营业主任。1920年重返上海,任浙江实业银行营业部科员,后升营业部主任。1929年创设中国征信所,自任董事长。1932年任浙江实业银行副经理兼监察部主任。又历任中国兴信社干事、中国银行学会理事等职。1938年任安徽省财政厅长,兼任安徽地方银行董事长。1949年当选为政协全国委员会委员、常务委员兼财政组长,同年10月任中央人民政府财政委员会委员。1977年5月13日因病在北京去世。著有《中国货币论》《国际金融问题》等。

㊽ 章乃器:《七十自述》,《文史资料选辑》第82辑,第37页。

㊾ 应昌期(1917～1997),祖籍浙江宁波市江北区慈城镇,台湾金融界、实业界著名人士,应氏围棋计点制创造人。历任上海统源银行练习生,福建银行职员,台湾银行副总经理、代总经理等。

㊿ 李建树著:《应昌期传》,台湾理艺出版社1999年版,第12～13页。

51 瞿荆洲(1902～1992),湖北黄梅县分路镇人,银行家、经济学家。毕业于日本东京商科大学,历任中央银行经济研究处协纂、湖北省政府建设厅秘书、江西省米业调整处主任、江西裕民银行副总经理、中国茶业公司江西办事处主任、福建省银行协理等。

52 《上海的将来》,中华书局1934年1月版,第50～51页。

53 柯济:《某银行招练习生黑幕》,《万花筒》1946年7月。

考试

　　1934 年 10 月 21 日早晨 7 点，胡守礼带上算盘、砚台、笔墨，乘无轨电车到福州路复兴里生活书店楼上新生周刊社，已经有许多应考者先到了，围着一堆人，按照名字发领考试题目。好的位置都被人占了，他差不多是最后一个了。"三个统长的编辑室坐满了人，每个编辑室有四五十人，我一看心里冷了半截，这么多人考还有什么希望。我找不到位置，只能坐在台子横头，四周全是玻璃书橱，堆满了精装书籍，我心里想，这工作多好啊！"

　　考试题目，第一道是国文："试述银行与工商业之关系"，整个考场浸沉在寂静的空气中，只有一个"托托"的皮鞋声，在光亮的地板上来回，胡守礼眼睛偷偷地一瞟，是个穿着西装的长个子，是杜重远先生。[①]"对面百货商店放着广东乐曲《小桃红》，安静的气氛中更显得乐曲的动听。"胡守礼对着题目仔细想了一会，这题目正和不久前看过的《申报》上章乃器的文章有些类似，也谈到银行的作用。"我首先阐述了工商业为什么要依靠银行，银行为什么要支持工商业，两者的相互关系，以及银行支持工商业发展经济的好处，工商业得到银行资金活动，使资金发挥作用。"等他交卷，周围的人已经在"嘀嘀嗒嗒"打算盘了。

　　第二道题目就是珠算：1. 纵横加，2. 三四位减，3. 三四位乘除，4. 活期存款利率计算，5. 定期存款复利计算，6. 国币折合金镑。"考试题的油印技术不高，有些数字糊涂不清，我的答题肯定有错。而四五六题我没学过，人家都交卷了我还是做不出，心想不会就不会吧。"

　　第三道常识题，胡守礼个个都做了出来，很快就交了卷。第四题是英文测试，中文单字翻英文，英文翻译中文，还有填充、问答题。"我不懂英文就老老实实写上告诉他们。当我最后交卷的时候室内只有五六个人了，他们都露出羡慕的眼神，其实我心里有数。我没有好好正规学过英文，料到不会被录取了，因此交了白卷了事。"

　　胡守礼到另一室等待口试。轮到他，一位先生（胡守礼猜是艾寒松先生），拿

着胡守礼的照片和自荐书以及考卷,核对面貌后,开始了口试。以下便是胡守礼多年后回忆的口试全过程:

"你是胡守礼吗?"

"是的!"

"你做过烟纸店吗?"

"是的。"

"怎样从烟纸店出来的呢?"

"因为烟纸店和茶叶店是一个老板,他把我调到茶叶店去的。"

"那么茶叶店不也蛮好的?"

"不,茶叶店很小,每天只有四五元生意,而且只有我一个人,身体被束缚,更学不到什么本事,这样下去前途没有希望。"

"待遇怎么样?"

"四块钱一个月。"

"但是到江西去待遇也是不大的。"

"没有关系,因为我的目的,不在待遇多少,而在将来的希望,在茶叶店实在没有出路,我愿意到江西去!"

"家庭经济负担怎么样?"

"父母都健康,能够干活,现在不需要我负担。"

"好,我们审查后合格的话再写信通知。"②

胡守礼参加的这场考试,其过程相对还比较简单。这恐怕是与由《新生周刊》社代为招考有关。比较而言,银行自行组织的考试,其过程要更为细致和严密。

严格的考试规则,是各家银行招考时所必须强调的。如中国银行 1915 年 9 月所制订的考试预备员练习生规则,共有十四项具体要求:

(一)不得私易座次谈话、夹带及互阅试卷,违者立予扶出。

(二)不得在卷内缮写姓名,违者该卷不录。

(三)不得向监考人员询问题目作法。

(四)不得高声吟诵,有妨公益。

(五)不得请求更换试卷。

(六)如有愿作英文者,应填请领英文卷票,交监考员领英文卷。

(七)簿记、抄帐等卷应用表纸,应由监考员随时发给。

(八)簿记、抄帐等卷,应将所制帐表由应考者自行粘入卷内,并折叠与卷一样大小，所需浆糊得向监考员取用。

（九）草稿纸由本行发给，如有使用自带草稿纸者，以夹带论。

（十）试卷如有未作者，仍应将该空白卷缴还。

（十一）卷面姓名浮签，应俟监考员点清本数后揭去，不得自行扯揭。

（十二）限本日午后六点前交卷，到时不交者，无论已完未完，由监考员一律收取。

（十三）考试时每人发给本行信封一个，由各应考者详细填明自己姓名、组织，交卷时随同试卷交监考员，以便录取后邮寄名单通知。

（十四）物产及茶水由本行预备。③

对练习生考试科目的选择，各行虽有所差异，但主要目的都是希望考试选拔真正有用的人才。上海商业储蓄银行即认为，"因银行事业包罗万象，与各业都发生关系，故罗致之对象，可不必限于银行系、会计系、经济系出身之学生，考题亦不宜限于一隅。"银行对各种人才均有需要，"但应设法深求其思想是否纯正，见解是否准确，并设法测量其理解能力和基本智识程度。"而且，"通常于其笔试成绩，即可知其梗概"。④

浙江实业银行1935年8月招考练习生时，考试科目分为笔试、口试两种，笔试更分为公民、国文、算术、簿记、智力测验等五项，"其中智力测验一项，完全采取最新式的公式，而侧重测验各个人智力的特征与其应用。"所有各种笔试，事前特地敦聘浙江大学教授命题，同时并商借浙江大学的大礼堂，编列座次，作为试场。"所聘的教授，有的是教育硕彦，有的是数学专家，有的是国学宗匠，大都为知名之士。"而浙大的礼堂，宽敞轩朗，布置整洁，尤称相得益彰；"正合了我们要以最严密的办法、公正的态度、适当的环境，来甄拔我们理想中需要的人才的意向。"⑤

建于1948年的交通银行大楼（今上海中山东一路14号）

交通银行总行民国二十二年（1933年）第一次招考练习生时，考试科目包括了国文、英文、银行簿记、算数、代数、珠算等科目。⑥此后几届招考练习生的考题，基本上也是这一类型。而国文和英文试题多要求结合时局或银行本职阐发。一般要求任选一题,但国文都限用文言,英文不少于 150 个单词。

如第二届招考乙种试用员的国文试题为:(1)礼义廉耻国之四维说;(2)投资投机之分别与利害。英文试题为:(1)Shanghai Newspapers;(2)Ten Years of My School Life。[7]

第三届招考乙种试用员,分为上海、天津两处举行。上海考场的国文试题为:(1)论银行与实业之关系;(2)银行为分利机关,或为生利机关说明。英文试题为:(1)A Clerk in the Bank:His Responsibilities;(2)用英文译下列名称:存款、支票、贴现、汇款、准备金、现金、钞票、储蓄、记账、经理。[8]天津考场的国文试题为:(1)合作与互助;(2)农工业与金融业之关系。英文试题为:(1)What can you say about the recent "New Life" propaganda in China？(2)What terms of duty are to be bound for a bank employee?(3)My School Life。[9]

如前所述,由于不少银行对于考生的国文程度有着特殊的要求,该科考试也受到格外关注。以下即为部分银行的国文试题:

——论银行与实业之关系;银行为分利机关又为生利机关说明之(交通银行)

——上士忘名、中士立名、下士窃名(上海商业储蓄银行)

——新青年应具有之学识与道德;中国经济衰落之症结(江苏银行)

——以诚信勤俭服务社会说;诚言服务金融界之志趣(聚兴诚银行)

——现代青年之修养;试述投考永大银行之志趣(永大银行)

——储蓄银行与社会之关系;失业苦痛的写实(新华信托储蓄银行)

——拟上海绸业银行举办家庭储蓄宣言(登广告用);拟上海绸业银行同人进德会缘起及组织简则(上海绸业银行)

——统制经济之意义;试论银行与工商业之关系;我之志愿(四行准备库储蓄会)[10]

交通银行的一位主试官吴庠[11],曾多次校阅国文考卷,对此感慨良多。民国二十三年(1934 年),他参加第三届试用员考试阅卷后,致函另一位主试官刘润深:

本届国文考试,都二百三十有二本。校阅三番,酌分九等,安敢自矜为老眼,未尝稍掉以轻心;良以存晷风檐,我亦曾经沧海;何况一杯仙露,人皆遥望蓬山;莫重抢才,期无溺职。执事同作主司,乌容避怨;凤推巧匠,何可旁观。愧先为负弩之躯,愿更作平衡之校;高不妨下,毋令糠秕在前;沉可以扬,莫任珊瑚漏网。谨奉卷拜上,乞加墨发还,不胜感盼庆幸之至。⑫

他还赋诗二首,表达了自己校阅国文试卷的感受:

　　拜命衡文礼数殊,几人掩口笑葫芦。(本届考试各科考试主试者不得命题,但阅卷而已。同人戏谓昔之主考官,今为同考官矣。)游鱼结队初贪饵,(投考诸生,率以读书无力,急于谋生)老马呼群尚识途。(予主试国文,凡六度)浪说昆山能产玉,(近时学校,国文成绩不良)生愁沧海有遗珠,(各卷去取,校阅再三而后定)匆匆三十年前事,辛苦逢场忆故吾。(新旧考试,予曾亲历)

　　一封题纸墨痕斑,大典抢才莫等闲。颇信掬心能对日,微闻煦沫竟飘山。(谣传上届考试,有主试通关节者,故本届不得命题。以予所知,叶葆渔、吴君肇主试国文、算学时,叶之子,吴之弟,均先后被摒,亦可谓不徇情矣。乃吾侪平日硁硁之行,卒不敢外间悠悠之口,兹可愧也。)荒唐出话防犹密,(国文禁用白话,三届皆然)爱惜斯文例已删。(各科考试,必重国文。第一届国文不满七十分之卷,西文算学,分数虽优,仍不录取。第二届先考国文,凡不及格者,不得与西文算学两试。本届特变其例,国文西文算学三试,平均计分,虽国文一试,不满七十分,亦得录取。前后三届会议考试规则,予皆未与闻,惟奉行而已。)鸦字惯涂獐惯弄,几回搁笔为开颜。(通场二百三十有二卷,缮写端正,而兼无别字者,寥寥数卷耳。)⑬

1933年2月18日、19日,交通银行第一次招考乙种试用员考试如期举行。由于低级行员不敷调派,交通银行总行董事会力图延揽各地更多的人才,曾先期通函各地的分支行处,要求保送人员来沪应考,并规定投考人员须由适当之介绍人介绍。此次招考虽未登报公告,然报名者仍非常踊跃,计达300余人。除临考未到及资格不合未予应考者外,综计来沪应试者270人。

此次考试原定在交行总处举行,后因报考人数过多,考场不敷应用,临时通告改在汉口路九号交行所租余屋办理。由于房屋宽敞,布置相对比较容易。在五楼设考场,四楼设休息室,并按照准考证的顺序编号分设领卷处,验对照片发卷。考员鱼贯而入,登楼报到领卷,即依卷面号数入场就座。题目发表后,非缴卷不准复出,每个考场均派两名重要职员监考。因此,此次应试人数虽多,但秩序井然。

本届考试各科试卷均系用密封办法,由各科主试委员详细评阅、酌定分数,复由董事长、总经理邀集各常务董事、常驻监察人共同复核评定后,始拆阅密封,填写姓名,计算分数,以定去取。

此次考试计算总平均分数办法,由考试委员会议决采用3、2、1学分制,即国文为3学分,英文、笔算、银行簿记各为2学分,珠算为1学分,共计10学分。各科全考者,先以各科之分数乘以各科之学分数,得之数相加后,以10除之,即为总平均分数。不考银行簿记及珠算者,则以7学分计算;不考银行簿记者,则以8学分计算;不考珠算者,则以9学分计算。在这种计分方式下,普通中学与商业学校两种人才,能够各得展其所长,而不偏废。至于口试,则以容貌端正、脑筋灵敏、体格强壮为标准,借备录取之参考,不另计分。而且以当时人多时促,每人问答不过数语,未便作为定评,故口试成绩暂不于录取时限制,一律在试用期间再行从严甄别,以昭公允。

本次招考的招考简则中,规定国文成绩及各科成绩之总平均成绩合于规定者,计得38名(最高91.20分,最低70.13分),即经总经理核准,以名次较前之徐来苏等31人列入正取,许郁生等7人列入备取。[14]

交通银行类似招考,此后举行过多次,情形类似。有些小插曲,则颇有趣味。

如第二次招考乙种试用员,考试时间安排在1934年1月21日和1月28日分两次举行,借用汉口路九号交行所设职业学校的教室。所有招考事务,除由事务处第二课按照规定手续办理外,并奉总经理指派考试委员暨监考员各16人,分任命题阅表及监考等事务。[15]

此次考试,共有318人报考,第一试到考者,计298人。第一试甄录之人员,计119人;第二试到考者,为117人。"考试期间,天气甚冷,在长穿堂中验对照片,领取考卷,历时稍久,弥觉寒气袭人。有一考员,在出场时自称两脚冻僵。"应试者中,最年幼的一人,只有15岁;年龄最大的则为39岁。这位年龄最小的考生,系交通银行芜湖分行陈家骏的幼子。陈家骏在交行服务已届满20年,"上年退老家居,亟盼幼子早日立业,故特命其前来应考,冀于录取后,如箕裘克绍"。[16]

第三届招考乙种试用员,1934年8月18、19两日在汉口路九号举行,报考者计271人,到考者计232人。"考试前约半小时,先行给卷,同时验对照片,尚无人照不符之弊。惟近来时尚,多系美术照片,概经摄影师加以修饰,本人容貌常比照片见瘦。又其非现时摄照者,其年青貌赤之程度,亦微有不同。故如从严格言之,此种照片,殊无取乎近代所为之美术的加工也。"[17]

不仅交通银行,其他一些银行在招考练习生时,也比较注意考察考生的实际

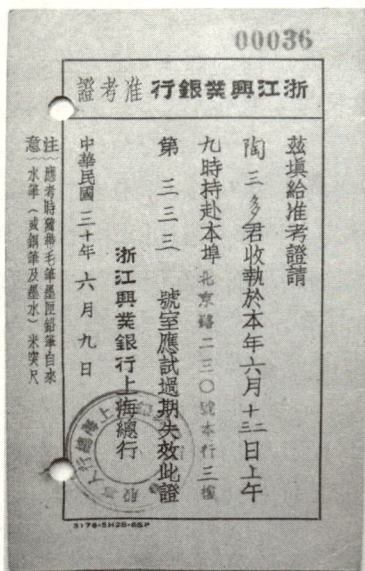

浙江兴业银行准考证

能力。

浙江兴业银行1936年4月25日、26日招考练习生时,考察范围更为广泛。其笔试科目分为国文、算术、英文、常识(包括历史、地理、时事、商业等)、智力测验等五科。

该行第一日考试科目为国文、数学二科,在考前半小时,由各应考人填写甄选员生登记表一纸,该表详载应考人姓名、年岁、住址、学校经历、家庭状况、生活旨趣、能力概述等各栏,以备录取时参考之用。国文考试自下午一时半开始,限二小时交卷,文题有三:(1)农村经济如何恢复,试详言之;(2)业精于勤说;(3)试言新货币政策实施后之利益,由应考人任作一题完卷。数学考试自下午三时半开始,亦限二小时交卷,凡八题,包括三角题一、代数题一、对数题一、利息题三、四则题二,由应考人作七题完卷。

第二日考试科目,上午为英文、常识两科,下午为智力测验、口试初试及复试。英文自上午八时起考,限二小时交卷,题凡五门:第一题为英文单字10个,译成中文;又中文名词10个,译成英文。第二题为解释"Noun Clause"之各种用法,并每一用法,举一实例。第三题为改句,共有10句,每句改正其在文法上之错误。第四题为中文一段,长约百余字,译成英文。第五题为英文一小段,译成中文。以上五题中,得任作四题完卷。

英文考毕,继考常识题十五门,得任作十题完卷,各题虽极普通,但颇易为人所忽视:如第四题"问去年中国出口货与进口货,各以何者居首位";第七题"问五九、五卅、五三、九一八、一二八各种事件之发生年份";第十二题"问蒸汽机、汽船、火车、电灯、无线电等之发明人及其国籍",各题均用填字式,非问答式,上述仅举例耳。常识试毕,为时仅十一时,各应考人得于此时休息。

迄十二时,由该行在青年会中学中餐部供给午膳,凡十二桌,每桌餐费为一元六角,菜尚丰美。下午一时起,考智力测验,凡题,每题解答,均限时刻,"盖所以测验应考人之动作与思想之灵敏与否也。"约半小时考试毕,随由杨荫溥、王莘耕、汪原润三先生,分室举行口试,由主考人分别发问,察其言语行动,评定标准,约分态度、礼貌、言语、衣着等,此外,并及一般印象之优劣。每人约口试三分钟毕事。随即由金、竹两先生会合举行复口试,由主考人自由发问,每人所问时间,亦长短不一,印象较次者,仅问一二语即毕事。是日应考人较第一日减少5人,完卷者计98人。⑱

各科试卷,至4月30日始全部评定。此次成绩,就一般言,并不见佳。各科评定结果,计国文及格者76人,占应考人全数74%,最优者80分,最劣者20分,而及格者以60分居最多数。数学及格者26人,占25%,最优者96分,最劣者至零分者亦有5人之多。英文及格者20人,占19%,最优者90分,最劣者仅2分,不及格者以30分以下居最多数。常识及格者63人,占61%,最优者93分,最劣者14分,平均成绩尚佳。智力测验及格者40人,占39%,最优者83分,最劣者38分。

至各应考人之总平均分数,则采较量算术平均法计算。英、国、算三门,各占25%,常识占15%,智力测验占10%,合成百分之一百。如是则重要之科目在计分上亦显其重要。

此次考试结果,最优者总平均分数77.675分,最劣者仅20余分,在60分以上之及格者,共计26人,仅占总数25%而已。"至本行录用之标准,除注重笔试成绩外,更注重口试,笔试及格而口试过劣者亦未必录用。"⑲

1935年8月25日,浙江实业银行举行招考练习生考试当天,统计报名投考者,不下300人。考试于当天清晨八时开始,"除由总经理派员驻场监试及照料一切外,同时并承所聘各教师热诚翊赞,莅临典试。"是日上午先试公民、国文、簿记三项,下午续试算术、智力测验二种,当日笔试部分便告结束。该行主考官之一方桐先生回忆道:"维时虽已秋初,而暑气犹未尽道,我们当时看到那一般应试者正襟危坐、凝思运笔的一种诚挚意态,和有条不紊、秩序井然的一种严肃精神,觉得一般高尚其志的纯洁青年,是值得使人敬爱的!""至各科考卷,为慎重起见,均由聘定浙大教授亲自来行详加批阅,评定殿最,笔试及格者,计凡二十人。"接着于一星期后举行口试,由该行总经理协同副理、襄理,担任监试,并指派四位该行高级职员为口试委员。为避免与各口试委员办公时间冲突起见,口试时间经订定于下午四时至六时举行,分两天考试完毕,每天10人。"先就应试者仪态上作一整个的观察,再从应对和学识上作一实际的测验。"⑳

浙江实业银行上海总管理处及上海分行
(今上海江西中路222号)

上海商业储蓄银行认为，"笔试仅为内才之测验，尚不够代表整个人才，对答应付，亦颇重要。"因此，除了笔试之外，另外还须加考口试。"口试时间无论十分钟半小时，但主试者须具备正确之中心思想"，而且制订了具体的评判参考标准：

（一）头脑：灵敏、清楚、中庸、迟钝、糊涂。

（二）仪容：端庄、平正、普通、丑陋、浮滑。

（三）态度：谦和、自然、平凡、矜持、轻慢。

（四）谈吐：清雅、有条、平常、粗俗、杂乱。

（五）服装：朴素、整洁、整齐、随便、浮华。

（六）体格：强壮、结实、康健、孱弱、病态。

此外，对于下列诸端，口试时也必须加以询问：

（一）过去之工作及经验——俾知应试者过去曾担任何种事务，有何特长，何故脱离，以作参考。

（二）家庭情况——家庭环境与个人之能否安心工作，颇有关系，在谈话中应详为探询，例如父母之存亡，兄弟姐妹之教育程度，职业情形，以及负担若何。

（三）投考本行之抱负——从此方面可试探应试者之思想、辞令及志愿等，以供录取后分配职务之参考。[21]

上海商业储蓄银行对口试实际操作订有较为严格的标准，对考官规定的考核要点包括：（一）言语敏捷；（二）事理明白；（三）仪表壮观；（四）礼貌谦恭；（五）对于常识如何；（六）有无普通商业智识；（七）所说国语口音是否纯正，易于了解否；（八）能说本国各地几种方言；（九）会说外国语否，会哪国语言；（九）服务本行愿否充任低级工作。以上（一）至（六）项及（九）项的考核结果各分为三等，即特等、优等及通常。最后，口试考官还要填写一栏："观察结果是人以办理何项事务为宜"。[22]

体格检查也相当重要。语云"健全之精神寓于健全之身体"。"如体弱多病，难胜繁剧，不论其才学如何优长，终不能充分发挥其办事效能。勉强任事，

上海宁波路9号，上海商业储蓄银行最早的办公和营业场所

不独妨碍其本身之健康,促短其寿命,对于行方业务进展亦颇有影响。"因此,"银钱业所需要之人员,必须智、德、体三育必备。"㉓

上海商业储蓄银行对于应试者的体格检查,规定由本行行医检验,并填列"行员检验体格表证",该表主要内容包括受检者基本情况,如姓名、年岁、体高、体重等,还包括了若干具体项目,如:眼、耳、鼻、喉、齿、心、肺、肠、生殖器、皮肤、神经系、外貌等。检查医师须在该表上签名盖章。㉔

对练习生的录取工作,从笔试到口试,再到体格检查,每一项都有明确而具体的标准;这些标准对确保生源质量,则起到了至关重要的作用。即便以今日眼光看,如此的制度安排,也算上相当周密了。

注释

① 杜重远(1898~1943),吉林省公主岭市人。中国实业家、知名爱国人士,《新生周刊》主办人。1917年,考取官费留学日本,入东京藏前高等工业学校学习陶瓷制造专业。1923年回国后在沈阳开设肇新窑业股份有限公司,曾任辽宁商务总会会长。"九一八"事变后积极投入抗日救亡运动,曾以记者身份在湘、鄂、川、赣、沪等地活动,鼓动民众抗日救国。曾参与筹办《生活日报》。1939年任新疆学院院长,后创办宣传新思想的刊物《光芒》。1943年遭军阀盛世才杀害。

② 胡守礼:《雪泥偶留》,http://hushouli.netor.com/,2016年5月26日登录。

③《中国银行考试预备员练习生规则》,《中国银行业务会计通信录》第九期,1915年。

④ 沈维经:《银行之人事管理》,《海光》月刊,十二卷一期,1948年1月。

⑤ 祖桐:《本届招考练习生后记》,《浙光》二卷三期,1935年。

⑥《本行招考乙种试用员纪略》,《交行通信》二卷四号,交通银行总管理处设计部编,1933年2月。

⑦ "交通银行第二届招考乙种试用员各科试题",《交行通信》四卷一号,交通银行总行事务处,1934年1月。

⑧ "交通银行第三届招考乙种试用员各科试题",《交行通信》五卷二号,交通银行总行事务处,1934年8月。

⑨ "交通银行第三届招考乙种试用员各科考题",《交行通信》五卷三号,交通银行总行事务处,1934年9月。

⑩ 上海绸业银行所办《绸缪》杂志,曾作了一次"各机关考试题目调查",刊登了部分银行招考练习生的试题。参见该刊1933年、1934年各期。

⑪ 吴庠(1879~1961),原名清庠,后去清字,字眉孙,别号寒竽,江苏镇江人。少读诗书,后来有攻读词学,30岁时毕业于上海南洋公学。清末,诗文与丁传靖、叶玉森齐名,人称"铁瓮三子"。他尤工于词,"豪迈而不失于伧,沉骏而不失于放",是南社社友。曾任交通银行秘书等职。

⑫ 吴庠:《阅试卷毕与主试官刘润深笺》,《交行通信》五卷三号,1934年9月,交通银行总行事务处编辑。

⑬ 吴庠:《校阅试用员国文试卷感赋二律并呈主试诸君》,《交行通信》五卷三号,1934年9

月,交通银行总行事务处编辑。

⑭ "本行招考乙种试用员记略",《交行通信》二卷四号,交通银行总管理处设计部编,1933 年 2 月。

⑮ "第二届乙种试用员考试",《交行通信》四卷一号,交通银行总行事务处编,1934 年 1 月。

⑯ "招考试用员拾闻",《交行通信》四卷一号,交通银行总行事务处编,1934 年 1 月。

⑰ "招考乙种试用员拾闻",《交行通信》五卷二号,交通银行总管理处设计部编,1934 年 8 月。

⑱ 王逢壬:"总行招考练习生纪(上)",《兴业邮乘》四十七期,浙江兴业银行发行,1936 年 7 月 9 日出版。

⑲ 王逢壬:"总行招考练习生纪(下)",《兴业邮乘》四十八期,浙江兴业银行发行,1936 年 8 月 9 日出版。

⑳ 祖桐:《本届招考练习生后记》,《浙光》二卷三期,1935 年。

㉑ 沈维经:《银行之人事管理》,《海光》月刊,十二卷一期,1948 年 1 月。

㉒ 上海商业储蓄银行口试记录表,上海市档案馆藏上海商业储蓄银行档案,Q275 - 1 - 185。

㉓ 沈维经:《银行之人事管理》,《海光》月刊,十二卷一期,1948 年 1 月。

㉔ 上海商业储蓄银行行员检验体格表证,上海市档案馆藏上海商业储蓄银行档案,Q275 - 1 - 185。

录取

　　1934 年 10 月 28 日，胡守礼接到《新生周刊》的来信，通知他已被录取；至于何时动身赴赣则"另行通知"。"千不料万不料，我这样的水平竟然被录取！"胡守礼起初怀疑自己的眼睛看错了，一遍两遍重复看了几遍，才确认自己真的被录取了，"欢喜得像范进中举一样要发狂了"。在胡守礼看来，此次能被录取，"如运动员夺得锦标，如学生成绩名列前茅，我真的如科举夺魁般高兴！我想我一定超过一般人的高兴，因为我的环境，9 年来我忍受精神折磨，熬着肉体摧残，为的是今天要争这口气，今天我可算扬眉吐气，是我生命史上的光荣一页"。①

　　对于胡守礼而言，出身寒微，学历不高，也没有什么特别的社会关系，而能通过考试被录取，当然是一件非常值得庆幸的事情。然而，并非每个人都有胡守礼的运气。

　　骆耕漠先生在《现代青年的职业问题》中谈到一段故事：某银行小职员赵文祥有一个叫丁健秋的失业朋友，丁曾经写信给赵，诉说了自己坎坷的求职经历，并称确已深刻体验到"中国社会是如此黑暗和无情"。第一次，丁健秋去报考一个小机关的抄写，"一切都考得还可以（至少已经及格），只剩口试一项。哪知那位口试先生看见我头发很长，衣服有点褴褛，几乎问也不高兴问了。我想，我当然就因此而落选。"第二次，丁健秋去投考一家银行的小职员，结果又是一场失望。"后来据朋友告诉我，那家银行的招考原是一二位董事为了掩耳盗铃，以便自己安插私人，特地做出来的幌子；其实录取的名单是早就内定好了！"②

　　赵文祥曾和自己的银行同事、英文打字员傅冠群交流青年就业难问题，傅强调："只要有特长的技能，这种经济上的小小障碍是可以打得破的。"而如今，赵文祥看来，傅的观点则很成问题；因为即便是傅本人，"与其说是靠了他的'英文打得快'，还不如说是靠了他的背后有着有力的亲友替他多方保驾。"傅冠群能来到这家银行办事，"干脆点说，就是靠了他叔父的一封信，而且那封信还使他在行中得到许多方便：他可以随便看报、迟到、和同事谈谈笑笑……"③

赵文祥自问也是如此。"譬如四年以前他进这家银行,还不过是充当一位极平常的练习生,但是还烦劳了父亲的辗转求托,好容易才踏进这家银行的大铁门,其他的高位重职就更不用说了。"或许正如傅冠群所言:"在现社会之下,不论什么机关,假使没有大脚膀,你们是不容易混进去的! 老实说,一切都在金钱势力的控制之下!"④

应该说,以上故事中的三个人,无论丁健秋、傅冠群,还是赵文祥,所表达的观点虽均有客观一面,但也都存在有失偏颇之处。对于一家正规的商业银行来说,招考练习生,当然要考虑方方面面的关系,但却不会仅仅考虑维护关系而放弃素质方面的基本要求。相关学校或关系人的介绍,本来就是处于防范安全的考虑,是列入招考简章的要素;而穿着方面的整洁与否,当然也是面试时的重要考量因素之一,无可厚非。

事实上,甄选合格的练习生,确实并非一件非常容易的事情。除了考试成绩外,还有其他诸多因素,需要银行方面综合加以权衡。比如人情因素,即便是名人,有时也是难以避免的。1936 年,中国银行杭州分行招考练习生,著名经济学家马寅初先生即给该行经理金润泉写信推荐:"近闻贵行拟于秋季招收练习生,兹有敝同乡陈君自臬,现年十八岁,甫毕业于绍兴初中,程度、年龄均相当,届时拟来杭应试。务祈推爱录取,俾得一栖身之技,异日有成,自当力图报效,即弟亦感同身受也。"⑤在这种情形下,关键是看用人单位究竟如何取舍。

有一个上海商业储蓄银行的例子,很能说明一些问题。

1931 年 9 月 3 日晚六时,时任上海商业储蓄银行副总经理杨敦甫先生,⑥专门召集了该行李芸侯、赵汉生、黄席珍、马少卿、卓镛诗、范稚圭、欧伟国、资耀华、伍克家、董承道、张春帆等高级职员,举行了一次聚餐会。名为聚餐,实际就是一次专题讨论录取练习生的工作会。此前,上海商业储蓄银行招考一批练习生,报考人数有二百数十名,而录取额只有 40 人,"此外尚有碍于同人情面上之关系,而感有困难者数人"。

杨敦甫先生提出三点意见:

其一,录取当然应以中文、英文及算学等考试分数作为重要参考,但考试中尚有口才、仪表、品行等其他成绩,亦须平均列分,不能专以试卷为准;

其二,有笔试分数颇优之一人,其面目狰狞可惧,语云:"发于中者形于外",依据其形貌而论,可知其品行之未必端方、心术之未必平正。"本行用人虽不以外表之面貌为取舍,而招待顾客,总宜以和气向人,以博顾客之良感,故直接办理支付之人员,纵不必取其面貌之端正平和,亦不宜令人望而生厌;若以面目狰狞、神情犷悍之人员接应顾客,总非所宜,故当时即将此人之名勾去"。

其三,今日请诸君公议解决人事上困难之方法,除已经录取之 40 人外,尚有

24人,均有人事关系,应否列为备取以备于缺额时补充。

人事科向到会各位报告了陈光甫总经理对这次招考提出的三项原则,即:"(1)考试务取公平;(2)来历宜求明晰;(3)而人事上亦当兼顾。"人事科同时提出,此次考试,标准共有9项:(1)中文;(2)英文;(3)算学;(4)仪表;(5)口才;(6)体格;(7)能否出门远行;(8)品行;(9)出身。目前已经录取的40人,"皆从各种标准简选而得,完全为人才主义,绝无他项关系"。核心问题是,"惟此外尚有同人中推荐请托之人,虽分数不及,而来历上均较他人为明晰,人情上似亦不能不予以顾及",关键是解决这24人的去留问题。

正在办公的上海商业储蓄银行总经理陈光甫

于是,便有如下几种观点:

马少卿先生提出:"既用考试制,则当一秉大公,完全以考试之成绩为标准,不应掺入人事上之问题。"

黄席珍先生认为:"事实亦不可不兼筹并顾,当先提出人事上最有关系者,究有几人,再照其考试分数之高下,以定去取。"

赵汉生则主张:"于此二十余人之中,以中英文两卷分数为标准,合并中英文分数计算,先行分定次序后,再酌去留。"

张春帆先生建议:"可在此二十余人中,择其分数较优者十人或十二人,作为备取;如录取者中有因故不到者,备取者即可随时补入。"

于是,各位同意,按照赵汉生先生的主张,合并中文和英文两卷分数,逐个审查其是否必须补录。审查的结果是:"并无必须补录者,皆在可录不可录之间。"在此情形下,赵汉生先生于是提出前议取消,一律不录,仍以已录取之四十人为定。最终，主席采纳并宣布了此项主张，"众无异议，遂通过散会。"⑦

再以1934年浙江兴业银行招考练习生为例。

此次招考，规定了由该行高级职员担任试卷评阅人，如国文：沈棉庭；英文：罗郁铭；数学：王莘耕；常识：杨荫溥；测验：杨荫溥；书法：沈棉庭。口试初试由杨荫溥负责，口试复试由竹森生负责，最后决定由竹、杨两先生会商决定。而决定的标准则为："笔试及口试并重。笔试成绩虽好，而口试印象不佳者不录；笔试成绩不好，而口试印象极佳者亦或录取。"⑧从中可以看出，面试在整个招考环节中占据了相当重要的成分。

以下为该年招考练习生全部考生的成绩汇总表：

1934年浙江兴业银行招考练习生全部考生成绩汇总表

考号	姓名	国文		英文		数学		常识		测验		书法		总平均分数	名次
		实得分数	折作25%	实得分数	折作20%	实得分数	折作20%	实得分数	折作15%	实得分数	折作10%	实得分数	折作10%		
1	阮亦韩	60	15	60	12	50	10	38	5.7	47	4.7	58	5.8	53.2	17
2	卢毓元	70	17.5	70	14	68	13.6	65.5	9.825	66	6.6	58	5.8	67.325	6
3	夏善良	45	11.25	55	11	63	12.6	37	5.55	56	5.6	67	6.7	52.7	18
5	汪徽祥	50	12.5	50	10	63	12.6	60	9	52	5.2	73	7.3	56.6	13
7	张善琛	65	16.25	80	16	71	14.2	60	9	53	5.3	68	6.8	67.55	5
9	徐永焜	45	11.25	40	8	62	12.4	46.5	6.975	54.5	5.45	67	6.7	50.775	19
11	梁润华	75	18.75	60	12	25	5	67	10.05	41	4.1	53	5.3	55.2	15
13	胡先雯	55	13.75	60	12	39	7.8	72	10.8	62.5	6.25	63	6.3	56.9	12
15	宣万华	80	20	75	15	77	15.4	66.5	9.975	66.5	6.65	77	7.7	74.725	2
19	汤祖翔	65	16.25	45	9	70	14	69	10.35	70.5	7.05	85	8.5	65.15	8
21	唐慕勋	70	17.5	85	17	60	12	70.5	10.58	46.5	4.65	72	7.2	68.925	4
25	徐崇墉	50	12.5	45	9	54	10.8	74	11.1	67.5	6.75	68	6.8	56.95	11
27	吴成锡	50	12.5	70	14	47	9.4	65	9.75	70	7	68	6.8	59.45	9
29	吴厚贞	75	18.75	60	12	65	13	77	11.55	51.5	5.15	62	6.2	66.65	7
31	宝鹤年	85	21.25	70	14	80	16	67	10.05	59	5.9	73	7.3	74.5	3
33	祝正定	80	20	45	9	43	8.6	60.5	9.075	37	3.7	70	7	57.375	10
35	庄培之	80	20	30	6	52	10.4	50.5	7.575	43.5	4.35	58	5.8	54.125	16
37	魏瑞庆	55	13.75	40	8	49	9.8	77	11.55	60.5	6.05	65	6.5	55.65	14
39	袁光楣	90	22.5	90	18	67	13.4	69	10.35	57.5	5.75	65	6.5	76.5	1

而最终录取练习生的情况如下表所示：

1934 年浙江兴业银行最终录取练习生名单

正取/备取	姓名	年岁	籍贯	毕业学校	各科总平均成绩
正取	袁光楣	19	江苏吴县	江苏省立苏州中学	76.5
	宣万华	21	浙江嘉兴	江苏省立上海中学	74.725
	宝鹤年	18	浙江鄞县	光华大学附属中学	74.5
	唐慕勋	20	江苏南汇	江苏省立上海中学	68.925
	张善琛	20	浙江吴兴	上海民立中学	67.55
	卢毓元	21	江苏吴县	江苏省立苏州中学	67.325
	吴成锡	19	江苏崇明	上海民立中学	59.45
备取	胡先雯	22	江西新建	上海正风中学	56.9
	阮亦韩	21	安徽合肥	私立南洋中学	53.2
	夏善良	20	浙江镇海	私立南洋中学	52.7

资料来源：浙江兴业银行 1934 年招考练习生录取名单、录取练习生成绩表等，上海市档案馆藏浙江兴业银行档案，Q268－1－236。

从全部考生成绩表和录取情况表比较分析可以看出，最终录取时，并非完全依据成绩。

正取的 7 人中，袁光楣、宣万华、宝鹤年、唐慕勋、张善琛、卢毓元等 6 人，考试成绩确实排在总成绩的前六名；而吴成锡考试成绩名列第 9 名，在他之前还有吴厚贞（第 7 名）、汤祖翔（第 8 名）。这充分说明，口试在整个录取中的影响相当大。而备取的胡先雯、阮亦韩、夏善良等三人，考试成绩则分别列第 12 名、第 17 名、第 18 名。这其中考虑的因素，或许就更多一些了。

在浙江兴业银行档案中有两封信，收信人均为该行总经理徐新六，内容均为推荐阮亦韩参加该次练习生招考。一封称徐为"姻仁兄"，落款为王子敏，函称："中兴同事阮君令弟阮亦韩（阮生与仲平兄有戚谊），年廿一岁，在上海南洋中学商科毕业，现投考贵行练习生。阮生人尚诚实，在校成绩亦优，确为可造之才，务祈推爱，予以录用，并能待遇稍优"。[⑨]另一封信则称徐为"姻丈大人"。落款即为"姻愚侄张仲平"，该函称："兹有舍亲阮亦韩，毕业于南洋中学商科，业由该校报

浙江兴业银行总经理
徐新六

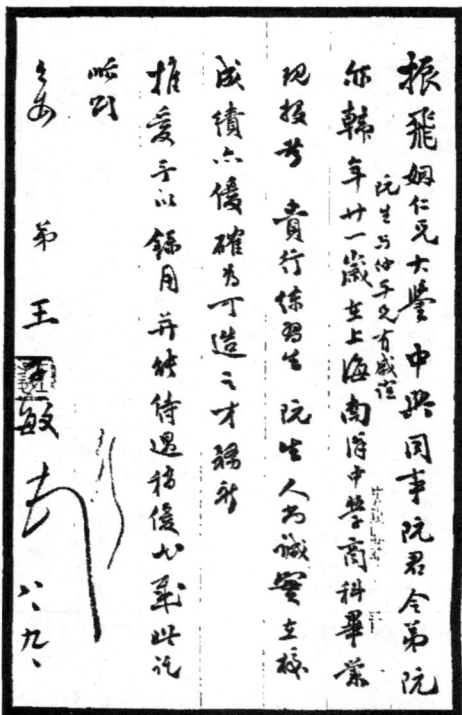

王子敏致浙江兴业银行总经理徐新六信函

名投考贵行练习生。倘荷推情录取，感同身受。"[10]阮亦韩最终被录取为备取第二名。这当中究竟有多少照顾的因素，也很难判别。毕竟人情往来，自古难免。不管怎么说，能够在该行档案中看到该行总经理徐新六的这两封私信，至少也可证明徐新六先生的磊落态度。

录取完毕后，还有不少后续工作。

浙江兴业银行随即通知所有正式录取的考生办好体格检查、确定保证人等相关手续；[11]并通知各位备取的考生，"如遇正取生中缺额或本行有所需用时，当以备取生中依次递补，届时再行函告。"[12]同时，对所有落榜考生也逐一致函："此次敝行举行练习生考试，辱承惠临应试，至为感幸，祗以取额有限，未能延揽，深为歉疚，尚乞鉴谅为幸。"同时退还成绩单及毕业证书等。[13]

对参与保送并最终录取考生的各所中学，包括南洋中学、江苏省立上海中学、光华大学附属中学、上海民立中学、江苏省立苏州中学等，浙江兴业银行专门致函表示感谢，称："此次敝行举行练习生考试，辱蒙贵校慨予合作，保送学生与考，至为感幸。"[14]

对所有推荐人，该行也一一作复。其中包括以徐新六名义对张仲平、王子敏两位的回复。[15]

不过事情到此，并未完全结束。时隔数日，该次考试录取为正取第四名的唐慕勋（上海中学保送），专门致函该行，全文如下：

> 执事先生台鉴：敬启者，此次鄙人投考贵行所招之练习生，辱赐录取，荣幸奚如，本当如期诣行办事，奈迄今遍觅保人无着；敝校郑校长既愿担任于前，又有舍亲拟请贵行改无限责为有限而担保五万或十万元于后；鄙人转辗思维，恐均未与贵行人事规程符合。虽蒙特别优待，俞允进行后再觅保人，然不佞之意，与其进行后因无保人而离迁，毋宁见机忍痛而休退，用敢修

书,乞予除名而进登备取者为祷。肃此,敬请公绥。唐慕勋谨上。八月二十日。[16]

看得出,该考生在保人问题上相当纠结。不过,浙江兴业银行还是较为通情达理的。该行随即复函唐慕勋:既然有江苏省立上海中学校长郑通和愿意作保,"与敝行员生保证规程规定尚无不合,请即来行面洽可也。"[17]

时隔不久,前文提到的阮亦韩,即本次备取第二名,也接到了浙江兴业银行的来函:

> 亦韩先生台鉴:迳启者,日前敝行举行练习生考试,执事名列备取,业经函告在案。兹查正取各生均已先后到行练习,敝行尚另有需用,拟即以执事递补。用特函达,请于接信后赶日来行办理到行手续为荷。此颂台绥。[18]

浙江兴业银行致阮亦韩信函稿

此后几年,该行的录取过程基本相似,而之后所出现的变故则颇为复杂。

银行方面首先要应对的,是没有被录取的考生,有些会通过求情或打招呼,试图再作一番努力。

1939年7月,浙江兴业银行举行招考练习生结束后,一位落选考生袁文淦致函该行徐寄顾先生。全文不长,照录如下:

> 寄顾先生台鉴:不知你肯对于这一点小困难赐以援助否?我在省立上中高中毕业之后,无力升学,乃各方奔走,希谋一职位,而苦无所成。适贵行招考练习生,此千载难逢之机,焉得放过,但天不从人愿,而告落第。悲矣哉!毕业即失业,而家严身体素弱,复以战事影响而致毫无出息,嗟呼!一家

之中，父子失业，何堪长此以往奈何天。既而复思欲得解决，唯先生是赖，故窃不自量，恳先生怜之。专此，祗颂台绥。恳请人袁文淦谨书。七月十九日。⑲

银行毕竟不是社会福利机构，同情归同情，规则归规则。对此，该行总务处复函称："查上次敝行练习生考试，执事总平均成绩为五六.四二分，祗以取额有限，未能延揽为歉。此后敝行如有投考机会，当再通知，以便应试，兹先为存记。"⑳

对打招呼求情的，也同样如此。1939 年 11 月 28 日，一位名为王星七的，致函该行经理竹淼生："舍亲吴君运通，刻在高中三年级肄业，平素极愿在金融界服务，苦无机会，比闻贵行不日将招考练习生，弟已嘱其报名应考，务请推爱屋乌，赐予录取。舍亲年近弱冠，人极循谨耐劳，弟实可为之保证。"㉑竹淼生复函称："敝行练习生考试成绩业经评定，令亲吴运通君平均分数计得四三.六五分，以成绩相差过远，未能录取，至以为歉。"㉒

再有就是有些考生即使被录取后，也出于种种原因，最终放弃了资格。

这中间，有因保人问题而辞职的。如浙江兴业银行 1935 年 4 月招考录取的练习生朱泽民，8 月 25 日致函该行称："本月廿日来行，蒙慨准入行练习，至为铭感。本拟即日来行，第因保人前途突生枝节，不允所请，鄙人昼夜奔走，冀有成就之希望，迄今五日，然均以不胜重荷为辞。深思之下，鄙人如此冒昧从事，实非应当，为特奉函沥陈苦衷，祈请见谅，准予除名，实所祷祝。"㉓对这种情况，银行也是爱莫能助的。

该期另一正取练习生方定一，于当年 7 月 28 日致函该行，称："本当即行来行办理到行手续，无如保证人尚未请定，恳求逾格宽恩，备取生迟日递补，俟觅到保人后当即来行不误。"㉔8 月 24 日，方定一再次致函该行，称："今定一已蒙中央大学录取，故拟继续求学，不再来沪矣。前事有费清神，谨示歉意。"㉕究竟是因为确实难觅保人而最终放弃了练习生资格呢？还是因为本来就有两手考虑，在等待中央大学录取消息时，以该行练习生作为后路呢？仅仅从这两封信，我们似乎很难得出结论；不过，如此做法，肯定给该行的录取工作增添了不少麻烦。

也有直接就是因升学原因而辞职的。1939 年 11 月 23 日，外汇股练习生徐安烈函："兹因入交通大学电机系就读，致未能继续服务本行，申请辞职，尚希俯允。"㉖

也有因身体健康原因而辞职的。如 1939 年 9 月，练习生薛寿根致函该行："生于本年二月间幸蒙录用，得庇仁宇，欣慰奚似，满拟长供驱策，奈自就事以来，精神不振且时多疾病，据医谆嘱，非长期休养不为功。窃念金融机关职责綦重，允宜全神贯注，庶免陨越，若生精力不济，深恐于行于己两有贻误。迫不得已，惟有申请辞职。"⑳

再如，1939 年 9 月，练习生陈修欣致函该行："修欣猥以菲材，蒙招取进行练习，惟是九阅月来，时虑陨越而感不安，复以体质欠佳，每染疾患，于工作效能殊多妨碍，常此以往，非特有亏职责，即修欣本人亦将深感不能应付。兹者医嘱休养，修欣亦雅愿乘机锻炼体格，得有机会并拟继续升学以增学识，故于职务势难再继，用特肃函辞职，敬希照准。"㉘

还有因不适应银行工作而辞职的。1939 年 8 月，入行不久的浙江兴业银行总行练习生王永植致函该行总务处称："生蒙贵行录取，抱极大之热诚入行服务。今工作三四日后，深觉在严密之分工合作制度下，生实不堪造就，故乃先事引退，不敢敷衍塞责，使贵行心力耗于无用之人。"㉙

录取工作结束之后，在分配工作之前，上海商业储蓄银行规定，新进行员还要填写"家庭及经济状况调查表"存查。而且此表以后每年都须重新填写。该表的主要内容包括三个部分：

（一）家庭人口状况：包括家庭成员的称谓、姓名、年龄、居家入学或就业情况、详细住址等。其中，入学或就业者，须将学校或服务机关或经营事业填明。

（二）本人及配偶经济状况：（1）本人及配偶每月薪津数目；（2）本人及配偶现有储蓄数目；（3）本人及配偶现有财产；（4）本人及配偶其他收益数目；（5）个人开支每月总数；（6）家庭开支每月总数，本人每月负担若干；（7）大家庭方面本人每月负担若干；（8）本人及配偶现有负债数目；（9）本人及配偶收入不敷时如何抵补；（10）其他可以说明之处。

（三）大家庭经济状况：（1）家长每月薪津数目；（2）家长现有储蓄数目；（3）家长共同财产；（4）大家庭现有财产；（5）家长其他收益数目；（6）大家庭每月开支总数；（7）家长现有负债数目；（8）家长收入不敷时如何抵补；（9）其他家属经济状况；（10）其他可以说明之处。㉚

此类表格的填写，有助于银行及时

《浙光》四卷一号封面

了解和掌握员工的财务状况,对及时发现员工异常行为动态,以及防范案件风险等,都具有相当重要的意义。

1935年8月,浙江实业银行招考练习生考试结束后,共计录取了10人,其中有两人因为志愿继续升学,志愿放弃资格外,实际仅录取了8人。这8人中,除一人为总行留用外,其余7人被分派到浙江省内嘉兴、湖州、宁波、绍兴、温州、兰溪等分行服务。这7人大半是生长在杭州的,其中年龄最大的不过21岁,最小的还只18岁,"虽均在未冠之年,却都能鼓着勇气,挟着期望,绝无留恋地,离开了他们可爱的故乡和家庭,向着他们光明事业的前途努力迈进。"此次考试主考官之一、该行高级职员方祖桐感慨道:"当我和他们郑重道别的时候,觉得每个人都抱着新兴的希望与志趣,引瞻着各自的前程,在默念着胜利之歌! 这又使人多么可以钦佩!"③

确实,对于最终被幸运录取的银行练习生来说,他们的新生活开始了!

注释

① 胡守礼:《雪泥偶留》,http://hushouli.netor.com/,2016年5月26日登录。
② 骆耕漠:《现代青年的职业问题》,新知书店1937年3月版,第13页。
③ 同上书,第19页。
④ 同上书,第20页。
⑤ 马寅初致金润泉函,仲向平、申俭编著:《银行家金润泉传》,中国文化艺术出版社2008年1月版,第229页。
⑥ 杨敦甫(? ~1935),早年在汉口邮局供职,1915年后任职于上海商业储蓄银行,1922年时任该行常务董事、副经理,兼分管国外汇兑部。后任该行副总经理。1934年时任中国国货银行监察人。1935年去世。
⑦ 《聚餐议事录》,《海光》三卷十期,上海商业储蓄银行编,1931年10月。
⑧ 浙江兴业银行练习生考试阅卷人名单及口试安排,1934年8月,上海市档案馆藏浙江兴业银行档案,Q268-1-236。
⑨ 王子敏致徐新六函,1934年8月9日,上海市档案馆藏浙江兴业银行档案,Q268-1-236。
⑩ 张仲平致徐新六函,1934年8月8日,上海市档案馆藏浙江兴业银行档案,Q268-1-236。
⑪ 浙江兴业银行致录取练习生正取生函稿,1934年8月,上海市档案馆藏浙江兴业银行档案,Q268-1-236。
⑫ 浙江兴业银行致录取练习生备取生函稿,1934年8月,上海市档案馆藏浙江兴业银行档案,Q268-1-236。
⑬ 浙江兴业银行致未录取考生函稿,1934年8月11日,上海市档案馆藏浙江兴业银行档案,Q268-1-236。
⑭ 浙江兴业银行致南洋中学等五校函稿,1934年8月11日,上海市档案馆藏浙江兴业银行档案,Q268-1-236。
⑮ 徐新六致张仲平、王子敏函稿,1934年8月,上海市档案馆藏浙江兴业银行档案,Q268-

1－236。

⑯ 唐慕勋致浙江兴业银行函,1934 年 8 月 20 日,上海市档案馆藏浙江兴业银行档案,Q268－1－236。

⑰ 浙江兴业银行致唐慕勋函稿,1934 年 8 月 21 日,上海市档案馆藏浙江兴业银行档案,Q268－1－236。

⑱ 浙江兴业银行致阮亦韩函稿,1934 年,估计为 10 月左右,上海市档案馆藏浙江兴业银行档案,Q268－1－236。

⑲ 袁文淦致浙江兴业银行函,1939 年 7 月 19 日,上海市档案馆藏浙江兴业银行档案,Q268－1－240。

⑳ 浙江兴业银行致袁文淦函稿,1939 年 7 月,上海市档案馆藏浙江兴业银行档案,Q268－1－240。

㉑ 王星七致竹森生函,1939 年 11 月 28 日,上海市档案馆藏浙江兴业银行档案,Q268－1－240。

㉒ 竹森生致王星七函稿,1939 年 12 月 13 日,上海市档案馆藏浙江兴业银行档案,Q268－1－240。

㉓ 朱泽民致浙江兴业银行函,1935 年 8 月 25 日,上海市档案馆藏浙江兴业银行档案,Q268－1－236。

㉔ 方定一致浙江兴业银行函,1935 年 7 月 28 日,上海市档案馆藏浙江兴业银行档案,Q268－1－236。

㉕ 方定一致浙江兴业银行函,1935 年 8 月 24 日,上海市档案馆藏浙江兴业银行档案,Q268－1－236。

㉖ 徐安烈致浙江兴业银行函,1939 年 11 月 23 日,上海市档案馆藏浙江兴业银行档案,Q268－1－240。

㉗ 薛寿根致浙江兴业银行函,1939 年 9 月 21 日,上海市档案馆藏浙江兴业银行档案,Q268－1－240。

㉘ 陈修欣致浙江兴业银行函,1939 年 9 月 21 日,上海市档案馆藏浙江兴业银行档案,Q268－1－240。

㉙ 王永植致浙江兴业银行函,1939 年 8 月 3 日,上海市档案馆藏浙江兴业银行档案,Q268－1－240。

㉚ 上海商业储蓄银行家庭经济状况调查表,上海市档案馆藏上海商业储蓄银行档案,Q275－1－185。

㉛ 祖桐:《本届招考练习生后记》,《浙光》二卷三期,1935 年。

谒师

接到考试录取通知的几天后,胡守礼又接到了《新生》周刊的信,通知 11 月 4 日在大陆商场三楼的中华国货产销合作社,由杜重远先生召集考取江西的练习生谈话。胡守礼此时"心里撞得小鹿似的,想不会发生什么问题吧"。

杜重远

这天上午 8 点,胡守礼就到了大陆商场,上电梯寻到 326 号"中华国货产销合作社"。一间屋子里已经排好了座椅,会议桌上铺着白台布,已有人坐着。人们陆续到来,有面熟的,但互相也没有打招呼。10 点钟,有个高大个子穿着西装的四十岁左右的男子走了进来,呵,杜重远先生,胡守礼心里高兴地呼叫起来。杜先生手里拿着各人的自荐书和考卷,挨次点名指着就坐,计到 17 人,有 5 人是在校高中学生,其余都已在不同职业岗位上了。

在胡守礼的回忆录中,记录了杜先生此次讲话的主要内容:

诸位到江西去,是我负责考取的,那么诸位就代表我,代表了《新生》周刊。诸位到江西去,工作做得很有成绩,一切都比江西方面好,那么我个人也很有面子,《新生》周刊也有荣誉,而且也能在今后为更多的青年找到一条出路。因为今后江西方面还需要人,可以继续一批两批十批地介绍过去。倘使你们去,一点没有成绩,被他们退了回来,那一切都完了,别人也不再相信我杜重远,许多找出路的青年也没有希望了。这一点我提出来,诸位特别加以注意。

诸位都是贫苦青年,我经常接到许多青年来信,诉说经济的压迫,失学的痛苦,我们中国的希望也正在这一点上,因为有这样的青年,他才能奋斗,才能上进。还要拼命求学;有钱的他不想读书了,每天玩玩跳舞场,跑跑电影院，花天酒地，花着老子剥削来的金钱，这种青年是没有希望的。你们虽然苦，可是比起西北的老百姓，那就好多了。他们吃的是树皮草根，穿的是破麻袋，住的是地洞。我们吃的有白米饭，穿的有整齐的衣服，住的有很好的房子。这样比起来一点不能算苦。

还有一点你们要注意，就是自己有饭吃的时候，要想到别人也有饭吃，假如自己有了饭吃，不顾别人饿肚子，试想这个饭吃的长久吗？现在中国只有少数人有饭吃，大多数人饿着肚子，这问题涉及政治问题，讲起来一天也讲不完。但是诸位要明白这个道理，向着这方面努力，前途一定是光明的。

我不久也要到江西去，在江西我要办一个瓷厂，上海差不多一个月来一次，与诸位在江西也可以时常见面。①

杜重远先生的这次谈话活动，实际相当于练习生的一次非正式谒师仪式。

中国旧工商业中本有一种训练人才的方法，名为学徒制。青年子弟，无论曾否受过文字教育，都可进入各种工艺或商店作学徒。完全用实作的方法，学习各业中必具的知识技能。传授的人，即是从事各业的技师或店主。学徒的期限或三年或五年不等，在学习期间内，普通是只供膳宿，没有报酬，这种制度在职业教育缺乏的时候，可算是一种补救的办法。惟所供给的训练，是没有系统，没有组织；并且学习期内的工作，大部是工役一类的职务，如扫除、侍膳、招待等等，与职业很少关系。"待遇方面不但报酬没有，并且苛待的事很平常。所以这种制度对作事效能不能充足养成，对个人福利亦不能相当顾及。"②

早期钱庄的从业人员，大部分经过学徒的阶段，尤其是早期的钱庄，做经理者都必须是"三考"出身（即"做杂工""学帐务""跑外勤"）。学徒进店学生意，首先要认师、拜先生，一般是由经理收受学徒，也有由经理指定副经理或其他高级职员如账房等，充当学徒的业师。"凡是被经理指派收受学徒的高级职员都引为无上光荣的事，认为这是经理对他的信任，给他的体面。"

学徒进店行拜师礼，照例是择在财神日举行，取其是"招财进宝"的吉利日子。也有择在端午或中秋节进店的，后来也有不择节日进店的。学徒进店，照例是由介绍人派一代表和栈司伴送前去，栈司携带红毡毯、拜盒及香烛等物，拜盒内有门生帖子、贽敬 6 元、席敬 20 元。

贽敬是拜老师的见面礼，不过照例老师是不会收的。上海钱业流传着两种近乎戏谑的说法。一种说："老师如果收了贽敬，将来学徒结婚时，老师就少不得要送袍子马褂料，所以不敢收。"另一种说法是："老师对学徒要负责到满师，如果未到满师而该店歇业，老师就得设法代学徒荐生意，所以不收贽敬，就是表示不负这种责任。"

席敬是请老师及店里同事的酒筵费,另封 2 元赠送店里栈司。"举行拜师仪式时,店里客堂点起一对大蜡烛,桌案系上美丽的桌围,老师坐在椅上,学徒恭恭敬敬地向上拜四拜,再向老师拜三拜,再到灶间点起香烛向灶君拜二拜,然后向店里职员和栈司各作一揖,礼节是郑重的。"

老师与学徒的关系建立以后,一般为师的对学徒的管教是严格的,同时学徒一般也颇敬惧老师,"对老师很少违拗,视老师如同父辈,每逢元旦或节日都要向老师磕头拜年拜节,并到老师家中去向师母拜年节"。这是因为学徒将来的成败得失会影响到老师的声誉,老师的声誉也会影响学徒的社会关系。并由于学徒将来的前途,一般是依赖老师的栽培与提携,在学徒初出道时,即满师后有能力而活动时,格外感到师徒关系的重要。③

上海钱业公会大楼(今上海宁波路 276 号)

新工商业兴起以后,组织规模都与前不同,旧的学徒制不适用,并且亦不可能。因为从前的学徒是直接对店主或技师负责,作学徒的有如店主或技师的子弟,共同生活,有如一大家庭。"在新的工商机关中,组织上分若干阶级,由经理直接指导学徒,是非常困难,并且人数众多,很难发生密切的关系。学徒制虽不适合当时的工商情形,但学徒一类的人还有需要。因为学校造就的学生总免不了不适用的地方。若谋求适当人才,增进事务效能,有从根本上培植的必要。"

在旧式学徒制中,学徒直接受店主或技师的训练、管理。在新的工商机关中,练习生没有与最高职员接触的机会,他们所学习的工作,都分在各部中。在某部分,即受某部部长或主任指导、管理。这是就实习的工作而言。至于实习以外的训练,如各种课程等,一切组织、监督、指导,大多数由机关中的人事部负责。"所以练习生一方面对所在部分的首领负责,一方面与主持训练的部分发生关系。"④这是现代银行练习生与旧时学徒培养过程中的主要区别。

尽管如此,旧式钱庄所实行的谒师过程,仍具有重要的仪式意义。在不少有相当规模的银行,也不同程度地借鉴了这种方式,并在很多地方加以改进和完善。

民国二十一年(1932)7月,中国银行青岛分行举行了一次练习生考试,最终,共计正取4名,备取4名,均先后到行,尚有从前招用者,即一并举办第一期练习生谒师礼式。业师一席,经请示中国银行总管理处同意,指定由青岛分行襄理孙晓初先生担任。同年8月7日,青岛分行隆重举行了练习生谒师典礼,全体行员参加了这次典礼。当时,中国银行总秘书戴志骞先生正好在青岛,因此被邀请莅场指导。开会如仪,一切礼式系遵照总处规定办理:

(一)礼堂集合(练习生坐前排,练习生家长及本行职员分左右列席);

(二)行开会礼(仪式按照国府规定程式办理);

(三)主席致开会词;

(四)总经理训词(戴总秘书代表);

(五)行谒师礼(练习生面向讲台立,业师就席,练习生向谒师行三鞠躬礼);

(六)业师训词;

(七)练习生家长代表演说;

(八)练习生代表致受礼词;

(九)散会。⑤

中国银行总管理处总秘书戴志骞代表总行总经理训词,题为"本行对于练习生的期望"。他的训词,要旨有三:

其一,阐述谒师仪式的意义,并强调"纪律"的重要性。

本行练习生指定业师训练,并规定谒师礼式,其中意义何在呢?盖以练习生均属青年,初入社会,如何服务?如何为人?若不绳以纪律,有误入歧途之虑。是在指导有人,表率有人,方能遵循走上轨道,所以前人对于师道与天地君亲并尊。中国自革命以后,新思潮澎湃而来,礼教大防,因之溃决。一般青年,往往误解自由平等,非独师道之不讲,即父兄训诲之言,亦目之为顽固腐败。此种不良风气,纠正无方,社会普遍受影响,遂至纪律荡然,紊乱日甚。世界上无论任何国家断无不守纪律之社会,而能长治久安者。如苏俄那样现状的国家,而革命亦能成功,因有"纪律"足以维持也。至于个人持身涉世,亦何独不然?诸位舍弃学业来银行练习,自身固抱有一种希望,而为家长者希望之心尤切。银行顾念各家长之委托,以及本行人才之需要,训练责任,自属义无可辞。银行之学识经验,为练习生服务之要素,"言忠信,行笃敬",尤为练习生接近社会处世为人之基础。凡此种种,非指定业师专任指导之责,不足以总其成。

北平教育界近来有句俗话:教授讲师,如同拉人力车夫一样,学生是坐车的大爷,教授讲师是拉车的车夫,坐车大爷说,要快拉,车夫就得快拉;说要慢,就得慢拉。学校教育破产到如此地步,再有什么尊师之道可说,至此当然有许多复杂原因。总之,先生权力微薄,学校纪律荡然,因此青年误入歧途者不少,工商界应以此为前车之鉴。

其二,练习生要严格遵守相关规定,用尊师道。

我国从来工商业收受生徒,向有拜师之礼。关于学徒言行宿食一切事宜,均由业师监督教诲之。又入英国牛津大学、剑桥大学,亦有导师之制,除担任日常功课外,每个导师必另率七八个学生,由其专任指导,立法甚为美善。本行从前对于练习生,本定有训练办法,现在指定业师,俾专责成,规定谒师典礼,用尊师道,精神仪式并重,严格训练,以期诸生将来为本行之中坚份子,国家之善良国民。

诸位今日谒师后,诸事均有遵循,将来持身涉世,无不具有纪律化,胥于今日基之。但师资以外,友助亦不可无人,大凡人与人,人与事,有联络之关系,互助之精神,方能成功。譬如社会与国家,必先有良善之国体,一心一德,勇往迈进,然后始能有纯洁之社会,完整之国家。诸位到行练习,有一年者,有二年三年者,其后来之练习生,对于先入行者,均须表示相当敬意,因为到行既先一年,必多一年经验,咨询求教,足为他山之助。先入行者,遇事指告,互相友好,感情日甚,团结之力,即由此生焉。

其三,练习生是银行未来的希望,学无止境。

我觉得本行将来最为得力的,就是练习生。譬如带兵的官,收编他人军队,杂凑成军,必不足恃。必须亲自训练,情同家人,利害与共,始能成为基本军队。本行对于练习生,实事求是加以训练,亦是希望练习生养成纪律化的基本行员,将来与本行发生一种不愿相离之关系。

诸位在三年练习时期，对于学识经验，悉心研讨，必能日有进益。但学无止境，最忌浅尝辄止，如笔算一项，商业上不甚便利，就得学珠算及计算机器。本国文字固应有相当程度，而时会所趋，英文亦不得不习，如有余暇不妨再兼习他国文字，多一学问，即多一用途。希望诸位抱此毅力，日求精进，由是而助员而办事员，则今日之练习生，即为他日本行之中坚份子，诸位前途，未可限量。鄙人希望亦无穷期，其各勉旃无懈。⑥

中国银行青岛分行经理王祖训的训词主要包含两个部分，一是对中国银行以往光辉历史的回顾。对于刚刚进行的练习生而言，系统准确地了解本行的历史，有着无可替代的重要作用。他用"奋斗""爱行""守法""团结""公平"五种精神概括了中国银行的历史。他认为，这五点是中国银行"以往成功的结晶，也就是将来发展的基本"。对于练习生今后如何修养，他也提出四点要求：

《中行生活》十五期封面

第一是"信用"。社会上人对人的关系，本来都是一样，何以有对某人能信任，对某人不能信任的问题发生，这就叫做"信用"。尤其是我们做银行员的，对这信用二字，无论大事小事，一举一动，一时一刻，都要注意的；譬如我在此地做鲁行经理，我要对外说话做事，不守信用，一次二次以后，人家还能信任青岛中国银行吗？照这样看来，岂不是我一人的关系，就可以把本行的信用丧失吗？诸君试想信用的关系重不重呢？但是有人要说："我们现在年岁很轻，地位很小，用不着预先讲起信用，等到地位高了，再讲信用也不迟。"诸君如果这样着想，那就错误到极点了！因为信用是慢慢做成的，不是一天两天就能够表现出来的；我们平日在行办事，如果逐渐有一种信用表现出来，大家都认为某人确有信用，行里对于他的责任，自然就要逐渐的加重，他的地位自然也渐渐的加高，如此日积月累，自然渐渐的成为本行重要行员；渐渐的成为金融界重要人物了。

　　第二是"操守"。操守是我们在社会上立身的第一要义；尤其是我们做银行员的唯一要素，诸君想是没有不知道的。但是许多青年，往往一时失足，遂误终身；考其原因，大率人的本性，没有肯自坏操守的，最初是进项很小，出项太多，用钱不很谨慎，后来债愈过愈多，钱愈过愈少，其结果：小之亏累太重，志气消磨，旁观疑其操守不甚可信，不敢信用；大则时存侥幸，动辄投机，失败而后，逼至无可如何，就不惜以身试法。所以我们要保我操守，头一件是要能"学俭"，譬如每月收入只十数圆，则每月支出，就得按十数圆开支，决不可东挪西借，弄出丝毫亏空，自没有自坏操守的必要。古人说："俭以养廉"，就是这个意思。第二件是要有"定力"，我们平时谈论，大家无不自信个人的操守，但是真到见着现钱，或者见着大宗现款，这时候恐怕无论何人心里，总要动的；不过有定力的人把持得住，没有定力的人把持不住而已；在这时候，我们先要想一想：还是发这一点小财的好呢？还是留着操守，一辈子吃不尽的好呢？古人说："临财毋苟得"，就是这个意思。诸君要牢牢记住这句话！

　　第三是"诚实"。中国商人，向来最重信义，信义二字，就是诚实的一种表示；尤其是做金融事业的最重诚实。从前钱庄做生意，只要彼此有一句话，生意就算成立，断不能有翻悔等类情事；如有翻悔，大家以后便不与他往来，他这事业，便不能存在；现在风气开了，遇事都讲法律手续完备，但是市场上一般舆论，仍然对诚实的多表同情，这是对事而言，我们不能拿不诚实的方法应付他。至于对人，尤其要诚实，譬如有甲乙二人，甲诚实而乙狡诈，自然是甲处处吃亏，但是日久而后，旁观的人都知道甲为人诚实，乙则狡诈；试问大家还是推重甲，抑或推重乙呢？这就可想而知了。那么是不是诚实的好？

　　第四是"周密"。我们做银行员的还有一个重大问题，万不可不注意的，就是"周密"。周密的反面，就是疏忽，而所以成为疏忽的原因，大概非由于托大；即由于偷懒，譬如以管仓库论，每日来货若干包，进仓时果能处处认真，随时抽查；他人欺骗手段，自无从施其技；倘或管仓库的人于货物进仓时，平时漫不经心，处处偷懒，人家见此习惯，即不免生心，又或预存一托大之心，不加检点，谓某往来家断不致有亏货，一意信任，及至有问题发生，悔之已晚。从前天津协和贸易公司，倒款将及千万，何尝无货？何尝无美国人所设仓库之栈单？到倒闭时，又何尝有货？这又是一例，见得不托大不偷懒，尚有这意外的风波呢！我再举一个例，说给诸君听听：我从前办江西行时，有一次，一同业送来五千圆存帐，记账员多加一圈，记成五万，来盖传票时,我疑惑这家存款向来没有这么大,仔细一查,才知道多加了一个圈。诸君想想,这周密要紧不要紧呢?我希望诸君时时刻刻记着:不可托大!不可疏忽!就可以养成这个周密的习惯了。

最后,他特别推荐了练习生的业师孙晓初:

> 至于今天指定孙襄理为业师的缘故;因为孙襄理是国外大学毕业生,学识很好;个人的道德,大家都是很钦仰的;营业的经验,大家尤其很佩服的;做诸君的师表,实在无愧!所以陈准总处,指定孙襄理为业师。此后诸君要静心受其指导,养成我行基本的行员。这才是我所希望于诸君的呢!⑦

民国二十二年(1933)2月,上海商业储蓄银行第三届训练班开学时,该行董事长庄得之,⑧以及该行总经理陈光甫先生⑨分别作了训辞。庄得之先生的讲话很短,但立意很高:

> 世界循环之理,继续推行,乾坤运转之枢,自强不息,故凡事必须有继续推行之毅力,而后有自强不息之精神,天行之度且然,而况于人乎?本行练习生一二两班,训练业将期满,今第三班又于二月六日开课矣,鄙人躬逢其盛,愿以一言为诸君励。世界潮流递进,商业竞争,苟欲为扩充事业之图,即有缺乏人才之感。总经理陈先生及鄙人鉴于造就人才之重要,特设训练班以养成需要之材,数年以来,循序渐行,未尝稍懈。第三训练班之成立,固即为本行之继续推行,而自强不息之精神,则在于诸生之各相勉励,俾学业日进,人格日高,以成通力合作之功,而收指臂腹心之效。抑鄙人更有言者,礼义廉耻,国之四维,孝悌忠信,人之大本。而所谓礼义廉耻,孝悌忠信者,乃发生于读书养气之中,未有不读书,不养气,而能知礼义廉耻之防,行孝悌忠信之实者也!当此外交危急,国步艰难,吾辈商业中人,亦应奋起图强,担负经济救国之责任。然欲求有济,又非读书养气不为功,读书则智识充盈,养气则胸襟开展,举其合理化科学化之成效,小者施之于商业,大者辅翼其邦家,强国理财,胥由于此。异日诸生出其所学,造福人群,为行服务,为社会服务,且进一步为国家服务,二十年之后,诸生正当年富力强之时,不但可以为本行之柱石,商业之名流,兼可为救国之伟人,为世界所景望。来日方长,机缘大好,自强不息,愿诸生三复斯言。⑩

相比较而言,陈光甫先生的讲话则非常平易、贴心:

本行创办训练班,在中国可称破天荒。中国向来习惯,一爿商店,收了一个学徒,做先生的从来不肯花些功夫,尽心尽意的教导他,随他自己慢慢学习领会。聪明,有志气,要上进的人,还能学得一些生意经络,否则糊里糊涂地做了先生一生的侍者,这是多么不幸的事……中国的事业被这因袭的思想所笼住,做先生的不肯拏本领教给学生,于是一辈一辈的坏下去,哪里会出人才?这是事业不能发展的一个大原因。

中国二十年来,银行业与别种事业比较,似乎显著的有进步,然而办理银行的人,有丰富的经验与学识,固然不可以说没有,而在内部办事的人,却大都是一知半解。现在世界上,不论什么事业,都在日新月异之中,银行事业跟着进步。本行所以创办训练班,正要替银行界栽培出一般在水平线上的人才,来发展将来银行事业。诸位得此好机会,应当尽心学习,力求上进,为银行和自己寻出路。

诸位要晓得,要把一桩事体做好,必须有高深的学问。有了高深的学问,还要从中化出来,懂得人情世故,待人接物,处世的道理,服务的精神,丢去自私自利的心思,把身体献给社会,献给国家,才能使事业发扬光大。

本行最初在民国四年六月开办的时候,资本只有十万元,存款不过数十万元,有一位外国银行的重要职员对我说:"中国的银行是不会办好的。"我那时听了很不服气,立志要把上海银行办好。现在资本逐渐增至五百万元,存款一万三千余万元,虽比不上西洋各国银行的资本和存款数目,在中国,也算已经树立一个很好的基础,望发达的路上迈进了。这都是本行放弃自私自利的思想,不怕千辛万苦,把整个银行认作社会事业,为社会服务所得到的结果。

诸君现在训练班读书,早晚往来,有汽车坐,吃饭的时候,有人添饭,住的是洋房,这些是给你们年青人不好的地方。中国古来草莽英雄,从小的时候,都是很吃苦,所以后来能成伟大事业。诸位现在年轻的时候,太舒服了是很坏的。诸位应当特别加以注意,明白这些生活上的享受,都不是容易得到,不是应该享受。现在得到,现在享受,是特殊的,是物质的,是可有可无的,不把它放在心上,各人心中只知求高深的学问,丰富的知识,学习人情世故,做人的道理,把身心献给社会,献给国家,那么前途的希望,正是无穷的。

临了,你们今天第一天到上海银行来,对于上海银行,应当先有深切的认识,研究它所以能得到今日地步的原因,抱"银行是我,我是银行"的决心,跟着银行为社会为国家服务,将来成为中国银行界的中坚人物,才不负本行开办训练班的苦心,不负自己,不负国家。倘若有不思上进,今日到了上海银行,以为是得着一个职业,可以骗饭吃,对于读书做事,存在"做一天和尚撞一天钟"的观念,功课不及格,托人来说情,那是人格卑贱,自甘暴弃,本行是决不容纳的,愿诸位牢牢记着。⑪

为划一全行学生训练方法起见,浙江兴业银行规定,在总行由各股主任担任练习生、试习生的指导员,同时还指定由总行人事股冯克昌、王逢壬两位先生担任各位练习生、试习生的个别指导员。该行还在1936年8月12日印发《练习生及试习生个别指导办法》,要求各分支行、仓库照此办理。该规定明确规定,该行练习生在练习期间,试习生在试习期间,由所在股主任为指导员;并由经理或主任,指定一人或数人为个别指导员。练习生及试习生应服从指导员之指导。

该行还规定,对于练习生或试习生,指导员应行指导的具体事项包括如下内容:

(一)指示进修方法;(二)查阅业余补习成绩;(三)审核个人经济状况;(四)考察平日交游及行动;(五)指导或查询日常工作;(六)解答学业上之疑问;(七)其他应行指导或纠正事宜。其中,各股指导员主要负责第(五)项,而指定指导员则需承担上述各项指导之责。该办法还规定,指导员对于练习生及试习生之成绩与工作经过,应作成报告,送备总行人事股参考;指导员对于练习生或试习生,认为有应予奖惩者,得向总行人事股建议之。指导员之劳绩,则由总行人事股存记,加入年终考绩办理。⑫

即使在抗战时期,浙江兴业银行也依然相当重视练习生的训练工作。1941年7月,该行制订了《浙江兴业银行员生训练办法》,规定了"员生训练以授予基本实务知识,补充必需学术,导习工作技能为主旨",并特别明确了对练习生的帮带工作必须有专人负责。负责训练人员,除人事股主任外,另行指定主任训练员

《海光》月刊五卷四期封面

一人,辅佐训练员一人,及演讲员、实务演习指导员、工作技能指导员、服务指导员各若干人。这些人员的基本职责如下:

(一)主任训练员及辅佐训练员,担任授课、实务演习、习练工作技能之编制支配、考核员生受训练期内成绩,并考察其性格、能力。

(二)演讲员,分担实务及学术课程之演讲,并评阅纪录。

(三)实务演习指导员,分担指导各项规定之实务演习,并评定成绩。

(四)工作技能指导员,分担指导、督察工作技能之习练,并评定成绩。

(五)服务指导员,分担员生派赴各股服务时实际工作之指导,并纪录历练经过、优长能力及评判适宜工作。

而且,所有演讲纪录、实务演习成绩、工作技能习练成绩,均由主任训练员及辅佐训练员按期汇核中品,加具意见,列表交人事股主任。服务经历纪录,由服务指导员于员生调赴他股时,直接填送人事股主任。每满三个月,由人事股主任将受训练各员生成绩表报及服务经历,加评汇送总经理查阅。[13]

在经过了较为正规的谒师仪式后,对于指定的业师,或者相对固定的指导老师而言,接下去即将开始对练习生进行多个方面的训练,其目的是打造一个合格的甚至是优秀的行员。如何判定最终的成绩,以作升降奖惩之准绳呢?

上海商业储蓄银行认为,"考核务求严明公正,办之极精,俾完者廉而懦者立,然后始能上下振奋,事业猛进。否则贪懒取巧者窃笑,治事努力者灰心,而事业之前途,黯然无光矣。"[14]这些成绩标准,对于练习生的业师而言,当然是工作的努力方向;对所有练习生而言,又何尝不是借镜的标准呢?

对于浙江商业储蓄银行而言,该标准将所有被考核人员划分为优秀分子、可用分子、成问题分子三种类型:

(一)优秀分子:(1)身体康健;

浙江兴业银行员生训练办法草案(1941年7月)

(2)气质纯良,不乖僻;(3)头脑敏锐,事理明白;(4)办事有条理;(5)思想合乎事实;(6)有气量,能容物;(7)有事业欲望;(8)视行事如己事;(9)抱在行终身服务之志愿;(10)顾大礼,识大义,不闹意见;(11)工作速度敏捷;(12)办事勤奋;(13)工作准确;(14)学习能力极强;(15)待人接物,使人发生好感;(16)与人共事,能委曲求全;(17)应付事务,不怕困难;(18)对于下属,宽猛得宜;(19)对行能兴利除弊;(20)学识理解通达,不拘泥,不奔放;(21)以培植人才为己任;(22)能得同人之敬爱;(23)肯负责任;(24)对于职务能胜任愉快,可任较重之职。

(二)可用分子:(1)身体正常;(2)无不良习气;(3)头脑清楚,事理可与说得明白;(4)办事虽不能有条有理,但尚按部就班;(5)思想逃不出环境;(6)虽无容人之量,也无忌才之心;(7)虽无事业欲望,但能重视职务;(8)虽不能办行事如办己事,而力求办事有交代;(9)虽无终身服务之情绪,但亦非不安于位;(10)处处为本身局部着想,未能顾到大局;(11)工作速率平常,不落人后;(12)办事循规蹈矩,不勤奋,也不怠惰;(13)错误不多;(14)有相当学习能力,尚属可教;(15)接待人士,虽不使人发生好感,也不使人发生恶感;(16)与人共事,虽不能委曲求全,也不致故意发生问题;(17)应付能力只及于日常环境;(18)对于下属,尚能勉维纪律;(19)对于行务,无甚贡献;(20)学识理解,尚属平正;(21)对于同人虽能补偏救弊,但无陶冶移化之心;(22)同人对之,毁誉参半;(23)对于责任,只求交货通过;(24)对于职务,尚属称职。

(三)成问题分子:(1)身体孱弱,精神萎靡;(2)习气下流;(3)头脑不清楚;(4)办事杂乱无章;(5)思想乖僻;(6)忌刻倾轧;(7)对于职务抱混饭宗旨;(8)自私自利,把行事放在一旁;(9)见异思迁,以银行职务为过渡阶梯;(10)闹事生非,态度捣乱;(11)工作迟缓;(12)办事疏懈怠惰;(13)工作多错误;(14)学习能力已消灭无余;(15)时常得罪人;(16)不合作,而与人为难;(17)应付乖张;(18)没有驾驭能力;(19)对于行务非特毫无贡献,且不能维持固有局面;(20)学识理解,总是错误;(21)沮丧同人意志;(22)同人对之怨尤丛集;(23)敷衍塞责;(24)对于职务,未能尽职。

"根据上列标准考核同人,究属于优秀分子、可用分子,抑或成问题分子,往往有一部分考语属于优秀者,一部分考语属于可用者,而尚有一部分属于成问题者,是将视其多数考语属于何类,以定成绩之优劣。"[15]

浙江兴业银行对新进练习生的服务经历纪录,考虑得也相当周全,除记载所经历的各部分具体工作外,对服务工作成绩的记录,则设计了以下标准:

(1)工作情形:(上)勤奋;(中)应付;(下)怠惰。

(2)办事成绩:(上)整齐;(中)平常;(下)草率。

（3）工作速率：（上）敏捷；（中）平平；（下）迟钝。

（4）合作精神：（上）甚佳；（中）尚佳；（下）欠佳。

（5）应对能力：（上）极好；（中）中庸；（下）低薄。

（6）进取状况：（上）研究；（中）用心；（下）淡漠。

（7）礼貌容态：（上）谦恭；（中）和善；（下）轻慢。

（8）性情表现：（上）精细；（中）和平；（下）燥急。

此外，还须在以下方面加具评语：（1）经历以上各项工作以何者最为适宜；（2）有何特长；（3）有何特点；（4）一般意见。⑩

在不同的银行，"谒师"的表现形式或许有所差异；但对于练习生培养而言，则是一个不可缺少的环节。在这种庄严仪式下所形成的集体记忆，对于练习生而言，将是难以忘怀的，并将对其职业生涯产生非常重要的影响。

注释

① 胡守礼：《雪泥偶留》，http://hushouli.netor.com/，2016 年 5 月 26 日登录。

② 何清儒：《什么是练习生》，《教育与职业》165 期，1935 年。

③ 中国人民银行上海市分行编：《上海钱庄史料》，上海人民出版社 1960 年 3 月版，第 485～486 页。

④ 何清儒：《什么是练习生》，《教育与职业》165 期，1935 年。

⑤《鲁行举行练习生谒师典礼》，《中行生活》一卷六期，中国银行总管理处 1932 年 10 月 15 日编印。

⑥ 戴志骞：《本行对于练习生的期望》，《中行生活》一卷六期，中国银行总管理处 1932 年 10 月 15 日编印。

⑦ 王祖训：《本行精神及行员之修养》，《中行生活》一卷六期，中国银行总管理处 1932 年 10 月 15 日编印。

⑧ 庄得之（？～1939），名录，江苏武进（今常州）人。1915 年和陈光甫等发起成立上海商业储蓄银行，任董事长。1934 年时任徐州国民银行董事。1939 年去世。

⑨ 陈光甫（1881～1976），原名辉祖，后改辉德，江苏镇江人，清光绪七年十月二十六日（1881 年 12 月 17 日）生。美国圣路易商业学校肄业，1906 年转入宾夕法尼亚大学沃顿财经商业学校就读，毕业后在美国银行实习。1911 年任江苏都督府财政司副司长，同年 12 月任江苏省银行总经理。1913 年辞职后一度任中国银行顾问。1915 年 6 月与庄得之创办上海商业储蓄银行，任总经理。1918 年任上海银行公会副会长。1920 年任银行公会联合会议上海代表，1927 年 3 月任江苏和上海财政委员会主任委员，主持发行江海关二五赋税库券。1933 年 10 月任全国经济委员会棉业统制委员会主任委员。另曾任淮海实业银行董事，常州商业银行董事，中央银行理事，中国银行常务董事，以及交通银行、上海女子商业储蓄银行、浙江实业银行、江苏银行、上海通和商业储蓄银行董事，中国国货银行常务董事，江苏省农民银行监理委员，徐州国民银行董事长、总经理等职。1936 年 3 月代表国民政府财政部赴美谈判，并签订《中美白银协定》。抗战爆发后，一度任国民政府军事委员会

下属贸易调整委员会主任委员。1941 年 4 月任中美英平准基金委员会主任委员。1945 年 10 月,以国民政府首席代表身份参加国际通商会议,呼吁对中国投资。在美国时,与李铭及美国人合资成立中国投资公司,又设立上海银行纽约通讯处。后曾任宝丰保险公司董事等职。1949 年 3 月赴曼谷参加联合国远东经济会议,会后定居香港。改上海商业储蓄银行香港分行为上海商业银行,不久在台北成立上海银行总管理处,晚年迁居台北。1976 年 7 月 1 日去世。

⑩ 庄得之:《本行第三届训练班开学典礼训词》,《海光》五卷三期,上海商业储蓄银行 1933 年 3 月编。

⑪ 陈光甫:《本行第三届训练班开学训辞》,《海光》五卷四期,上海商业储蓄银行 1933 年 4 月编。

⑫ 《总行制定练习生试习生个别指导办法》,《兴业邮乘》四十九期,1936 年 9 月 9 日。

⑬ 员生训练办法草案,1941 年 7 月,上海市档案馆藏浙江兴业银行档案,Q268－1－293。

⑭ 沈维经:《银行之人事管理》,《海光》月刊,十二卷一期,1948 年 1 月。

⑮ 同上。

⑯ 员生训练办法草案,1941 年 7 月,上海市档案馆藏浙江兴业银行档案,Q268－1－293。

培训

　　1934年12月中旬，江西裕民银行训练班在南昌正式开学，全班40人。开学第一天，该行董事会的董监事和总行行长以及高级职员各部门负责人都参加了开学典礼，董事长、正副行长以及董监事都讲了话，要求练习生们努力学习，勉励大家为社会服务。给胡守礼留下印象较深的是一位姓欧阳的董事，讲"教学做合一"，教中学，学了做，做中学。"这和陶行知先生的观点吻合的。"

　　训练班课程有"银行学""仓库学""商业簿记银行簿记""金融市场""商业英文"以及珠算和国文。教"簿记"的老师是江西公路处的会计师，一位留美的先生；"金融市场"是熊菊龄老师；"商业英文"由中国农民银行秘书股长授课。其余由总行各股负责人轮流上课。国文多选自《银行周报》李权时的评论文章，由总行文书股长教授，"珠算"是会计股长张仲卿教的。训练班主任李实甫先生担任的课最多，如"银行学""仓库学"等。

　　据胡守礼回忆，"在所有课程中，大家对'簿记'最为看重，因为今后大量的银行工作都和会计簿记有着密切的联系，'借贷管理'也是大家注重的，徐老师教得也很卖力，布置了大量的实习题，我们晚上的时间差不多都花在实习题上了。"熊老师的"金融市场"很精彩，听得很有趣味，因为都是胡守礼初次听到。从自给自足自产自销到商品交换产生货币，从典当、山西票号、钱庄到现代化银行，从银楼、证券交易所、黄金交易所到纱布交易所、粮食交易所，各行各业公会的产生运作，也教会大家怎样读报纸上的经济新闻，从理论上明确货币和信用的关系等等。"银行学"也是重点，从理论上懂得银行的作用，至于"仓库学"只是了解而已。

　　胡守礼最担心的是"商业英文"，老师还教得特别卖力，胡守礼就怕赶不上进度。他写信给他的一个朋友张慕良，张回信叫他不要担心，说"船到桥头自会直"。胡守礼心想，这怎么个直法？于是，他花了一个月的工资，到世界书局买了一本《英汉标准字典》，"我只有用硬译的办法了解课文的内容"。①

对于不少有一定实力的商业银行来说,举办训练班以训练和培养新招收的员工,使之成为适应银行自身实际需求的人才,已成为一种较为普遍的选择。

上海商业储蓄银行认为,"学课训练可采取学校教授方法,灌输银行实际智识,不论新旧同人,对于银钱业学术方面感有进修需要者,均可加入上课。""教材并非如学校之注意理论,应以提纲挈领之方法,完全着眼于实际事务",例如如何兑付支票,如何承接汇款,如何计算利息,如何办理收款手续,如何调拨头寸等。至于所聘之教师,"并不限于学识渊博之硕士、博士,只须身历其境、富于实际经验与学识者讲授"。②当然,对于练习生来说,这种训练就显得尤为重要了。

上海商业储蓄银行、中国旅行社联合训练班第二期师生合影

该行总经理陈光甫则提出:"凡百事业,咸以人才为根本,譬如大厦之有栋梁,呼吸之有空气,商业亦然,银行尤甚。当此天演物竞之秋,商战剧烈之际,银行界人才实有不敷应用之虑,非设法训练新人才,不足以资潮流中之应付。"③1930年11月,他在视察上海商业储蓄银行各处分行之际,深感业务之猛进而人手之奇缺,比例悬殊,实足阻止行务之发展,即要求从训练班练习生入手,日渐推进,将期每一行员皆有充分之经验与学识,以应付行中各部事务。④

根据陈光甫总经理的指示,上海商业储蓄银行积极筹划训练班之创设,计划招考、训练、授课各种事务,并函请南京、汉口、天津三分行,与总行同时招考。报名日期从1931年2月16日至3月3日结束,从报名情况看,计上海方面报名者250人,面试合格者160人,汉口面试合格者38人,南京合格者58人,天津合格者19人，最终通过笔试，确定共录取43人。

总行聘定该行资深职员伍克家、范瑾怀、王纪龙、裴复诚、周再源、陈农诗、沈友梅等为教员，这些人均为大学及学校毕业生，学问优良，而对于行务素具热心者，课程则注重于中西文书法、珠算、验视钞洋，及学习登账抄账单手续上一切事务。第一期科目，分为国文、英文作文、英文会话、珠算、商业数学、估看银洋、服务意义及书法八种，而尤以养成各练习生之人格道德为重，他日诸生学成之后，必能举其所得，为社会服务，为本行工作，由初级人员而进为高级人员，以应本行及社会之需要，而适应此环境之潮流。[5]

1931年3月14日上午，陈光甫先生主持召开第一次训练班委员会会议，确定了练习生第一期修业及实习规则，以及第一学期教授方针。陈光甫亲自担任本次训练班委员会委员长。训练班共有43名学员，其中上海35人，天津3人，南京4人，汉口1人。

第一学期，注意中西文书法、珠算、验视钞洋、学习登账抄账单手续上事，以及银行业务概略，故科目分国文、英文，及会语、珠算、商业数学、估看银洋、服务意义及书法八种，至于簿记及会计原理一项，拟在第二学期教授，因先使明了一切单据情形，然后易于学习簿记及会计之学理。

教员请行中同事担任，"因事属切近，都能热心从事，现经研究再三，聘定伍克家、范瑾怀、王纪龙、裴复诚、周再源、陈农诗、沈友梅及徐谢康等八人分别担任。"

至于教材，选定中华尺牍大全为读本，英文选 *The Mechanics Of Composition* & *The English Echo* 为课本，算学选 *Business Arithmetic* 及高等利息计算法为课本，皆系适合实用，除选定课本外，"更选择他种合于实用之教材及银行事务解释一书，以备实习时之参证。"

训练时间原定上午半日，现以各同事办事上之关系，改为上午八时至十时，晚间七时十分至九时。休息时间定为：星期六晚上不上课，星期日及银行例假放假。宿舍安排在同济路行员宿舍。实习地点为总行及本埠各分行，下午二时至六时为实习时间。教室后面开一阅书室，以备学生浏览书籍之用。因各生大部分家庭负担而来，制服一时恐难措置款项，故暂不制定。

陈光甫在这次会上强调，"吾行当以练习生为人才库，训练出一般有为人才"。他指出，"须知有本领之人，大都从下级人员中做起，一种伟大事业之成功，实基于下级人员之优越与否，故吾人当竭力尽心教导，务使此辈练习生能完全明瞭银行中一切手续上事，复加以改良，日趋进步"。他特别指出，"譬如现在一般跑街者，大都仅知以面子关系，开折往来，便算完事，此在将来当在天演淘汰之例;因将来之跑街,须知各种物品之优劣及出产地,代客家销货,报告行情,全赖真实本领,故为事不可自满,当依环境为转移,推陈翻新。"因此,"教授练习生,除现在一切银行智识外,当再授以机器算法、各地方言,及金融趋势,以应社会环境。"⑥

3月17日晚七时,在训练班开班前夕,陈光甫专门邀集训练班教员徐谢康、伍克家、范瑾怀、王纪龙、裴复诚、周再源、陈农诗、沈友梅等八人,赴其寓中餐叙。席间,陈光甫把开办培训班与行员购股成为股东相提并论,认为这两件事均足以巩固本行基础与发展前程。他要求,通过新进行员的严格训练,"俾能了解于吾行之过去历程与将来愿望,——以勤奋精神以实践之"。他希望,随班训练以后,要"不拘泥于课本,而得收推陈出新、举一反三之效,尤对于种种商业道德之实验,工作效率之增进,繁冗手续之淘汰,服务顾客之周详,均能于最短时间实现,则行务前途蒸蒸日上,可断言也"。对于如何培训好这批学员,他还提出具体要求:

(1)要有优良的服务态度。"须知一行之成败,实全视乎手续人员之是否优良,盖行员之服务顾客,必先和颜悦色,方能博其同情,否则稍有不当,或盛气,或慢客,均可使顾客裹足不前,视吾行为畏途。"

(2)要注意学习新知识。"现今学识思想日新月异,不具高见远虑,辄难取胜于人,故探求学识,实为应世要图,即如对于银行业务关系较少之各地农业状况、商业现状等,无不可供吾人之研究。"

(3)不能投机取巧。"每鉴于今日银行之营业员,往往徒恃私人之交情,图经济之支持,而于种种实业之详情不甚研究,诚所谓坐失良机。不思创业,则不进自退,岂能逃天演之例。际此二十世纪科学昌明之时,吾侪银行界,尤须具有科学机械化之设备,庶可逃优胜劣败之公例。"

(4)培训要从实际出发。"今该班学生之甄选既严,教授之效率自速,益以担任教课者均属本行同人,类皆深悉吾行组织,并有服务经验,定能视需要而设教,俾不致犯不合实际之弊。"

(5)注意劳逸结合,"师生间即可朝夕相晤,则接触自多,每逢星期假日,不妨作郊外游览,以欣赏自然界之景物,而交换智识"。⑦

3月31日下午四时,上海商业储蓄银行第一届训练班在仁记路教室内举行开学礼,五十余人济济一堂,"庄严和穆,空气弥佳"。行礼如仪后,主持人报告开会宗旨,称今日系训练班开始受训练之第一日,"譬如种花,现仅播子,将来灌溉栽培,开放灿烂炫美之花,实全赖种子时之得法与否,关系至大,慎勿等闲视之。"

上海商业储蓄银行三周年纪念同仁合影

董事长庄得之先生训词,强调三点:

(1) 人才重要性。"立国之基,在乎教育;商战之具,端赖人才。当此物竞天择之时,银行界当全国经济之冲,执社会金融之柄,尤当以训育人才为当务之急,不独为本身计,亦为社会计也。"

(2) 何为尽职?"人生天地之间,当生利而不当分利;既谋生利,则自当以职业为前提。顾所谓职业者,非解决个人生活,即可谓之尽职也;必以职业上之服务,直接贡献于机关、间接贡献于民众,庶几民众对于机关、对于个人,咸有满意愉快之感想。尤当输送服务精神于省会,力求便利民众之方,必如是乃可以称为尽职。"

(3) 注重道德修养。"礼义廉耻,国之四维,四维不张,国乃灭亡。礼义廉耻,即所谓人格道德也,为人当以人格道德为范围,求活动于规矩之中,不当轶出范围之外。故有道德而无学问,固不足以事竞争;有学问而无道德者,更不足以言职业。职业以信用为生命,苟人格道德之未孚,安能取得他人信用? 诸君皆为青年有志之士,对于学业,固当专心研究;而对于人格道德,更应刻意讲求,既足为社会青年进德之模型,亦足为个人处世立身之大本。"

陈光甫先生在训词中则指出,服务应成为吾人第一信条,要有服务精神;而服务精神则首重人格道德,"譬如有人仅有极大学问,能创办各种伟大事业,而无人格道德以维持其学问,有时乃极卑鄙龌龊之能事,如此行为,断难持久,此不待言而喻。"同时,他还特别强调了服务社会的"要端":第一,"信用"。信用在商业上占极重要之地位,有信用乃可得到社会上之赞许,则诸事无不轻而易举,业务即可发达，上海银行之所以有此多数存款，全凭"信用"二字而来。第二，"智"。吾所谓智，并非播弄小聪明之谓，乃系指大智而言，大智之所以能得到，大约半系天付之资，半属修养之力，能统盘筹划，如何为社会谋利益，如何能创作新事业，方得称为大智。第三，"礼貌"。有礼貌，社会秩序始得安定。礼貌由于修养而成，此亦为吾辈所应知者。第四，"义"。有义气彼此可以得到安慰，不致发生无谓之怨愤纷争，不过现在物质愈进文明，讲求义气之人愈少，此亦为吾人所当互勉者。第五，"仁"。人生在世，应当宅心忠厚，宽恕待人，不可彼此由狭窄之心思，引起甚多事故。⑧

美国加州大学柏克莱分校叶文心教授曾经观察到，二十世纪上海新兴的白领阶层，成为改变中国时间观念最早的社会群体，"当一群人共有这个时间感，共同遵循同一个特有的作息表，这群人相互之间也就被这个时间感所凝聚，纠结成一个自为格局的群体"。⑨

在这一点上，中国银行所办训练班的特征更为明显。这是一份该行民国二十三年(1934)9月1日起始的训练班日常生活表：

1934 年中国银行训练班日常生活表

时间＼星期	星期一	星期二	星期三	星期四	星期五	星期六	星期日
6:30—6:50	体操	体操	体操	体操	体操	体操	休息或团体旅行
7:00—7:20	早餐	早餐	早餐	早餐	早餐	早餐	
7:30—7:45	清洁检查	清洁检查	清洁检查	清洁检查	清洁检查	清洁检查	
8:45—12:15	行务实习	行务实习	行务实习	行务实习	行务实习	行务实习	
12:20—1:00	午饭	午饭	午饭	午饭	午饭	午饭	
1:10—3:50	行务实习	行务实习	行务实习	行务实习	行务实习		
4:00—5:00	行务实习	行务实习	5点至6点	听讲	5点至6点	行务实习	
6:30—7:00	晚餐	晚餐	晚餐	晚餐	晚餐	晚餐	
7:30—8:00			公共娱乐法	公共娱乐法			
8:00—9:30	自修	自修	自修	自修	自修		
10:00	熄灯	熄灯	熄灯	熄灯	熄灯	12:00 熄灯	10:00 熄灯

注：每逢星期六午后，除工作未完成或参观工厂外，可自由休息，凡在沪有住宅者，并得自由回家，但至星期日午后十时以前，必须回到本行住所。

资料来源：《中行生活》第 31 期，1934 年 10 月 1 日出版，中国银行总管理处编印。

从这份表可以看出，整个训练班的安排，每天的主要时间用于行务实习，这是训练班的重要实践环节。此外，有两点特别需要关注。首先，整个训练班的安排，时间概念异常清晰，每天在规定的时间段出早操，早中晚三餐以及自修时间也都有非常明确的规定。其次，纪律要求非常严格，包括平时必须集中住宿，每天有规定的熄灯时间，还要进行清洁检查等。即便是娱乐活动，也规定是公共娱乐，而非自由娱乐。应该说，正是这种严格的时间观念和纪律观念的培养和灌输，成为训练班取得实际效果的重要保证。

中国银行总经理张嘉璈

这个训练班的举办，与该行总经理张公权⑩先生的大力倡导有着直接关系。1934 年 6 月 15 日，张公权在完成四川之行考察后，作了《川行感想之种种》的专题演讲。他强调："如今各地有各地的行员，如何使其精神一致，最为困难，我人固不能将各行的行员一一从机器中制造出来，使全体成为同一之模型；但欲求精神之整齐，组织之健全，自非集中训练不为功。"为此，他要求："鄙意将来最好组织人事委员会，由各处保送人员，先加以体格上、道德上、学识上之训练，在相当期满后，再遣派各地工作。此点拟先由沪行与总处联合做起，此自属训练办法之一种。"⑪

根据张公权的指示，对于当年下半年考取的大学毕业生及高中毕业生，中国银行总管理处专门举办了一次训练班。除了技术训练外，并于每星期三、四下午五时至六时为精神训练之讲演。凡该行同人不在训练班者，如于工作并无妨碍，且得主管员之许可，亦得自由列席听讲。9 月 1 日开始实行后，由总经理、总稽核、总秘书等分别担任主讲，听者极为踊跃。⑫这些演讲，或关于人生问题之启迪，或关于职业修养之训导，可谓苦口婆心，循循善诱，"而综其历次讲演的主要意义，端在唤起同人服务上的彻底精神而已。"⑬

此后，因在规定时间内，尚有一部分同人工作未毕，不能出席听讲，从 10 月 17 日开始，提早于每星期三、四早晨八时十五分举行，俾全体同人得以普遍参加。授课范围也进一步扩展，如 10 月 15 日，即请国立上海医学院公共卫生学教授及中国红十字医院医师赖斗岩先生，演讲"肺痨病之预防法"，赖先生的发言"庄谐并作，听者甚感兴趣"。⑭

此后，由于中国银行总管理处搬移新屋，该训练班于 1935 年 2 月提前结束。2 月 13 日和 2 月 14 日，该训练班分别举行了"银行实务试验"和"精神演讲试验"，实际就是考试。凡参加该届训练班大中学生，均须准时至三马路该行四楼参加考试。⑮

中国银行对于练习生的考试，一般而言，较为侧重实务方面。如在中国银行总行举办的训练班上，曾约请该行伦敦经理处副主任李德焴⑯，于 1935 年 1 月，专门就银行实务问题作了三次讲解，讲题分别为：(1)银行与顾客之关系；(2)开往来户手续；(3)支票问题。为提高听讲者兴趣起见，该训练班于 2 月 13 日上午八时至九时，在总处四楼举行了一次考试，并"酌备奖品，致送前数名。"

试卷由李德焴先生亲自评阅，计取优等者 7 人：第一名，王兆炫，由张公权总经理赠送 H. E. Evvit 著"*Practical Banking Currency*"一册；第二名，徐贤怀，由 张 公 权 总 经 理 赠 Francis James Lewcock 著"*The Organization and Management of a Branch Bank*"一册；第三名，唐朴、李培林、胡毓芳、潘五音、安定一等 5 人，则由李德焴先生赠送 Kenneth Mackenzie 著"*The Banking Systems of Great British*, *France*, *Germany*, *United States of America*"各一册。

李德焴先生在此次考试中，共出了 5 道题：

(1) 设君之好友询君云："某某人在君银行中有存款几何？"君拟作何回答？并述理由。

(2) 设有人持一抬头支票来行开户，并要求当日交换后，拟支取半数应用。君应如何办理？

(3) 设有一名贵妇人来行保证一顾客透支若干，君拟如何办理？

(4) 君之熟顾客王某，持有本人抬头平行线支票一纸，付入本人之户。据称渠因该支票恐中途遗失，故已擅自加平行线二条，并在线内注明由××银行收取云云。君闻此谈话后，拟作何评论？

(5) 某甲系乙洋行之买办，与君行开有甲记户一个，平日信用甚佳，往来亦大。某日某甲解来乙洋行抬头支票多张，嘱代为交换，并收甲记之户。君因洋行支票付入个人之户不甚合法，但照本地习惯，洋行之支票大多数由买办间代为收解。君拟用如何手续，方可免以后之纠纷？

从此次考试结果看，成绩尚佳，参加考试的人员共有 32 人。在所有这些人员中，第一题及格者，有 90%；第三题及格者，有 70%强；第二、五两题及格者，有 30%；"惜第四题及格者仅二人，各试员对平行线支票，尚宜多事研究。"⑰

除了各种培训班、训练班之外，不少银行还为练习生的公余学习提供了不少机会，如夜校、讲习会、读书会等。这些举措实际都是练习生培训的有益补充。

浙江兴业银行曾规定：(1)练习生及试习生在练习试习期内，除有事实上困

一、练习生及试习生在练习期内除有事实上困难（如所在地并无夜校）外，均应赴由本行指定之夜校肄业，其应习功课亦由本行随加选定并代为报名，其余行员不论等级有顾入夜校补习者，本行概所赞许，惟总行行员须先向人事股报名，并填明拟习学程，经本行核准后代为报名，其他各行处行员须先经管辖

二、员生入夜校补习所有应出学费概由本行供给，所有书籍等杂费助员练习生及试习生亦由本行供给，其余行员概归自理。

三、补习终了后所有成绩报告须缴由总行人事股存查，其成绩优异者并入年终考绩计算，其成绩照学校章程不及格者或因告假逾限（在行请准病假者不在此限）或其他原因致成绩未完者均应追回本行已代出各费于次年初本人应得花红内扣还之。

四、本行指定之夜校补习惟以本行自办夜校所未设各学程并经本行特准者为限，本行自办夜校成立后除练习生及试习生须全部在行补习外其余行员仍得赴得花红内扣还之。

浙江兴业银行《员生入行外夜校补习办法》(1934 年 8 月)

难（如所在地并无夜校）外，均应赴由本行指定之夜校肄业，其应习功课亦由本行随加选定，并代为报名，其余行员不论等级，有愿入夜校补习者，本行概所赞许，惟总行行员须先向人事股报名，并填明拟习学程，经本行核准后代为报名，其他各行处行员须先经管辖分行经理核准，函呈总行备案。（2）员生入夜校补习，所有应出学费概由本行供给，所有书籍等杂费，助员、练习生及试习生亦由本行供给，其余行员概归自理。（3）补习终了后，所有成绩报告须缴由总行人事股存查，其成绩优异者并入年终考绩计算；其成绩照学校章程不及格者，或因告假逾限（在行请准病假者不在此限）或其他原因致成绩未完者，均应追回本行已代出各费，于次年初本人应得花红内扣还之。[18]

浙江兴业银行总行的练习生丁志进，如此看待夜校的学习：

> 至于夜校一事，是本行给予我们练习生的优待，也表示了本行培植人才的热忱。每一位练习生进行以后，必须选读夜课，学期终了时的成绩，作为练习生考绩的一种。学校是由行方指定的，沪江商学院、立信会计学校、银行专科学校与青年会夜校四处，可以任你选择。沪江本是大学，教授都很不错；立信严格认真，习题的繁多也许会使你头痛脑涨，但我相信大家不是怕烦劳的人。其余两校，因我不曾读过，不知其详；但既为行方指定，想必都是优良的学校。学费、书籍费与必要的文具都由行中供给。但在买书籍文具时，不要忘却要发票；也不要以为横竖费用不是自己的而滥购不必需的物品。这是不在行方供给的费用范围以内的。即使是必需的课本文具，也需竭力节省。总之，我们应该和自己出费一样地节俭，这是我们应有的精神。

还有,选科不要贪多,经过了整天工作以后,读夜课是相当疲乏的,你将来就知道了;一星期读三天——六小时——的夜课最适宜,最多不可超过四天。如果你每天有夜课的话,那么非但你的精神会感到不济,你读书的效率也是很小的;此外,更会影响到你日间的工作,这一点你必须加以注意。

同事们!不要放弃这权利!依据我们所需要的知识去选择科目,使我们的学识能帮助我们的工作。[19]

上海商业储蓄银行有 20 余位同人,参加了沪江夜商业院的学习。学员孙家芬对此作了细致的记述:

每晚上课时间为五时二十分至九时二十分,故遇行务稍忙时,往往需请假片刻,始由赶上课程。分行同仁以距校较远,尤感跋涉之劳,匆促之苦。迺者,节届黄梅,雨晴无定,往往晨曦耀眼,旋忽晚雨倾盆,诸同仁促不及备,于是非点滴满身,亦必淋漓尽致矣。

人生三大问题中之第二大问题,即为食的问题。吾夜校同学,因上课时间规定为五时二十分至九时二十分,于是发生难题。设课前进餐,则五时夜膳,中餐未尽消化,似嫌太早;课后进餐,则须枵腹听讲至四小时之久,十时回寓,始能进食,又苦过迟,且夜膳时间距睡眠时间太近,亦非卫生之道。于是进面包者有之,用饼饵等替代品者有之,甚至虽腹中连拍紧急电报,仍态度镇静沉着听讲者,亦间有之,形形色色,不一而足。然因业余研习而不求大嚼,固同具夫子不知肉味之精神也。

食的问题而外,犹有自修时间问题,亦值得一记。盖夜校功课既忙,课外指定习题又多,若无充分自修时间,势难准时交卷。教员中既有不限定交卷时间,甚至并不指定课外习题者,但倘不自按课复习,则不纯熟及不消化之弊病,势所难免,于是乎自修尚矣,然吾辈日间忙于职务,夜来课罢,又亟需休息,自修时间遂成难题之一。于是有黎明即起赶习功课者,亦有深更不眠,埋头灯下者,前者谓之开早车,后者谓之开夜车;又有所谓特别车者,虽逢星期假日,亦杜门谢客,闭户读书。彼早夜车专家之仅于临考时献其绝技者,对之实有望尘莫及之嫌矣。

上述难题而外,犹有经济负担之增加,亲友往来之疏懈,亦物质与精神上之损失也。顾难题虽多,损失虽大,而自强不息之心决,百折不挠之志坚,兴趣所在,一以贯之。盖兴趣愈多,努力愈甚,努力愈甚,兴趣愈多,二者交相关系,而又互为因果者也。坐是凡事自动,趣味盎然,众乐撙弃,诸难悉解

矣。所要者,循序渐进,持之以恒,庶几其久远可期,成功可望耳,愿与同学诸君共勉之。㉒

1937 年 6 月初,浙江兴业银行还特别作出规定,凡未进夜校各生,每两星期应作文一篇(题目由人事部每次拟定一个或两个,由各生自择),送缴该股批改,并随将成绩登记表发还。截至当年 6 月 25 日止,计已作文 6 次。以下为第五次作文卷中成绩较优者两篇。

我之人生观

人生观,好一个难懂的名词!

并不是过甚其词,真的!如果你抓住十个人,问他们什么是人生?吾敢断定,有八九个一定是瞠目不知所对。人生不懂,更何用问人生观!

不错,"人生"是一个抽象名词,给人的印象也就空洞而神秘。俗语说:"人生是一个谜",就是基于这一点而来。但是吾要问,人生真的是如此奥妙吗?

罗曼·罗兰曾经说过:"人生就是奋斗";高尔基也说:"吾们生下来是为反抗"。从这简单的话中,告诉吾们人生并不神秘,而是非常的单纯——就是奋斗!

懂得了人生,要立下一个人生应有的态度和方式——人生观,是非常容易的。正像你想做一件事,而有了资本,什么事都容易办。不过,投资不能投机,应该向有利于国家,有利于人群方面的事业去下资本。这样,虽则于个人或许不十分有益,甚至于有着极大的危险;但是吾们以为这是值得而有意义的!人生也是如此。我们试看,孙总理自小就抱定了革命的人生观,只要对国家人民有利益,他义不容辞的担当起来,一切的阻碍,一切的牺牲,他都不怕。这样就造成了他伟大的一生,也可以说,伟大的人生观充实了他的人生!

所以,人生观的得当与否,不但和自己一生事业攸关,同时于国家社会也有着重大的关系。

可是,中国大众的人生观是怎样呢?

自古流传下来的是:"人生行乐耳","浮生若梦,为欢几何","今日有酒今日醉","做一日和尚撞一日钟";比虎列拉还要可怕!这样消极出世的人生观,毒害了我们多数的民众,间接使中国跌入昏迷的罗网中!

并不是"人昏吾独清",更不是滥唱高调,吾的人生观决不会徘徊在"消极""出世"的所谓"自然主义""浪漫主义"的途径上。每次在报上见青年自杀的新闻,吾连施与一点点的同情都不肯。不但这样,而且还得在心里更有力的重说一遍:"吾决不自杀!"真的,人生原是叫你奋斗的,而你竟毫无斗志而去自杀,你对得起你的一生吗?

吾常常这样想:"人生就是奋斗!"那么一个人如果糊糊涂涂的活着,只能称为"生",而绝不能称为"人"。

所以,如果有人问到关于吾的人生观,吾会这样的答复他:"谁愿意做一个只'生'而'非人'的人!"也就是说:什么是吾的人生观?我的答案,第一个是奋斗,第二个也是奋斗,第三个还是奋斗!(顾旭初)

川灾感言

铃声催促我们进了膳厅,一阵烹调的香味进了鼻官!这饿空了的肚子,已经有了着落,大家开始进餐了。

"密斯脱王,今天这只菜倒不错,你以为如何?""可惜味精放得太多,我以为还不及那只菜来得滋味。""大致总还过得去;晚餐与早膳的菜实在太坏,令人吃不下,……"大家谈谈说说,好容易用完了午膳。我便习惯地跑进了俱乐部,随便拉起一张报纸看着,忽然翻到了一段触目的文字:"中央社三月十六日重庆电。据重庆行营消息:川省共有一百四十八县,而荒歉之县多至一百零五县,灾民累万,苦不可言;死者数目为数甚巨,且甚惨痛。其中某县之灾民,草根树皮已皆食尽;易子充饥,时有所闻;至有盗尸觅食者;路上饿毙者累累,惨不忍睹!……"无限的感想,开始从我的心灵中涌上来了。去翻翻画报上的照片,又是一个个骨瘦如柴的灾民惨酷地暴露着。唉!这些不是我们的同胞吗?

四川,向来被称为"天府之区",特产之丰富,气候之良好,均不亚于江南,为什么有这样严重的灾害呢?况且比川省贫瘠的地方很多,灾害在中国亦很普遍,怎么这次川灾会如此严重呢?灾区和灾民会如此的广和众呢?难道当局连一点救济的方法也没有吗?

噢!我记起来了,我记起了一个旅行四川的人谈话,他说:"目前四川有着两种毒素,一是鸦片的祸川,一是军队的乱川。鸦片是普遍地深入了全四川的老百姓,简直当作家常便饭。这种毒害真非一日可除。至于军队方面,问题更大,川军的总数,外人无法知道,军纪又是坏极,老百姓害得哭笑不得。……"噢!我知道了,目前的川灾,不但是自然的现象——天灾,同时并且更有着这样严重的问题——人祸在里面。张季鸾先生说得好,他说:

"治川的关键在于整军。"这句话,现在还适用着。

现在中央已有了救济川灾的大计,而且更有了川康整军的决心。我们相信不久的将来,川省不难恢复元气。不过从这次的川灾里面,使我们增强了对于川省的认识:第一,四川是全国人口最多的一省;第二,四川是全国面积次大的一省;第三,在历史上,四川往往是军阀最易割据称雄的一个区域;第四,民国以来内战最烈的地方就是四川,与中央政府最隔膜的亦是四川。希望全国的国民不要疏忽了这几点!(叶祖衍)[21]

为"补充同人选修学科之不足,兼以增进全体同人一般常识",浙江兴业银行总行从1936年4月起,专门举办了同人学术补充演讲。此次系列活动的时间,暂定每星期六下午六时起;讲题范围包括:银行法规、商业常识、服务道德、银行实务知识、普通经济知识、本国金融知识、国际政治经济知识、本行掌故、各埠商业金融现况及一般知识等。主讲人为该行董事长、常务董事等重要职员,以及行外专家,包括马寅初、卫挺生、潘序伦、徐永祚、顾季高、刘大钧、邹秉文、王志莘、章乃器、刘驷业、李权时、樊仲云诸先生。听讲人包含行员、试用员、练习生及试习生等。并特别规定试用员、练习生及试习生,除与夜课时间有抵触者得临时商请不出席外,均须出席听讲。值得注意的是,该行规定所有听讲的试用员、练习生及试习生,根据人事股的事前派定,必须担任间次轮流记录的任务;记录成绩,则至迟须于一星期内交人事股审阅。优良者酌给奖金,并入年终考绩计算;"其记录成绩,得于《邮乘》发表,以资鼓励;至记录成绩过劣者,除同人任意记录者外,应受相当之惩戒。"[22]

读书会在该行也颇具影响力。1938年秋,该行部分同人先自由集合成立了一个读书合作会,兼作图书流通工作,一面即进行读书会的组织,并请求行方承认。[23]到1939年初为止,一共有十几个会友,订立了一个简章,规定读书合作会的任务。第一是图书合作,凡是会友,都有将自己的藏书流通出借的义务,应由各人把所有的藏书列举名称,交给推定的流通干事负责编制目录,分发各会友,以便会友间互相借阅;另外还规定每一会友每月缴费四角,用来购买大多数会友认为值得读的书籍。第二是写作练习,在写作练习里,还包括了读书报告、摘录笔记等等。此外,规定每月集会一次,由各人把一个月来的读书心得和写作成绩提出来报告,以便相互的领受与批判,还可择其精彩的在《邮乘》或其他刊物上发表,所得稿费作为对作者的鼓励,假如原作者愿意的话,亦可捐助为读书合作会的经费。[24]到1939年秋,规模渐备,该组织遂并为该行同人俱乐部下面的一个组织,定名为浙江兴业银行同人读书会。[25]此后,同人读书会逐步完善,会员增至四十余人；会务范围也由单纯的图书合作，扩展到参观、演讲、座谈、写作练习和其他种种方面。

为拓展视野，读书会先后组织参观了新闻报馆、五和织造厂、中华织造厂、富中染织厂、同成制丝所、华丰搪瓷厂、上海啤酒厂、上海电力公司、中华袜子厂、同成制丝所、华申新第二纱厂和新华影片厂等，参加的人数每次有二三十人，而各次兴趣都异常丰厚，"这固然要归功于干事杨文烈君的主持得法，但主要还是由于会员和同人们对于参观的重视，瞭解了参观是获得活的知识的方法，而且是很好的娱乐方式的缘故。"㉖

专家与名人的演讲在读书会的活动中格外受到欢迎。该会先后举办的讲座，包括了丁福保"卫生问题"、王敦夫"外商股票市场"、沈受天"青年的修养问题"、周南陔"读书与读书会"，以及唐伯原"国际经济与中国之将来"等。上海市银钱业业余联谊会每周举办的经济学讲座，如《战时金融政策之评价及今后金融趋势之蠡测》《中日战时财政比较》，也吸引了该行不少同人参加。㉗读书会举行的"宪政诸问题"座谈会反响异常强烈。"因为每一个国民，对于宪政的内容和重要都有了解的必要，所以每一个参加这个座谈会的会员，都怀着一颗热诚的心，而讨论也就显得非常热烈。"㉘

浙江兴业银行总行练习生陈振鹏，如此描述他进行半年来的读书生活，尤其提到了该行的读书会：

> 我的读书领域不够广，我知道，在求学的时代很爱好国文，几年来养成了一个跟现世界脱离的思想，可以说是钻在古书堆里的收获，到今日我还不能忘情于它。正因为此，在过去的几年，我曾有一个理想，预备将来做一个"国学大师"或甚么的，幻想着"名山事业"，便不免对新文化存有冷淡的心理。在踏进本行的大门以前，我每次到文化街的四马路走走，总是淘些古诗文之类，而对于文艺书或理论书是不大买的；不知是因为看不进而感不到兴趣呢，还是因为感不到兴趣而看不进，或者是两者都是？总之，我是新人物眼中的一个糊涂虫。
>
> 自从进行服务以来，翻古书的时候是少了，又因为加入了本行的读书会，得以经常接触到政治、经济、哲学和文艺的书籍，使我看到一线现实的景象，打破旧的幻想，而建立起对世界的一些初步认识来。到现在我能够用几个新名词之类（滥不滥不可知），说起来却是出于读书会这半年来之赐的。在现在我还幼稚得可怜的时候，很惭愧不能对于文学和社会科学作介绍的抒述，我想在这"初学三年"之时，"天下无敌"的勇气似乎不必要的吧！但愿

俱乐部和读书会对于图书方面能够多多增加学术性的书籍,最好还是通俗、街头、大众、入门之类的读物,能够使本行同人中初学如我者,得到基本浅易的资料可以学习,那对于本行向来的研究风气,真是助长不小了。㉔

类似于读书会这样的业余组织,在一个进行不久的练习生心目中留下如此印象,存有如此期望,应当说实属不易,于此亦可见银行当局的煞费苦心。

注释

① 胡守礼:《雪泥偶留》,http://hushouli.netor.com/,2016 年 5 月 26 日登录。

② 沈维经:《银行之人事管理》,《海光》月刊,十二卷一期,1948 年 1 月。

③《本行训练人才之筹备》,《海光》三卷三期,上海商业储蓄银行 1931 年 3 月编。

④《第一次训练班委员会会议记录》,《海光》三卷三期,上海商业储蓄银行 1931 年 3 月编。

⑤《本行训练人才之筹备》,《海光》三卷三期,上海商业储蓄银行 1931 年 3 月编。

⑥《第一次训练班委员会会议记录》,《海光》三卷三期,上海商业储蓄银行 1931 年 3 月编。

⑦《总经理邀集训练班教员叙餐记录》,《海光》三卷三期,上海商业储蓄银行 1931 年 3 月编。

⑧《训练班开学典礼》,《海光》三卷四期,上海商业储蓄银行 1931 年 4 月编。

⑨ 叶文心:《时钟与院落:上海中国银行的威权结构分析》,载王笛:《时间·空间·书写》,浙江人民出版社 2006 年 8 月版,第 19 页。

⑩ 张嘉璈(1889~1979),字公权,江苏宝山(今属上海)人,清光绪十五年十月二十一日(1889 年 11 月 13 日)生。毕业于日本庆应大学财经科。1909 年在北京任《国民公报》编辑。1913 年 12 月任中国银行上海分行副经理。1916 年在停兑风潮中,同中国银行上海分行经理宋汉章决定不执行北洋政府停兑命令,风潮过去后,中国银行信誉大增,被称为"有胆识、有谋略的银行家"。1917 年参与创办《银行周报》,为民国时期最早发行的金融专业刊物。同年 7 月调任中国银行副总裁,期间修改《中国银行则例》,并整理 1916 年遗留下来的不能兑现的京、津地区中国银行所发行的"京钞",设法扩充商股,增强了中国银行的实力。1928 年 10 月中国银行改组为国民政府的外汇专业银行,张被任命为总经理。1935 年 3 月辞去中国银行总经理一职,同年底任国民政府铁道部部长。1947 年 3 月任中央银行总裁,后兼任中央信托局理事长,1948 年 5 月免去中央银行总裁一职。1949 年 4 月去澳大利亚,担任悉尼大学经济系教授。1953 年赴美国任教并从事经济研究。1979 年 10 月 15 日因病在美国去世。著作有《中国铁路发展史》《通货膨胀的螺旋:1939~1950 年在中国的经验》等。

⑪ 张公权:《川行感想之种种》,《中行生活》(川行专号),中国银行总管理处 1934 年 7 月。

⑫《总处设立训练班志略》,《中行生活》三十一期,中国银行总管理处 1934 年 10 月 1 日。

⑬ 薛光前:《服务上的彻底精神》,《中行生活》三十二期,中国银行总管理处 1934 年 11 月 1 日。

⑭《同人消息》,《中行生活》三十二期,中国银行总管理处 1934 年 11 月 1 日。

⑮《同人消息》,《中行生活》三十五期,中国银行总管理处 1935 年 2 月 1 日。

⑯ 李德燆（1904～?），浙江绍兴人，清光绪三十年（1904 年）生。曾任上海华比银行、德华银行及东方汇理银行职员，中国银行伦敦分行会计主任、副经理、经理，国际币制及经济会议中国代理代表，财政部驻英代表。1948 年时任中国银行纽约分行经理。

⑰ 《总处训练班举行实务试验》，《中行生活》三十六期，中国银行总管理处 1935 年 3 月 1 日。在李德燆看来，这 5 道题目的答案应该如下：（1）当答以顾客与银行往来情形，行员绝对不准宣泄。（2）须先调查顾客之职业、住址，及有相当人之介绍，并须查明支票上之抬头人是否即此持票人，方能准其开户。至当日支取半数应用，非有极熟而极可靠之人担保，不能照办。（3）此妇人可为保证人，但保证书上之种种条文，务须妥为解释，令其明瞭透彻，然后令伊盖章签字，并证明伊对保证书上之条件，已完全明白瞭解。（4）此为特别平行线支票，即发票人、背书人，或执票人在支票正面，画平行线二道，并于平行线内记载特定银钱业者之商号（我国票据法第一百卅四条）。此项支票，非特定银钱业不得付款，以防冒领及丧失。此君颇有银行学识，余当赞其用意之妥善。（5）此事须银行以书面向乙洋行当轴查询有否委托某甲代收乙洋行支票之事，如答称无误，当可通融办理之。

⑱ 员生入行外夜校补习办法（1934 年 8 月 11 日施行），上海市档案馆藏浙江兴业银行档案，Q268－1－34。

⑲ 丁志进：《献给新进行的练习生》，《兴业邮乘》一百零三期，1940 年 9 月 9 日。

⑳ 孙家芬：《夜校生活》，《海光》月刊，四卷六期，1932 年 6 月。

㉑ 《总行练习生作文成绩》，浙江兴业银行《兴业邮乘》六十五期，1937 年 7 月 9 日。

㉒ 《总行举办同人学术补充演讲消息》，《兴业邮乘》四十三期，1936 年 3 月 9 日；《总行同人学术补充演讲消息》，《兴业邮乘》四十五期，1936 年 5 月 9 日。

㉓ 朱锦源：《第三届的浙兴读书会》，《兴业邮乘》一百零三期，1940 年 9 月 9 日。

㉔ 吴申淇：《关于读书合作和我们的要求》，《兴业邮乘》八十九期，1939 年 7 月 9 日。

㉕ 朱锦源：《第三届的浙兴读书会》，《兴业邮乘》一百零三期，1940 年 9 月 9 日。

㉖ 朱锦源：《第三届的浙兴读书会》，《兴业邮乘》一百零三期，1940 年 9 月 9 日。

㉗ 《战时金融政策评价及今后金融趋势之蠡测》，《兴业邮乘》七十七期，1938 年 7 月 9 日；张素民：《中日战时财政比较》，《兴业邮乘》七十九期，1938 年 9 月 9 日；章树勋：《联谊会经济学讲座听讲记》，《兴业邮乘》八十一期，1938 年 11 月 9 日。

㉘ 朱锦源：《第三届的浙兴读书会》，《兴业邮乘》一百零三期，1940 年 9 月 9 日。

㉙ 陈振鹏：《服务半年》，《兴业邮乘》一百零三期，1940 年 9 月 9 日。

实习

　　胡守礼参加了江西裕民银行训练班,该班上午授课,下午实习,晚上继续上课,规定了作息时间。第一天下午实习,是由李老师亲自领着大家去的,大家心里都很紧张,不知到了行里能做点啥事情。到了总行,他们被安排在营业股、会计股、出纳股、文书股实习。"李老师把几个字写得好的同学分到文书股,像范大钧、吴自权、潘剑直的字都是呱呱叫的,我们其他人到各股只是送送传票,看看点钞。"到了晚上大家汇报情况,七嘴八舌,李老师总结,说是总行对大家印象很好,特别文书股对实习同学的字大为称赞。"我们就这样开始了银行练习生的生活。"

　　在总行实习中,胡守礼这批练习生做得最多的工作是点票子。江西裕民银行虽为官商合办,但在省内外均以省银行为法定地位,虽然省银行不能发行一元券,但有辅币发行权。该行发行的辅币有五角、二角、一角券,还有一百枚、五十枚、十枚铜元券。五角、二角、一角券在全省流通,由于江西、湖南两省商业往来关系密切,江西商人到湖南采购货物都带"五角券",所以在湖南也可流通使用,并委托当地钱庄,因此信誉很好。当各地收兑积有一定数量,就由总行派汽车运回钞票,一个月两次。钞票运到,他们几十个人忙着清点,还要分地区,如吉安、抚州、宜春、九江、南昌等等,每十张一叠,每十叠 50 元,每捆为 250 元,成捆钞票贴上封签,盖上清点人图章。胡守礼后来回忆道:"这是我的图章第一次使用在工作上。"

　　江西裕民银行的业务主要靠省级机关学校团体和工商业者的存款,私人存款储蓄很有限。当时南昌有上海银行和新华银行,他们专门吸收私人的储蓄存款,此外包括放款、信用放款、抵押放款,还有押汇、期票、买汇等信托业务和仓库运输等等。但是最赚钱的还是发行钞票,裕民银行的五角券是大东书局印的,钞票发得越多越赚钱。

　　清点时为什么要分地区,他们搞不懂,只感觉增加手续,工作效率还低,点数时一捆票子又要点数又要分地区,很容易出差错。后来才知道这自有道理。原来钞票分出地区,那地名即代表各分行,是各分行根据自己的业务发出去的,发

江西裕民银行五角券

得多这笔资金可以充分运用,总行收回来之后,根据他们的统计数,要付各分行的账,减少发行资金运用。中国是一个封建军阀割据的国家,在货币上表现得尤为突出。中央银行和中国农民银行的钞票虽是全国发行,但实际流通的也就江、浙、皖、赣几省,出了那几个省就不那么吃香了。在胡守礼的印象中,"当时只有中国银行的票子,在中国老百姓印象中还有一定威信"。

在江西除了发行的票子之外,大量流通的是银元,种类之多可以开个银元展览会。在胡守礼后来的业务中,接触到的银元单就龙洋一种,就有大龙小龙,有光绪宣统,各省都有自己铸造的龙洋,成色不一,劣币也最多。民国之后,人头洋各省也都自铸,有大头小头,有黎元洪、袁世凯、孙中山等。中国是个殖民地,因此流进来的外国银元也是花色繁多,如日本的菊花洋、菲律宾的站人洋,墨西哥各种鹰洋,此外高丽、安南、暹罗、缅甸、印度,以及美国花旗、大英帝国铸造的银元。

不过这些银元流到江西吉安就都变成"烂洋"了。什么是"烂洋"?"烂洋"就是在银元上敲一个硬印,硬印一多,一块好的银元就成凹凸驼背的银元了。那为什么要敲上硬印呢?原来银元有真有假,有成色好的有成色差的,商店为了表示自己的信誉,在找出去或者付给人家的银元上敲一个硬印以示负责,如有受者发现某一银元有哑版、假版或者成色不足,凭银元上的硬印即可调换。胡守礼在"增裕新"学生意时,对兑出去的银元也打过硬印,后来改为橡皮软印(用青靛色)。但在吉安地方,大小商店凡银元过手,都要敲上硬印,一块银元硬印越多,质量越没有问题,大家都愿意接受使用。因此一块好银元最后被打得遍体鳞伤,面目全非,好银元最后都变成了"烂洋"。

胡守礼回忆道,在吉安大家都使用"烂洋",不过到了其他地区"烂洋"是要贴水的。在吉安一元"烂洋"作一元价值使用,不要贴水,因此劣币驱逐了良币,各地的"烂洋"都流向了吉安。由于这个缘故,江西裕民银行吉安分行发行的有"吉安"地名的五角票只能兑换"烂洋",如果在南昌使用买东西,就要多付十分之一的贴水。[①]

在 1935 年法币政策正式实施以前,银元是中国现实生活中最主要的流通货币。对银元的鉴别,实际也成了银行练习生一项必备的基本功。

浙江兴业银行的一位资深职员徐启文,在到银行工作前,曾在浙江平湖城里一家老牌钱庄工作了八个年头,他从 17 岁开始的头几年就是做练习生。他后来回忆道:

> 钱庄的事务,大多是关于洋钿钞票的事。每天除了洒扫和招待主顾之外,其余空下来的时间,便是练习洋光。练习时间,总是在吃早饭之前,叮叮铛铛,敲得不亦乐乎;就是在滴水成冰的严冬天气,依旧也要敲着。洋钿很冷,捏在手上,便要发抖。屋里不但没有火炉的设备,还有像尖刀般的风,从窗缝里钻进来;但是因为抱着极大的愿望,两只手会敲得发热。这样继续不断的敲弄洋钿,渐渐可使声音敲得很响,虽在人手很多的地方,也可听出自己所敲的声音,并且个个不会落脱。消磨了一年多的时光,才算成功,以后便常被老师派到同行中去看洋钿。

> 因为平湖地方小,主客家由同业划款,一定要自己去收取。当我第一次出门看洋钿的时候,同业中有意要和我开玩笑,掺入了好多铜洋钿和铅洋钿,有时在洋钿上还打着墨印和粉印,有时还要发出高声和我谈笑。在这种情形里,我早已知道他们的阴谋——搭铜洋钿——所以在敲的时候格外细心,而且特别的注意左手的中指。一个洋钿净重七钱二分,因为练习时候久了,那中指就有戥子的功能,每当洋钿一个一个敲过去,如果其中有一个轻了几厘,就会发觉;同时加以视觉听觉的辨别,总不会吃进一个。[②]

程慕灏夫妇合影

银行与钱业有所不同,但练习生的基本历练确是有着惊人的相似。上海女作家程乃珊的祖父程慕灏,[③] 自小家境贫寒,小学辍学,但仍能以优异成绩考上杭州省立簿记学校主修了两年会计。1913 年 2 月,他 15 岁时经人介绍进上海中国银行做练习生,从包银元做起,还要学点钞票、译电报、打算盘,三年后由练习生升为助员,再升办事员,然后是初级文员……直至 86 岁离行荣休,仍兼任香港中银集团顾问、中国银行总行常务董事之职。

程乃珊写道:

> 祖父回忆,包银元属银钱业的基本功。银元

圆滚滚的,要包得服帖紧扎,这项技巧很难学。此外,作为练习生的基本功,还要学会听银元以辨真伪。为了苦练基本功,祖父小小年纪每天清早守在水缸边,寒冬腊月也不例外,双手都生满了冻疮,坚持逐个用银元敲击水缸边,如果声音锵锵清亮,就是真的。假的,会发出闷闷的哑声。还有种识别方法,是用手指分别夹在两块银元之间,再轻轻一吹,真的声响如银笛……祖父还有个习惯,就是站着吃饭,特别吃早饭,为此祖母向他提了几次:"皇天不打吃饭人,啥事连吃顿饭也坐不太平!"祖父说这是做练习生时留下的习惯。祖父自小乖巧精灵,手脚勤快,随时应师兄上级客户之召,吃饭时也作好应召之准备,故习惯站着吃饭,以方便随时放下饭碗做事……对传统的学徒(银行称为练习生)训练方式,祖父认为有其合理处:苦学基本功,去尽家中带来的娇骄二气,学会谦虚全力为客人服务![4]

职务训练对于练习生的成长和进步,确实具有不可替代的作用。上海商业储蓄银行即认为,语云"百闻不如一见",单凭学课训练仍嫌不足,应至各部门各分行实地见习,"学做兼进,方能融会贯通,洞悉堂奥。""犹如习化学者,需在实验室化验,则教室内所授之课程得以实地应用,深印脑际。"[5]

1922年,《教育与职业》杂志曾刊登了一篇文章《南通商校毕业上海淮海银行练习生石补琴自述》,该行经理杨瑞生特地加了按语:"石君补琴在敝行由练习生已升为会计助理员,而自称仍居练习生之列,其人不矜骄,肯述真,余嘉其诚实,为志数言。"该文不长,照录如下:

琴自南通商校卒业后,投考上海淮海银行充练习之列。初时希望之心甚大,以为商界情形、商业习惯不难登堂而入室,讵知入行后,大为失望,觉学无可学,习无可习,颇感痛苦。盖向在学校,日有课程,学有定时,循序而进,与商界迥然不同。一旦离学校而习商,无书本可凭,几觉莫知所向矣。阅五六月后,迺恍然大悟,商界虽无课本,虽无学程,实则无处非课本,无时非学习之时,学校之课本有限,商界之课本无限,学校之课程有定时,商界之课程随时随事而定。琴不揣冒昧,将年来实习所历我侪习商宜留意之点略述于后:

(一)宜虚心服从。我侪学生卒业后自命甚高,习商大有俯视一切之概。要知在校所学,所得普通知识耳,对于实在经验,殊形缺乏,岂可自满自骄。是以习商后,首宜虚心服从,博询周咨,质疑质惑于富有学识经验者,随时领悟。一二年后,虽不能成完全人才,亦可称一普通人才矣。

（二）须遍习各项。从商后凡于练习时期，切不可任己之所好以为习避。盖欲养成完全人才，决不能练习一二项事而成。既入商店，凡一店之事，均宜身历其境，求其内容，考其经营，习一处多一处之学识经验。如习银行业者，系分科办事，内部大概分会计、营业、出纳、文书等科。先宜练习会计，明其帐簿之组织及登记核对法，加之研究，不七八月当可明瞭，然后再习营业，而出纳，而文书。若商业之习惯，商情市面状况，营业之方法，票据之形式，收解手续，汇兑计算，货币成色，文件构造，凡百事业，精密研究，一行之事洞悉无遗，更求之于各业情形。为将来计，为自身计，具此经验，前程亦未可量也。兹就琴所经历与管见所及者略陈之，惟大雅教之兴甚。⑥

前文提到的应昌期，虽未经过严格的招聘考试就被录取为练习生，但他内心知道做人必须勤奋的道理，"自觉地不靠行长的牌头，决心从练习生做起"。银行业务忙碌，天天都有成车的资料、钱钞、账册等货物进出。"应昌期眼到手到，总是不惜力气地将资料背上搬下，完了又将办公室打扫干净。这自然引来了银行上下众多赞许的目光。"然而，他并不满足这些。

应昌期

《应昌期传》如此描述他的实习经过：

他看人家坐柜台谈业务，看人家写字算账，也想学，更想跻身管理者的队伍。鲍先生心里有数，干了几个月后就开始教他银行业务。记账、打算盘这些基本功，应昌期几乎是一学就会，所以不到三个月，鲍先生就放手让应昌期轧帐了：银行下午3时半打烊，应昌期收集当天进出的所有单据传票，进多少，出多少，利息多少，一笔笔拷拢对齐。那十八档算盘在他手下就如有灵魂一般，的的笃笃，一会儿就将乱账理得焕然清爽。再半年，整个银行的月结算、年结算也由他做了。成本会计是比较难的，应昌期以前并未学过，那时市面上也无现成教材，所以完全是靠他细细琢磨、观察、思考、体会，无师自通地一路做下来的。有人谓昌期："对银行业务悟性特高，尤其对会计实务，可谓闻一知十，无所不谙；日常工作辄游刃有余。"诚如是也。⑦

不妨再看看浙江兴业银行几位练习生的情况。

该行南京分行城北办事处的李寿笙，进行前曾在杭州一家钱庄做过学徒。

进银行做练习生后,奉派在营业上储蓄课一部分练习。"那时,我觉得旧日所学过的钢笔字,已是非常生疏。从此我便切心练习,又经诸位先进的指导,于是营业上记帐的手续,传票的做法,也就渐渐有些懂了。填补折子,也可以办了。"每天早晨,他襄助会计课整理传票,抄写帐表。因此,"在会计指导之下,我便懂得日记帐、日计表、准备表、库存表,以及总帐的意义方式;所以每天记日记帐、登总帐、记日计表的工作,也就由我操作了。"

在他看来,"会计为各课的总枢纽;所以无论对外对内,大小出入,多可不问而详悉的,如我行有多少存款? 以何种存款为多数? 往来透支的额度,一共有多少总数? 平日何家只存不欠,或只欠不存;何家透支到何额度? 何家进出活跃,或呆滞? 其中的状况,我虽然不能说是十分明瞭,却也可知道一个大概;因为我是在营业、会计两课习练事务的。"⑧

该行总行练习生陈振鹏,进行后的第一个半年是在内汇股练习,他如此描述自己的工作体会:

> 服务半年,在内汇股者六个月。这是必须首先表出的,正如鲁迅之传阿Q,也写明阿Q是在未庄做短工的一样。内汇股练习生的事务是相当空闲的,除了每日下午三时至五时之间有些应接不暇的状态外,只有随时分送主任先生办公桌上的传票,以及整理总分行来去报单,敲支票簿,汇送传票至会计股等工作。不过退值时间最早须在五时半左右,有时要等到七点,这是因为等候西区支行交换传票之故。有时晚膳既毕,传票尚未送妥的时候,我和记西支行帐的办事员,一灯相对,四顾寂寥,其情形颇为冷落。在我,肚皮已饱,还可以藉书报来消遣这几十分钟;至于记帐员,还未用过晚膳,又须时时倾听电话中的报告,此时的心情,说紧张又不是,说松懈又是很焦急,纵使有着一肚皮怒气,也会给环境冲得淡淡而消散了的。在整天办事之后,这一点点晚饭后的时间应该是自己的了;然而又似乎不是,直到最末一张传票送了之后,一日的工作才算完毕,自己的职责才算尽了。这数十分钟的时间,是好像人生舞台某一幕里的尾声不是?⑨

另一位总行的练习生丁志进,进行后先在钞票间练习,后调到本埠支行代收付,再调到杭州分行练习。虽然时间都不很长久,但他却很有感触,以下便是他的三点感想:

> 一个新进行的练习生,第一感到困难的就是对于各种业务的不明瞭。

也许这是因为我在学校时是读普通科的缘故；但据原来修读商科的同事们谈起，初进行时也不免有这样的感觉。因为书本和事实，虽不能说截然不同，至少其间也有着不少隔阂。自然，缺乏商科知识的我，不免更感困难了。我只有按着吩咐的话做，有时还免不了错误，更莫想有什么改进业务的建议。同事们对我说："这只要练习时间一久，自然会渐渐进步。"是的，我相信这句话的确实；但我更希望有一个比"自然会渐渐进步"更好的办法。在这里，我有一个热烈的希望：我希望在业余的时间，每星期能有一位主任先生，向练习生们讲解他主管部分的机构、业务范围和办事手续等。这样，各股的主任轮流讲解以后，就能使练习生对于本行的机构、业务有一个概念；假如再能组织一个小组会，在业余的时间，互相讨论实务上所遇到的困难问题，那就更好了。

第二点我所感到的是同事间的生疏。自然，这更可以说："只要时间一久，自然会渐渐地熟悉的。"但是我所希望的熟识，并不是同事姓名、面貌的相识，却是比这外表更重要的各同事的个性和才能的互相认识。这似乎比表面的相识要重要得多，而并不是单靠时日长久所能为力的。也许有人会疑惑，同事间个性和才能的互相认识，又有什么重要？这只要在办事时，稍加观察，一定会给我们一个满意的答复。假如甲和乙，丙和丁，各具有同样的才能，甲和丙是互相认识彼此的个性才能的，在一起办事，乙和丁也在一起办事，却没有相互间深切的认识。当这两组才能相等的人在一起办事时，就可以比较他们办事的效能和成绩了。我们一定会发现，甲和丙在办事时一定更能互相信任、互相合作，成绩一定要优越得多。这就是同事间相互认识的重要了。本行有着这许多同事，要同事间彼此都有深切的认识，自然不是容易的事；但我们却不能以为这是绝对不可能的事，我们虽不能做到彻底认识每一位同事，至少也得竭力设法从事这一步工作。在这里，我也有一个希望：我希望同事们能多参加业余活动。因为业余的时间比较充分，业余活动可以不分股、部的畛域，从业余的活动中我们可以多多接触，多多谈论，可以深切的认识彼此的个性和才能。同事间有了相互的认识，才可以彼此督促勉励，彼此精诚合作，可以拿各人的长处济他人的短处。这样，平日工作的效能，自会无形中增加起来，这样对于本行的业务，实在有很大的关系；但很容易为一般人所忽略。

第三，我感到同事间——尤其是练习生间——有一个普遍不良现象，就是我们的身体太荏弱了。谁都知道，身体是蕴藏一切力量的所在，没有强健的身体，是不会有雄厚的力量的。我们要走向成功之路，应该尽量的担负起艰苦繁重的工作，这不是荏弱的身体所能担当的。可是练习生诸同事中，生龙活虎的固然有,却有十分之六七是面黄体弱,常受病魔侵扰的,我自己就是其中的一个。这是很可忧虑的现象,直接与各人的幸福有关,间接可以影响到行里的事务。一个"行"是由许多同事构成的,每一个同事正像人身上许多细胞一般,有不少细胞衰弱,人体是不会坚强的。所以同事们身体的荏弱,实是一个严重的问题。而处在这一个孤岛之上,好像鸟笼一样,又没有多少运动的机会,纵有神仙妙乐,也不能使一个终日蜷伏案头的人身体强壮。应该如何设法补救,希望大家讨论。[⑩]

隔了几个月,丁志进再次撰文,把他进行半年以来的心得介绍给新进行的练习生。他特别提到了"练习生几件普遍的工作与应有的技能",他作了如下介绍:

(一)跑传票与签字。练习生进行第一件工作是"跑传票"。整天把传票从这个办公桌上递到另一桌上,给办事员或主任盖章。开立存单存折时,还得拿往经副襄理的桌旁,请他们签字。一天跑三四十回是不算一回事的。因为手里拿的是"传票",所做的工作是"跑",于是我们都称它为"跑传票"了。我们中间,多数对于这一桩工作感到头痛,也非常轻视。以为这类工作和茶房的工作初无分别;大概因为我们练习生初进行,不懂什么,所以派定我们做这样低贱的工作。又劳苦,又无所得益,能跳越这一步工作就好了!这观念实是不正确的。我起初也作这样想法,但现在我知道我的想法是谬误的。现在我才知道我们要瞭解本行中的实务,"跑传票"实在亦是一种很好的方法。从这里,我们可以了解记帐的方法,可以领悟各部份的关系。从柜台生涯到记帐手续,从办事员到经副襄理签章的程序,都在我们目中经过。

(二)抄月报。这是练习生第二桩普遍的工作。这除了它工作的意义之外,对于我们实是一种最好的训练,下面是我们抄月报时应注意的几件事,也就是它给予我们的几种训练。

第一我们要精细缜密。银行里无论何种工作,精密是最基本的条件。可是我们在过学校生活的时候,常易养成疏忽的习惯。可是银行员如有些微的疏忽,就可以引起行中重大的损失与个人巨大的赔偿。所以缜密是我们亟须养成的习惯。而抄月报就是最能促进我们办事精密的最好训练了。你在一份月报里,几万个数字之中,不能抄错一字,否则你就不能与帐簿上的结数相符,而你所抄的月报也就失去了价值,你勤劳的工作竟变成时间的浪费了。

第二要集中我们的注意力。抄月报时,我们必须集中注意,才能达到精确的地步。我们不能一面抄,一面想今天报纸上登着什么电影广告。不容有一丝杂念侵入我们的脑海。我们能养成这种优良的习惯，那么无论作什么工作，都能精确无误。

第三我们必须有责任心。我们要尽最大的努力，轧准自己抄的月报，不要一遇困难，便将责任轻轻地往办事员身上一卸，说："我已抄好了！"如果是这样的话，我们就是一个懦夫！

第四我们不要让时间无为地浪费。我们不能把每月三十元的津贴作为唯一的报酬，我们要从自己工作中找到更大的报酬，这才是我们工作真正的代价！

除了跑传票和抄月报以外，如打图章、理铜牌等，都是似乎毫无价值，却又不能避免的工作，大多都觉得头痛。但只要我们抱定一个信念："没有一件工作是无意义的"；我们要有一个"从无意义中找意义"的决心，那么我们自会得到宝贵的代价。

以上是我们普遍的工作，以下是我们应学的技能。

我们常苦于"学非所用"，抱怨社会制度的不良，这是错误了。我们应该退一步把自己检讨一下，到底学了些什么？我们所有的不过是一些肤浅的知识罢了。我们有什么技能？要知技能是工作的要素；但我们却正是缺乏了这种训练。现在我们开始为社会工作了，我们必须赶快弥补这个缺陷。在这里，且让我提出两种我们亟需的技能来，那就是珠算和写字。无论你现在在哪一股练习，将来在哪一股办事，这两种基本技能总是必需的。现在是我们学习技能的开始，我们就从珠算和写字开始吧！①

仍旧是丁志进，这个善于思考的练习生，在总行活期存款股练习半年后，又撰文谈了自己摸索总结的"五快"秘诀：

丁志进：《献给新进行的练习生》(《兴业邮乘》103 号)

（一）眼快。从主任先生的桌子起，沿柜台下来，经过对印鉴的一直到那边的记帐员，这一条边就占了半个柜台。每一张桌子上都放着一个铁丝篮，里面的传票会像雪片似地从个人手中飘下去。一不留神，如果专顾了一只篮子，那另一只篮子里便会堆积起来如山一样。所以你必须兼顾所有的篮子里；但你不能跑到东去看看那只篮子有没有传票，又跑到西去看看另一只篮子里有没有，这样单是跑来跑去又够忙了，哪里还能做别的事。于是就得运用我们的双眼，不时昂着首用目光向四面扫射，不被漏过一只篮子，然后察看当时情形，决定了最经济的路程，一只一只去整理一个空。这样还不够，你还得时时注意柜台外面，如有买主在问讯，或索取送款簿，或催票子，你亦得上前去招呼。此外，你还要时时看看主任先生与记帐员们，一则学学他们的技术，二则他们需要你时，你就可不待交换，跑上前去，这样亦可以节省许多时间。

（二）手快。眼是手的"斥堠"，手才是正式上战场的战士。传递传票要用手，固不必说，最要手快的是敲支票与送款簿。进出忙的客户，一领就是十本支票，一张张敲上帐号，还得加上"划头户"的戳子，且要一面敲，一面点张数，防支票张数错误或是漏敲。这样十本支票簿共二百六十张，你得在五分钟之内敲好，否则非特买主不耐烦，另外的事也要堆积起来，忙在一起。忙的时候，一天要发出一二百本支票，外加五六十本送款簿，手不快怎样来得及！

（三）脚快。来活存股当练习生的是被称为"跑传票"的，脚的重要，可想而知。外面递进来的支票，经印鉴专员对过印鉴后，就由我们依划数分递给各记帐员，记过了帐，有的递给付款员，有的递给打拨款单的，有的还得递给主任先生盖章，自然只有脚快才能周转裕如。有时还得将别股送来转帐的传票送过去，当然只有赶紧打来回，才不致把别的工作辍积起来。

（四）耳快。耳虽不能明察秋毫，却也是一个主要的"辅弼之臣"。当你坐着低头敲支票的时候，忽听见背后记帐员在拿坚硬的图章击着玻璃板的声音时，你便可知道你背后篮中有一张待你传递的支票，于是你已打好支票，就须立刻站起身，一个向后转，顺手就拈取了那张支票；同时这时你又得双眼迅速地审察一过，看印鉴员及记帐员的图章有否完全，最好并能将数目、日期及背面均迅速一看，以防万一有什么失误，然后分别传递给他人。又如在你正在低头工作时，忽有买主问："×号铜牌的拨款单好了没有？"你就得先去回答他或递给他。

（五）脑快。这是最紧要的一个条件。脑是全身主宰，脑快自然手脚齐快,如果脑慢,那么一切无从快起。有一次一位同事拿了一张拨款单向柜台外喊铜牌号码,却没有人答应。他正想拿回时,偶然瞥见柜外椅中躺着一个买主,正打瞌睡,手中握着铜牌,他就招呼柜外旁人将那瞌睡的人摇醒,再一喊号码,那人果然应声而来,就省却许多周折,这就是"脑快"的功效。⑫

接着,再看看中国银行的几位练习生。中国银行相当重视练习生的业务考核,除了集中训练外,更多的是通过业务实践来培养和锻炼练习生。

该行沈阳支行的一位员工祁昆,如此回忆自己从事"译电""打字"的体会:

译电本属易事,只要认识念六个英文字,任何人皆能为之,似乎极其容易。然余以为译发电报,关系银行业务,至为切要。一有不慎,贻误必大。盖银行营业之成交,货币之顶调,买卖各处行市之传达,联行之收交,以及电汇等等,皆须利赖电报之办理敏捷,乃能不误时机。查我行自改组为国际汇兑银行以来,对于电报事务,极为繁多。每一电报,关系进出款项,动以万计。经办人稍有迟延或错误,立即铸成大错,贻误时机,发生损害,岂不可虞?(闻银行行员有因误译电报,发生损害,赔款无着,以致丧身者。)故此种事务,虽属平常,实非稳慎之人而办事敏捷者不为功。吾人译电之时,每译一电,抄录之后,随时再一过目,等于校对,绝无错误,对于数目字码及收交数码,尤须特别注意认清。例如译交洋五万圆一码,最好先将洋五万圆数字与电码用手比直,然后照录,自无贻误。再总处新颁电本,对于银行应用成语,搜罗殆尽,主管电报人员,不暇当不时翻阅,俾应用之时,不致隔膜。而对于文字较长之成语,尤须注意译用,庶不虚糜电费,亦银行员应具之道德观念也。

余入行从事打字工作,已历时七年之久。每日打字自千字至数千字不等,终日手不离机,旁人咸以为苦。忆在滨行服务时,曾有同人某君谓余曰:此种工作,劳力伤目,其于吾人前途,亦无若何生色,为君计,以早图他调为佳。余当时颇以某君所见为狭,当答以:"吾人在行服务,原须分工合作,乃能有济。贪逸畏劳,固非银行员之本分,至所从事之有无生色,此亦事在人为耳。余于所做工作,无论一电一函,凡属有关业务者往往私自研讨,究其用意所在,历年既久,亦能获有心得。至于公文之程式,语气之结构,辞句之修润,果能在在留心,亦足提高吾人之国文程度。吾之工作,固非徒打字耳。"某君语塞!⑬

该行绍兴分行安康办事处的孙宝锜如此描述自己的实习经历：

> 我在昌处帮理会计，那担任会计的 T 君，和我虽是初交，待我很是和善。我开始是做抄报等杂务，继而记记浅易的帐册，屡蒙 T 君细心指导，我也乐于听诲。在兼月光阴之后，居然认为最难的绍洋户转帐传票，也可勉强做成了。咦！这一喜，真有点非同小可呢！渐渐经过多时的磨练，才把那昌处一切的表单簿记学会，由疏而便，熟能生巧，慢慢也能勉强应付了。在此期间，仿着日本人的性格，做则拼命的做，玩亦拼命的玩，生活倒也不见枯燥，反而生趣。不幸今年夏间，骊歌遽起，T 君奉命他调，从此求教乏人，成为生平憾事。⑭

该行沈阳分行练习生秦仲康，19 岁时"以家境贫寒而辍学，得友人介绍，入盐税局服务，荏苒四载，幸无陨越"。1930 年冬，他参加了中国银行的招考，被录用为练习生。他起初在中国银行沈阳分行工作，3 个月后，即 1932 年 4 月，他奉调山海关支行及锦州办事处服务。大约半年过后，沈阳分行于 1933 年 1 月举行了一次对于练习生的考试。秦仲康的答卷即以"在山支行服务情形及经历感想"为题，他认为："练习生虽是低级行员，薪水微薄，生活当然不如高级行员之舒适。然个人应抱定为社会服务主义，多作事，多耐劳，即系自求学识，自增经验，并不吃亏。如因待遇关系，以薪俸之厚薄，计较工作之多少，是乃自暴自弃，终无立足之可能。"他在山海关支行期间，"逐日八时盥漱毕，即至办公室办事，如有昨日未了之事，即赶速整理清楚，以备办理本日事务。下班亦常在八点左右，如清闲之时，或下班较早，亦惟有读书练字，不敢稍涉他想"。对从事银行存放款和汇兑等具体业务，他提出了不少自己的见解，从中应当也可看出此人还是相当用心的。

关于存款，"查山城镇为产粮区域，居沈海路之中心。交通利便，商业素盛。出产大豆杂粮，年约十万吨，值价六百万圆。其他山货烟麻等，亦在百万圆左右。此项出产，如我行扩充堆栈，揽做一部分之押放押汇，料益当非浅鲜。不意东省事变之后，又兼上年夏季匪乱频仍，各商大受打击，市面遽行萧条。我行信用贷款，到期大都请求本利转期，并有援照中央银行成例，恳请减息之举。山支行业已秉承管辖行意旨，答复以我行之放款，均属运用于存款，而出相当利息，未曾照准。故刻下山支行放款帐面上，本利虽经转期，而多有未换契约，尚望减息者。所幸近三月间，粮石上市，我行承做押汇，及即日期票约有二十万圆，各商赖此接济，加以地面稍靖，人民购买力增加，各家逐日销货甚多，故市面大有转机。我行放款或不致发生呆滞也。据余管见所及，此后山支行之放款，应一面竭力收缩信用放款，一面扩充抵押放款。将抵押货物移存本行堆栈，以免盗卖之虞。并须多做押汇，利益虽薄，比较安稳。并应不时派员调查各借户内容，以免风险，以较稳健。"

关于汇款，"本行既系国际汇兑银行，自以力谋国内外汇兑便利为宗旨。对于顾客之询问，理应详细答复，不可有厌烦之态度，无论如何，总要使顾客满意，以增其爱护及信任我行之心。山镇地面较小，汇款者除当地商号外，大都为山东及关内各县在东省谋食之工人，积蓄之款多由血汗换来。每遇来行汇款，因缺乏银行常识，晓晓询问，不免琐碎。惟其汇款关系家用，倘或不能汇到，则家中老幼，嗷嗷待哺者，势必成为饿殍。且此类零星汇户，积少亦可成多。故对于此种主顾，须和蔼执行，使其信仰之心油然而生；并使其互相宣传，家喻户晓，则我行之名誉业务定可与日俱增矣。⑮

很显然，无论是对练习生本身角色的认知，或是对于具体业务的思考，秦仲康的答卷，显然比较符合银行当局的要求，这或许也是《中行生活》全文刊登这份答卷内容的一个原因吧。

注释

① 胡守礼：《雪泥偶留》，http://hushouli. netor. com/，2016 年 5 月 26 日登录。

② 徐启文：《从钱庄习业到银行职员的回忆》，《兴业邮乘》四十六期，1936 年 6 月 9 日。

③ 程慕灏(1898～1991)，1898 年出生于浙江桐乡，曾担任日本神户中国银行副主任，上海中国银行国库主任，中国银行上海分行副经理，中国保险公司监察人等。

④《男人的世界——银行：我所知道的中国银行》，载程乃珊：《上海先生》，文汇出版社 2008 年 8 月版，第 5～6 页。

⑤ 沈维经：《银行之人事管理》，《海光》月刊，十二卷一期，1948 年 1 月。

⑥《南通商校毕业上海淮海银行练习生石补琴自述》，《教育与职业》40 期，1922 年。

⑦ 李建树著：《应昌期传》，台湾理艺出版社 1999 年版，第 14 页。

⑧ 李寿笙：《回忆》，《兴业邮乘》二十二期，1934 年 6 月 9 日。

⑨ 陈振鹏：《服务半年》，《兴业邮乘》一百零三期，1940 年 9 月 9 日。

⑩ 丁志进：《三月来的杂感》，《兴业邮乘》九十九期，1940 年 5 月 9 日。

⑪ 丁志进：《献给新进行的练习生》，《兴业邮乘》一百零三期，1940 年 9 月 9 日。

⑫ 丁志进：《谈活存股练习生涯》，《兴业邮乘》一百零八期，1941 年 2 月 9 日。

⑬ 祁琨：《我的生活》，《中行生活》二十期，1933 年 11 月 1 日。

⑭ 孙宝锜：《乡村练习生播音》，《中行生活》三十六期，1935 年 3 月 1 日。

⑮ 秦仲康：《在山支行服务情形及经历感想》，《中行生活》二十期，1933 年 11 月 1 日。

教化

胡守礼回忆道，1935年的春天，杜重远先生来了，"这消息像春风吹遍了我们喜悦的脸上，我们离开上海到南昌已经有几个月，杜先生还没来过。"杜先生来到练习生训练班楼上宿舍，看每个人的床铺，他走到左首房间坐在床铺上和大家谈话，"他看到吴自权，知道他的字写得好，又是我们16人中年龄最小的（只有17岁）。杜先生问得很仔细，生活是否习惯，读点什么书，实习些什么。"他说因为筹备"光大瓷业公司"，工作很忙，只在上海九江之间来来去去，没有到南昌来看你们。他说今后还要建立江西陶业管理局，准备招40名青年，程度要高一点，为发展瓷业培养人才。

杜先生随后为大家做了报告，讲日本金融家安田善次郎的故事。他边讲边在黑板上写，年轻时安田善次郎从农村漂流到江户，发奋自学努力前行，终于创立了伟大的事业，办了三井三菱许多银行，成为有名的银行家。"杜先生不用讲稿，娓娓而谈，我们听得津津有味。杜先生最后勉励我们勤奋学习努力前进，做一番有益于社会的事业。"胡守礼这批练习生毕业的时候出版了一本毕业特刊，杜先生为他们写了文章，还为毕业特刊题词"如切如磋"四个大字。

在训练班期间，胡守礼除了上课学习之外，也订了《中学生》《新生》周刊、《世界知识》和《读书生活》，他们每个人都有几种杂志，总行也照顾他们，订了好几种上海出版发行的报纸，只是要迟几天才能看到。在他们看来，文化生活还是很丰富的。[①]

胡守礼在加入江西裕民银行之前，曾经订阅了《生活周刊》《新生周刊》等，在思想上受到了邹韬奋、杜重远等较大的影响；而且，胡守礼所在训练班的所有学员，又是杜重远先生组织招考的。在一定程度上说，杜重远先生已几乎成为胡守礼等一批练习生的精神支柱。杜重远先生的这一席谈话，当然对于这批练习生具有相当的影响力。

对所有招收入行的练习生，除了加强理论知识的培训，以及业务技能的提高外,思想上的教化也是不可或缺的重要内容。这些内容已成为整个员工培养的重要组成部分。为什么必须要这样做?这还得从银行职业生活的特点来看。

世人看到较多的,是银行员职业生活中"好"的一面,然而,就实际从事银行工作的人员来说,实际上还存在"苦闷"和"黑暗"的另一面。

首先,工作进展中兴趣寂然。因为银行的组织日益健全,工作的分工亦日趋细致,于是银行员的工作,逐渐就沦入非常单调和机械化的状态。以专司出纳工作的银行员为例,"从清晨到晚来,眼睛里跳来跳去所接触到的,除掉来来往往顾客们不同的脸色外,就是在红红绿绿的钞票纸张,和'中国''交通'等字样。脑海里所活动着的,也就是'五元''十元'等几个枯寂无味的数目字。"

其次,因分工的缘故而形成工作上的紧张。在规模较大、信用较著的银行,客户大都非常拥挤,在紧张的时光,柜台前面往往挤满了层层的顾客。银行员必须喘不过气来似的紧张地工作,并且往往容易引起顾客方面的不谅解,而直接在银行员心理上形成一种无可发泄的苦闷。而基于现代销售术中所谓"顾客无错误"的法则,所以不论是非曲直,做银行员总得比较处在忍受的地位。

再次,银行职业里所暗伏的特殊危险性问题。这种所谓特殊危险性,包括了工作本身的危险性和精神上的危险性。在职务的执行时,如果稍有不慎,就有银钱上损失的绝大危险,最后势必由过失者赔偿不可。像这种职务上的过失,如数目尚小,则还可勉强设法补偿,万一数目过大,非但职业立刻就会发生动摇,也许一生就此担上了赘累。至于所谓精神方面的危险,第一,因为银行员的职业生活是安定的,思想上易于踏上"保守"的途径,无形中养成一种只求维持现状、不求进取的错误心理。第二,由于银行员的生活过于纪律化,亦很容易养成许多呆板不良的习惯。"一个本来是活泼好动的人,受了相当时期银行里规律生活陶炼以后,亦逐渐变成了刻板的生活观。"第三,银行员平常在公事房里,一切的物资享受都是一般水准以上的,日子久了,就相当影响到银行员和生活享受的趋向,更进而逐渐养成了奢侈的习尚。同时银行员所日常接触的人物,都是属于中上阶级以上的人物,日常所看到的和所经手的,都是成千成万的银钱钞票。"耳濡目染周围环境的转移,于是眼界日高,手头渐宽,生活的方式日渐铺张",但是实际上一个银行员的正当收入是相当有限的,势必逐步造成入不敷出的局面。"首先也许还可以'寅吃卯粮'的方法来勉强应付,继则不得不做行险侥幸的勾当,投机取巧,以谋弥补,而一旦投机又告失败,势必被迫铤而走险,于是亏空舞弊、卷逃偷窃等事将随之发生,最后终于亏空,演出身败名裂的悲剧。"[②]

叶文心教授曾经指出,银行职员间存在较为普遍的"厌倦情绪"。她指出,由于银行职员的生活由一板一眼的例行公事所组成,"厌倦情绪经常潜伏在银行职员的生活表面下"。这种厌倦会引起纪律问题,使公司意志消沉。"当厌倦情绪产生时,年轻人沉迷于赌博、抽烟、喝酒和男女关系这样一种享乐生活的几率大大增加"。对城市消费的体验刺激了对高收入的欲望,因此挪用公款、贪污、投机和其他白领犯罪都会发生。③

上海市档案馆所藏的档案,记载了如下一则案例:

> 严福宸,江苏如皋县人,民国十三年八月进行为练习生,在汇划处检点钞票,历一年余。十四年十一月廿六日,派同助员何炳其前往中国银行领取暗记券二万五千元,检点及半,严福宸托言病脚,请炳其代赴邮局发快信,约定在中行等一同返行。炳其既去,竟乘间尽携钞票而逃,炳其返中行,不见其人,知系有变,急回行报告。虽即派员四出侦缉,终无消息,乃登报悬赏缉拿。
>
> 其保人在如皋开典业,由严福宸之表兄吴某托为代保,暗中仍归吴某完全负责。本行初向保人追索赔款,而保人以严福宸是否卷逃证据不足,非先将缉获,赔款无从谈起,其时内幕须转向吴某索赔,故作种种留难,藉以迁延。交涉再三,于十五年四月,由如皋石合泰店东石某出为调停,正议就卷逃款项之原数加以折扣,由保人赔偿,作为和平解决。
>
> 乃于是月廿六日晨,有法界中西包探二人来行声称,严福宸可于本日拿获,惟须于悬赏之外加给报酬,当即谈妥于赏格千元之外再加追获赃款十分之一,随即派本行包探同往。见严福宸已拘押于卢家湾法巡捕房,卷逃之款尚余二万四千元,当即由公共租界捕房办理引渡手续,次日由会审公廨审问,判禁西牢三年。计其逃时期为五阅月,用去一千元,本行所付赏格及报酬费三千四百元,登报缉拿等费一千余元,共计五千四百七十五元二角九分,屡向保人追偿,而诸方推诿后仅交来一千元,余由本行担负。
>
> 至于严福宸在逃情形,据称当日携款逃避之后,即在东新桥下等妓院中借宿,旋即姘一雉妓,在诸家木桥归安里二号赁屋一间,终日匿居在内,该妓则时常往来,间亦留宿,饮食由该妓处供给,相处日久,遂将卷逃情形吐露,不料该妓另有姘夫在法租界为包探,当将实情转告姘夫,遂会同中西包探七人将严福宸拿获。④

事实上,在上海商业储蓄银行,这并非个案。该行曾经是旧中国经营最为成功,并且规模最大的民营商业银行,但该行自1915年创办后不到五年,即有舞弊案件发生,以后几乎每年都有发生,并在1930年代上海经济繁荣时期处于高发阶段。1934 年 10 月，上海商业储蓄银行发生影响较大的陈民德案件后，该行总经理陈光甫即要求研究分析历年舞弊案件，总结银行舞弊案处置和防范的基本规律。从该行的研究可以看出，自 1920 年起至 1934 年 11 月止，该行共发生舞弊案件 68 起，涉及舞弊人数 76 人，舞弊金额共计 881 453 元，除舞弊未遂之金额外，分别由保人、保险公司及舞弊人员赔出。而归纳"最易舞弊行员之影象"，大致具有如下特征：（1）此种行员大概曾在学校肄业而未曾毕业；（2）行龄大约在 1 年至 5 年之间；（3）薪给约在 30 元至 60 元之间；（4）所司为出纳及与出纳有关之事。⑤

《本行行员舞弊之研究》（上海商业储蓄银行）

该项研究虽未对人员结构细分，但应当可以判断出，在这些舞弊人员中，有相当数量是练习生，或由练习生升迁不久的助员。显然，解决上述问题，已经不是仅仅依靠提升工作技能水平所能解决的，更多的是需要有合理的身心修养。而身心修养水平的提高，又是需要多种方式进行教化的。

《中国银行行员手册》辟有专章"服务精神及态度"，对行员在对人、对事、对物等各方面都提出了非常明确的要求：

（一）对人：（1）对顾客态度须谦和有礼，手续应力求方便迅速；精神之修养贵乎活泼，紧张持续，始终不懈；语言贵乎简当扼要、措辞婉转、发音清晰，音调柔和、姿态亲切；服装以朴素整洁为尚，总期合乎本人身份及所处环境而不失礼仪之整肃；面容和蔼，易得人亲。（2）一般同事之间，其必须之修养为体谅，为合作；对上级同事最低限度之修养为服从；对下级同事最重要之修养为宽大。

（二）对己：（1）注意进修，应注意阅读书报及体验社会；（2）严谨操守，首应廓清物欲，屏绝恶习；（3）整饬私生活，应将"整齐""清洁""简单""朴素"诸条，作为个人私生活之良箴；（4）保持健康，屏绝一切不良嗜好及无谓应酬，从事于有益之运动。

（三）对事：（1）明责尽责，不论事务之巨细、责任之轻重，要皆以各明其责任，各尽其责任为依归；（2）遵守法令规章，不论职位之高下，必须阅读有关法令及规章之内容，并熟记其重要条文，随时检点，引为南针；（3）保守业务秘密，首应养成对无论何人，在无论何时何地，不谈有关职务上之任何消息或事实之习惯。

（四）对物：（1）爱惜公物，善加保护，慎重使用；（2）废物利用，随时留意，量材使用。⑥

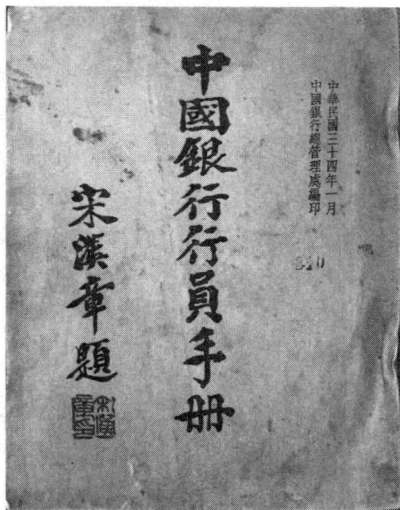

《中国银行行员手册》封面

中国银行重庆分行提出："各行经理与所属人员，于日常共事之际，或于年终考成之时，对于公理私情，应严格分明，而各个平素之计划言行，更应认真审察其实现与否，而做彻底之评衡也。"1932年年底，重庆分行对于员生之考成，列有下列各标准：公的方面——勤劳、用心、合作、才具、应对；私的方面——修学、健康、容像、公德、习惯。对于练习生年终奖金的标准，该行"不依昔日之照例到行年期摊算之办法，而以上列各条件为甄别之原则。并聚各主管人员于一堂，综合各方面之平衡，而加以论断。"最终，有些在行较久的练习生，所得奖金反而不及上年；而有些新进行的练习生，"亦有获得超过较到行年期摊派数目之奖金者。"⑦

江苏银行总行管理层甚至认为，应当让练习生承担一些杂务，以增加其历练。1936年8月，该行对各分支行发出指示："对于分派到各行的练习生，应请令其在各部分轮流实习，不宜拘定一处，自主管人员以下，助员以上，均为各该生等之师长；对于业务方面，固应随时指导，对于日常工作及个人行动，尤有监督指挥之责；总宜使其学习勤劳，虽不必尽如商店学徒，令其兼任司役之事，然室内传递物件，及不须重大劳力之杂务，均可差遣操作，切不可养成浮躁懒惰之习气。各该生等，尤应绝对服从命令，将来能否服务社会，即可于其应对进退之间，得其梗概矣。"⑧

一定意义上讲，惩戒更是增强教化效果的重要手段。

大陆银行《练习生服务规则》规定，"总分支行行员应守之戒约，练习生均应遵守，如有违反时，应受相当之处分。"除此之外，对练习生还有特别要求，如有下列情事之一者即行开除：（1）品行不端者；（2）资质过钝、怠惰性成、无可造就者；

(3)轻泄行务者;(4)不守本行规章或不听告诫者。同时也规定,练习生如因不守规章或不正当行为致本行受损失时,保人须负完全责任。⑨这份规则一直在执行,时隔 27 年后,修订后的规则依然坚持了这些要求。⑩

类似这样的要求,在民国时期的银行屡见不鲜。如中国银行除要求练习生遵守行员服务规则之戒规戒约外,在服务期内如有下列情事之一,即行开除:(1)不遵上级行员告诫者;(2)怠惰而屡戒不能振作者。⑪浙江兴业银行则规定,有下列情形之一者,辞退之:(1)所习绝无进步,不堪造就,或遇事草率者。(2)不听指导者。(3)品性不良,屡戒不悛者。(4)经延长练习期限,仍无进步者。⑫

此外,浙江兴业银行还规定,练习生须于升补助员后,至少继续服务满足两年;如未满两年,或于练习期内,未得本行同意而自行告退,或犯重大过失,被本行辞退者,应由家长或保证人负责偿还本行训练费。练习期间,每年洋三百元;不满一年者,按一年计算。⑬

1939 年 5 月 20 日,浙江兴业银行致函杭州察院前大街三十号周文忠先生,此人为该行行员赵智仁保人。该函全文如下:

> 文忠先生大鉴:迳启者,查尊保敝行行员赵智仁君于民国廿二年七月到行为总行试习生,廿五年一月升练习生,旋调汉行,于廿七年一月升助员。是年十月复调重庆支行办事,方冀多所涉历,俾得成材。讵意该员于本月间未得本行同意,突然辞职离行。按照敝行试用员练习生及试习生服务待遇规程,凡练习生及试习生于升补助员后服务未满两年,未得本行同意自行告退者,应由其保证人负责偿还本行训练费,试习期间每年贰百元,练习期间每年叁百元,不满壹年者作壹年计算。赵君此去于升补助员后既未满足两年,照章应由台端负责偿还本行训练费,计试习期内国币陆百元,练习期内国币陆百元,合计国币壹千贰百元。特此函达,即希台洽,照数偿还,并先示复为荷。此颂大绥。浙江兴业银行上海总行中华民国廿八年五月二十日⑭

1940 年 1 月,浙江兴业银行练习生韩樨(仲鉴)之父韩鼎致函该行,全文如下:

> 迳启者,前为小儿仲鉴患病事,曾函贵行告假,荷蒙准允,不胜感戴。兹小儿病体虽渐行复元,惟据医谓大病初瘳,心神特亏,尚须长期休养,始能恢复昔日体格。又据小儿述知,贵行订章,病假不能逾期六个月,欲勉强返沪消假。鼎为遵医所嘱,不拟令小儿只身返沪。不得已,特专函奉恳准予辞

职。至员生储金及俱乐部合作社股款，倘蒙矜许发还，乞函上海康脑脱路八十八弄乙百十号张荣伯先生代为具领。倘有赐示，交上列地址转交亦可。再，小儿述知，在贵行服务五年，承诸经理及主任逾格相待，热心指导，不愿骤离，特附恳贵行能否出一服务五年证书，以资纪念。此致浙江兴业银行上海总行大鉴家属韩鼎谨启[15]

此函实际提到了三个问题，即该员工健康状况、发还有关股款，以及服务证书问题。但对于浙江兴业银行而言，最关心的却不是这些。收到此函后，该行随即作复韩㯰（仲鉴），全文如下：

逕启者，上月廿九日接令尊韩鼎先生由绍兴来函，据称执事因大病初愈，须长期疗养，声请辞职。惟经敝处查明，执事确在天津中天电机厂服务已有数月之久，令尊来函所称各节显非事实。如此久旷职守，殊属非是。兹按照敝行试用员练习生及试习生服务待遇规程第十七条规定，执事于升补助员后服务未满

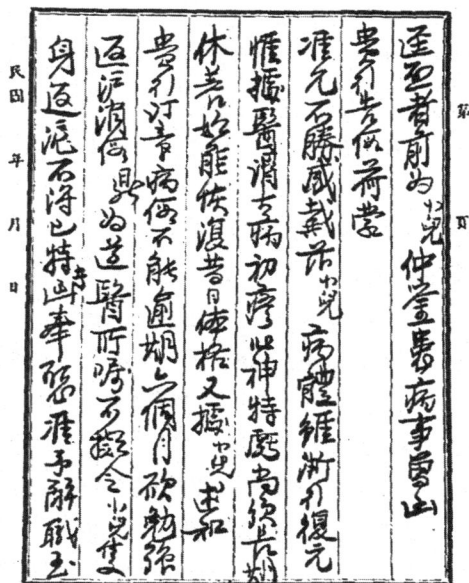

韩鼎致浙江兴业银行信函（1940 年 1 月）

足两年，未得本行同意自行告退，应照章赔偿训练费，试习期间叁年每年二百元，计国币六百元，练习期间两年每年三百元，计国币六百元，合计国币一千二百元。特此函达，即希如数偿还并见复为盼。此致韩㯰君[16]

该信函告后，还特别附注："天津英租界海光寺路福发路中天电机厂，此函附寄津行转送"。这表明，该行对该员工的实际行踪了解和掌握得相当清楚；而让天津分行转交，也增加了对此事的控制影响力度。

除了书面性规定外，不断有高级职员对练习生训练问题提出意见和建议，这些意见和建议无疑会有较大的影响力，对练习生也会有很大的约束。这些意见和建议，有不少通过其内刊等渠道传递给练习生及其他行员。

　　如上海商业储蓄银行内部刊物《海光》,在七卷六期上刊登了该行一些高级职员的言论,题为"练习生必读",实际上就是对练习生行为规范的具体指引:

　　(一)皖行周藜轩君提倡俭德:"青年人之易入歧途,易受外界引诱,其起因实因服饰问题有关。吾人在银行界服务,外人辄以为富有,加以衣服鲜丽,招摇过市,于是歹人即以种种方法前来引诱。若衣服朴素,使人一见而知其为小心谨慎之人,则不特为有识者所称道,即浮荡之辈亦不来投饵矣。布衣既大方,又经济,免外界之诱引,避宵小之属目,其利甚多。倘全行同人能实行布衣主义,或亦可为人事上之一助。但已有绸衣者,不妨穿着,至敝为止,今后欲添置新衣,概以国布呢绒为限,则善矣。"

　　(二)西门分行应俭甫谈行员应有礼貌:"银行之盛衰,全视生意之发达与否,生意之发达与否,又全赖银行办事人员之能否对内合作,对待顾客能否客气。譬如早晨见顾客来行,先问其早,中午相见即曰饭用过吗?寻常言语,使生顾客成为熟顾客,熟顾客成为老朋友,万不可目中无人,铜牌一掷,作为了事。须道银行生命,全在顾客手掌之中,无顾客即无银行也。诸君均受相当教育,希望做一完人,至少须做一新生活中人,第一要事,须有礼貌,对人有礼貌,则人则之对尔,亦必报以礼貌。即使顾客有所不满,以尔能平心静气解释,必能谅解。故言语之中,态度之间,必须存一客气之心,不仅为银行营业起见,亦做人之第一要事也。"

　　(三)总行李桐村勉励同人对外谈话应有根据:"去年因银根较紧,通知各分行少做押放款,以期增加准备,惟外人不明真相,认为存底紧,及停做押放款,岂知本行出此,除在可能范围内,仍按照我行宗旨辅助工商业外,更力谋保护存款人之利益乎?外人如能明瞭本行内部情形,则怀疑自去。人或询及行内一切情形,如有不知者,应实告以本人并不经管此事,当代询负责人员后,详细答复。总之无论何种说话,必须有一种根据,万不可漫应乱说,自己不负责任也。"

　　(四)西门分行席俭甫勉励同人:"现在人事支配略有更动,各人应照规定做去,万不可存薪水低小,资格浅近者,在吾之上,而生怨恨之心。须知此番调动,全以各行务之进行为前提,各人之能力为根据,今日虽在下位,若努力做去,将来亦不难擢升也。"

　　总行李桐村并补充云:"薪水小,资格浅,而在吾之上者,如能力确胜于吾,吾当惭愧钦服。人人须在自己方面着想,学问不及,再当用功,脾气不好,勉自抑制,不可仅见人之短,而忽视己之短,因此永无上升之日。况吾行之待同人,最为公平,有功必赏,有过必罚。若只知己功,不知己过,而怨上级人员之不提携,此乃自暴自弃之人,非同人所应具之态度也,勉诸勉诸。"⑰

　　同样是在《海光》杂志上,1934年6月以"对练习生谈话"方式,提出了练习生的"起码常识"：

（一）走路。年轻人走路，最忌摇摇摆摆，或带拖带行，好像游手好闲之流，既无精神，又延时刻，每能予人以懒惰之印象。须知走路有劲，于身体亦有好处。我等在行服务，运动机会极少，正宜视走路为一种运动。欧伟国、伍克家、陈湘涛诸君走路皆极有精神，实应效法。

（二）对付顾客。顾客中上中下三等人皆有，在拥挤时，颇难对付，我等应使其不能怒，不忍怒，切不可以高傲之气，锋利之词，使其不敢怒，或敢怒而不敢言。我若服务周到，则人不能怒我，我若待人谦和，则服务即稍或缓，人亦不忍——不好意思——怒我。

余在定存部时，每代顾客揩拭图章，并代其摺叠存单。方法之类此者，收效极佳，既可用以自卫，不致受辱，又可得人好感，博取佳誉。

（三）服装。服装过于时髦，或过于褴褛，皆易获得不良之结果。前次招考练习生，在口试时，穿缎鞋丝袜，绸裤绸衣，发光可鉴，一望可知其为纨绔子弟，非能服务社会者，余当即不允其笔试。服装宜朴素雅洁，以能适应环境，不引人注目者为最佳。在某环境中所适宜之服装，至另一环境中，或未必适宜。譬如上海普通西装，一至内地，即能使人注目，不易与古朴之农民相亲近，有时或竟遭匪人垂涎。若在钱庄中服务，而御华丽西装，则老司务等亦将视为"外行"，而心不甘服矣。动物有所谓"保护色"者，随环境而变，人类服装亦应取法，总以普通化为是，普通化，即适应环境之谓也。

（四）注意小事。余常谓小事足以影响大事，最近又见数端：

（1）脱帽。练习生中，每有至人事科中问事，或补签名字，而不脱帽者，须知脱帽乃一种礼貌上之表示，不可出粗忽。试观伍克家先生，一进总行大门，即行脱帽，可谓合礼之至。

（2）吃饭。吃饭时，每有不及将最后一口吞完，而即行离座者，有从楼上膳堂走到楼下收解部，而仍在大嚼中者。"小嚼"如 Chewing gum，则更常见，实不雅观。工作虽忙，但迟离膳堂一分或半分钟，当亦无甚出入也。

（3）盥手。每有从盥洗室中出来，而仍在整衣纽扣者，在吾国则"司空见惯"，不以为奇，但在欧美，实为人所不容，亦应注意。[18]

显然，一家银行的中高级管理人员的言传身教，对青年员工尤其是练习生具有相当大的影响力。不过，这种影响有时也极可能是负面的。胡守礼在遂川做练习生期间，对周围同事作了细心观察和记录。

在同事中，从吉安分行调来的办事处代主任张林如和他相处得很好。张的爱人是一个老实厚道的妇女，有三个男孩。此人善于交际，到遂川后和一些做买卖的商业中人来往应酬，吸烟喝酒，又喜欢搓搓麻将赌钱。到了遂川，天高皇帝远，又是独当一面，生活做事难免缺少检点。张林如和药材店老板很要好，那老板是吸鸦片的，家里自己就有一套吸烟的设备，以张的说法是"逢场作戏"，也常作"吞云吐雾"之乐，因此染上了芙蓉癖恶习。"因为晚上睡得晚，常常早上九十点到行里还睡眼朦胧。"

有一次张林如和新来的县长丁国屏不知为什么有了矛盾，丁向总行告了一状，说张在遂川勾结商人赌博吸毒。总行知道后就来函把张调到总行检查。倒是丁国屏这一状，真帮了张的忙，总行把他送到医院检查，最后给戒掉了。因为不算成瘾，最后给的结论是业务应酬，偶尔犯之，从宽不予惩处，仍回遂川工作。

张林如离遂川期间，办事处只剩四个人，会计工作由胡守礼顶着，出纳曾恢麟算是代张负责，还有一个青年叫余邦吉，也是靖安人，也是闭口开口不离"炼老师"，以示自己不同一般。江西人习惯，开口闭口称老师，取名字中间的字，而不是姓，如王名宽称"名老师"，曾恢麟就称"恢老师"。

苏乃荣先生也睡在银行里，也在银行吃饭，他不喝酒不打牌，空着就看看书，但说起话来像教训人的口气，听的人心里感到不舒服。他也不和银行的同事谈谈心，有时看他很孤单的样子。在金库里大家都对他有点怕，更少说话。1937年下半年遂川分金库撤销，他发表为龙南办事处主任。

曾恢麟有五十多岁了，吉安人，是老钱庄出身，出纳员兼管库，平时吸吸烟喝喝酒搓搓麻将，后来不知怎地看中了银行对面小摊的女娃子，大约二十岁左右，还有一个抱在手里的女小孩。阿公阿婆在的时候，她只来摊头送送饭，有时在摊头上坐坐，卖的是一些山货，一天到晚赤着一双大脚，挑两桶水一百多斤走起路来像飞一样，好力气。胡守礼没见过那个女娃子的男人，以为跟红军走了，后来那男的又不知从什么地方回来了，整天穿着鞋袜，晃来晃去不做事。据曾先生说是给拉佚拉走的，这时候曾先生晚上也不打牌了，老是跑出去，原来他到女娃子家去了。每天还服用研成粉末的鹿茸，用烧酒吞服进补。后来张林如也觉察了，认为身体这样要搞垮的，年纪大了靠进补消耗身体不好，曾劝过他。

周晋三先生也有五十多岁了，南昌人，曾在赣江轮船上做过大副，口才好，见识广，有胆量，能应付复杂局面，解决疑难问题，也有指挥能力。因为在内战时期，在赣江轮船当差事务繁多，各种人都要应付，所以周对跑码头走江湖有一套本领。他肚子里的东西也多，讲过很多关于红军的故事，当时也是听过算数，还记得讲红军活捉国民党师长张辉瓒的故事。"周晋三在银行里做庶务工作，凡托他办事都能圆满解决,令人满意。他喜欢喝酒,喝得面孔红红的,话也多了,有时也打打牌。"[19]

从中即可见周围人的影响确实不可小觑。

如何监督和检查练习生身心修养的效果?日记即是一种各行管理层采用较多的形式。

江苏银行对历届考取之练习生,规定在试习期间须逐日缮写日记。即便是第二届练习生,在总行时期未久即派往各行处试习,也仍然要求将日记寄送总行核阅。"此项办法实行以来,各生日常之工作情形、生活状态以及日常思想志趣,是否正当,既可明瞭;即国文书法,均可于日常日记中得其梗概。"此后,"惜以试习期满,此项日记即行停止寄送。此后各生有无进益,总行即难臆测,若仍旧按日寄送,事繁各行,亦确有为难之处。"为此,该行作出新的规定,所有练习生以及由侍应生提升之练习生,"每至月底,均应作月记一编,迳送总行人事科收,收存汇总转呈核阅。"[20]

《苏行旬报》一卷二期封面

对中国银行来说,日记这种形式甚至可以说已经成为该行管理文化的一个组成部分。当然,这与该行高层的倡导是密切相关的。该行总经理张嘉璈曾将日记作为银行员工个人修养的重要内容,他认为"日记是一件顶好的工作",并归纳了三点好处:(一)可以将每天生命的痕迹记留下来,"我们可以凭了日记检阅检阅过去的行为和过去的思想"。(二)可以作为训练自己文字的极好的机会;(三)坚持记日记,可以锻炼一个人的耐性和恒心。[21]

以下为中国银行蚌埠支行 1933 年 4 月 1 日起印发执行的《助员练习生奖惩纲要》:

(一)德性上之训练:(1)注重公德、私德,养成操守廉洁,为一忠实行员。(2)性情平和,品貌端正,出言谨慎,举止安详,临事勿矜奇躁率,庶可寡过。(3)服装整洁,注意健康,爱惜光阴,早到迟退,以养成良好习惯。(4)态度谦和,娴于辞令,待顾客必须亲切周到,对于质问者,勿示以厌恶之态度。(5)对上级应知礼貌,对同级互相尊重,对下级勿存傲慢,即待遇行役,亦平心和气，务使全体具守规律，和衷共济，银行有如家庭化、平民化，而毫无官场化。(6)对于上级人事之管理，修身之指导，宜诚意接受。同事遇有错误，宜互相劝励，不事隐讳。

（二）智识上之训练：(1)学校出身者，进行后切忌抛弃所学，不事研究。(2)非学校出身者，于工作以外，宜潜心学问，具有完备知识。(3)工作时间以外多阅有益各种书籍、杂志、报纸，而于逐日报纸中经济一栏及银行特刊等，均须注意研究，勿可忽视。对于本行所发月刊、生活各册，尤应不时浏览，以求心得。(4)行员应明瞭本行为社会服务之精神，营业之方针，事务之处理，及本身应负之责任。研究心得，发挥思想，遇事头脑清晰，可以担当重任。(5)逐日须做日记，因过去之事，有可使吾人反省者，有可使吾人欣悦者，不可毫无记录。惟日记为吾人唯一之良友，凡境遇之变迁，思想之进化，恒藉日记之力而察知之。故自即日起，各员生逐日应做日记，且须抱一决心，永久弗断，必能助长其见识。所做日记，字迹须端正，文言白话均可，所记之范围，举例如下：甲、工作方面之纪实；乙、业务上之闻见与意见；丙、市情之所闻；丁、阅书报之心得及纪要；戊、亲友并顾客咨询，及谈论关于本行事务者；己、休假时之纪游及闻见。此项日记，每日送交经襄理阅看，随时指导。

（三）技术上之训练：(1)初步习下层工作。(2)逐步至各部分历练。(3)习作通畅文字。(4)练习书法。

（四）信赏与必罚：(1)年终考绩。(2)随时奖惩。[22]

1933年2月11日，中国银行宁属第19次业务会议议决，人事上应注意训练与奖惩，包括德性、智识、技术上之训练，以及信赏与必罚；并明确规定，助员练习生进行时，宜从下层工作做起，逐步至各部分历练，均须逐日做日记及练习书法，阅览有益杂志及书报，上级行员对下级须加以修身之指导，遇有错误时同人宜互相勉励，不事隐讳。[23]

所属蚌埠支行在印发该纲要的通告中明确指出，这是根据上级行的指示所制订，是有依据的。同时，还作了如下说明：

(1)我国古代之教育，首重道德，道学二字，昔贤并称。盖惟有学问者，必先具有道德，所谓品学兼优是也。即近代学校制度，亦以德育、智育、体育三者并重，可见修身之学，为吾人在社会处事立身之本，古今中外，理无二致。诸君身为行员，如具有优美之道德品性，养成高尚之人格，则不患无自见之处。

(2)本行行员应具有普通常识，及兼备银行应有之学识，临事方可肆应咸宜,不致捉襟见肘。

(3)助员、练习生进行时,宜从下层工作做起,逐步至各部分历练。要在于此过程中,使之通晓银行应办各种事务之技能,如簿记之原理、营业之情形、经济之状况;悉心研究,弗徒为机械的工作,方可陶冶为有用之人才。

(4)思想言辞,胥由文字表现。诸君于文字须特别注意,务期人人习有畅达之文字,以应已用。并须逐日练习书法,由工正而入于纯熟。兹已指定文书主任为诸君文字之指导者,自即日起,将逐日所临之字帖小楷,汇交文书主任指点笔法。至关于文字之练习,可随时向文书主任研讨质疑,以求阐释。

(5)本行每届年终,具有行员考绩报告书,以为各员生进级奖叙之标准。所有本行颁定之行员服务规则各条,诸君当知一体遵守,兹为明定赏罚起见,特规定各种训练纲要,自经实施而后,除于年终报告各员生服务之成绩,办事之勤惰而外,并视各员生训练成绩优劣以定奖惩。其有于德性、智识、技能各种训练上显著进步,认为应论功行赏者,随时具报管辖行除请总处核定奖励,以示激劝;如或不守规章,不知自受,不遵上级之指导,以及根性大劣,不堪造就者,当按照本行行员服务规则所定惩戒各条,立予惩戒。[24]

就中国银行而言,练习生以及初级行员的作息表通常是每天都排得满满的。此外,还得每天写日记。日记的内容规定包括每天个人的反省,写罢交给作导师的经理批阅,成为将来品性考核的依据。座师批改作业的时候也不时加注评语,以便在进德修业的工夫上及时给弟子一些指引。根据这套办法,每个新进者在行里,不久都会赢得勤、惰、可靠与否等的评语。一个行员在组织里的地位高下及升迁的希望,也往往以这些评语为取舍。[25]

这些日记究竟记了些什么?从《中行生活》发表的该行无锡支行部分练习生的日记,可见一斑。该行"同人均能于公余之暇,日无间断,晚间作好,每晨送交经理批阅。"很显然,因为这些日记是需要交由经理批阅的,记载时肯定对内容有所取舍。但不管怎样,从这些日记中,依然可以看出一些练习生的心理轨迹。

(一)曹世隆日记三则:

　　二月二十七日晨起到行,奉陆先生命与孙先生互调。余送至钞票间工作,上午事无多,然亦不得闲。午餐后,送款者渐多,而德丰庄乘余忙碌之际,送来钞票内夹中央银行五元伪券一纸,意图蒙混,幸余留意察觉别出。又福裕庄送来现洋肆仟捌百元,内亦杂有铜洋数元在内,亦为陆主任看出,彼等以为我行收款之多,必无暇留意,殊不知看银洋十分认真,余等亦不因忙而稍疏忽，故彼等终难蒙混也。至五时半内部工作始毕，即至外制库存表制毕，又至文书处帮忙，迨回家时已万家灯火矣。

三月三日今日收款约拾二万余元，为本星期内最多之一日。幸来时不湧，故忙较好。当忙碌之际，余头脑颇清晰，对于送来钞票，检点十分注意，恐有夹杂伪券在内。五时许，出纳工作已毕，陆主任赞余作事颇快，又嘱余应注意之三点如下：一、顾客送款来时，应即迅速收下，手中虽有事务，不妨暂为搁置。盖迅速为银行中之要务也。二、付款须以剔净之本券与之，切勿夹杂他行券及暗记券在内，因与发行有关，且顾客乐于接受；三、出纳现金进出颇繁，责任甚大，办事须细心，收付敏捷，振作精神，须无错误云云。余静听默记，此后勉力而行之，庶无负其教导之至意也。

三月十四日今日天气晴和，七时即起，餐后到行将八时，本日收款较少，付款稍增，发行额为肆万九千元。计十元券二万五千元，五元券二万肆千元，收回一圆券二千元。余无事时，恒喜观他人工作，细心研究，有不了解之处，而求教于人，固不为耻。凡事学而知之，不求教于人，何由得知？假使更调他系，对于该系事物一无所知，更属可耻？古人云：求教之耻，一时之耻；不知之耻，终身之耻也。吾辈正在练习时期，凡有不明瞭者务宜详细询问，从速领会之，若不趁此时，日求精进，是自甘暴弃也。㉖

(二)"同"日记二则：

《中行月刊》供给我行同仁以贸易上、金融上的智识与参考资料，含有研究性质；《中行生活》供给我们同仁以业务上、德行上的指导与改进，时常可以读到各行经理的讲演与训话，与先进行员的经验谈。我想，总处费了许多钱来刊行这两种刊物，用意颇深，眼光更远！刊行的目的，想来是要使中国银行的全体行员，受严格的训练。读《中行月刊》得到智识上的训练，读《中行生活》得到德性上、行为上、服务上的训练。㉗

我没有能力去玩赏古董书画，我没有余暇去养植鱼鸟花木，使我生活上得到快慰的，只有报纸与杂志。在办公时间，柜前顾客络绎不绝，简直没有空闲看报。一俟工作完毕，回到家里，向藤榻上一躺，唤家人冲了一壶浓茶，嘴里随便咀嚼一些糖果，将当天送来的本地《锡报》与上海《申报》，一页一页细读，于是社会上的形形色色，在我眼底扮演着。整天的疲劳，不知不觉间，跟着从茶杯里升起的一缕缕香气，一同消散在空间了。㉘

（三）赵鹏远日记五则。有趣的是，他的日记每则都具有明确的主题：

日记一：金钱名誉孰重

今早六时四十分起了身，照例的静坐和呼吸工作后，复阅读中行生活黄溯初先生的"仁者以财发身不仁者以身发财"的一篇宏论，自首至末，说得明明白白，透透彻彻，虽是两句古语，说得我爱不释手，起了万分敬爱的心，的确是我们金融界修养标准的格言，是值得我们感谢而效法的。同时我也起了一种感想，就是"金钱万能，金钱万恶"八个字的老话。究竟万能呢？还是万恶呢？我说人能利用金钱，就是万能；人为金钱所利用，便是万恶。取钱要取得正当，用钱也要用得正当。如若取了造孽钱给子孙挥霍，那么非但戴了守财奴的恶名，去做子孙的牛马，简直是做子孙的罪人。我再郑重的申说一句：金钱这样东西是暂时的，名誉才是永久的，毁了名誉去换金钱，当然为智者所不从。

继阅《求阙斋日记》日记五页，到行开始办公。听说总经理今天趁着蚕丝统委会在锡开会，要到行训话，心上非常欣快。因为常常听到邬经理说：多听名人讲演是很有益的。晚上阅的聂云台先生的《生产救国》，的确是我们中国的救星。他的结论是将《大学》上讲的"生之者众，食之者寡，为之者疾，用之者舒"，来证明他的生产救国主义。同时我也感觉到社会上游民如是之多，生产的人少于消费的人。如此要求中国之不贫不乱，是乌乎可？所以今日言救国，积极增加生产为第一要义。"衣食足而后知廉耻"，那时个个人吃也有余，穿也有余，自然没有不仁的了。十时半静坐安睡。

日记二：一般人的通病

大凡一个人最容易犯的通病，就是在没有职业的时候，或没有相当地位的辰光，很肯吃苦的向上跑，一旦有了职业，或者稍有一些地位了，往往妄想丛生，行为不检。这我说是一人失败的动机，堕落的起因。古人说："居安思危"，我认为很有道理。就是处于安稳的地方，要常常想到危险的可怖。时时刻刻当心自己的言行有无失当？痛下内心修养的功夫，这样才可打销一切妄念。因为人不止是向上的动物，要一刻不停的向上跑，才不为时代的落伍者。

日记三：办事首重细心

公毕独坐默想，觉得无论办到何事，须要先从"细心"入手，尤其是银行事业。记得去年年底，行务非常忙碌，我因遭逢母丧之后，精神上很受刺激，一到行就赶轧两月的拆息"往存和定存"。有一天下午四时左右，有张存单要续转一年,那时未了的事务尚积起不少,同时还有数笔零星汇款涌来,不由地那张存单的存根,将几百几十的十字漏写了。签字时被经理看出来,当时虽然随即更正。事后一想,这种疏忽,都是不细心的结果。这样看来,敏捷的功夫,要从细心中不慌不忙的表现出来才是,所以我说办事首重细心。

日记四:业务上的宣传

今天有一顾客来讨一份本行的章程,问我行是否有特种长年存款?我就很和气的对他说,我行特种存款早已办了,长期的分为两种,一名支息存单,一名存单本息。同时再详细的加以说明,此种存款,比较平常定期存款,利息优厚得多。无意地宣传我行如何优待顾客。他再继续问沪宁汇款,每百元收费几何?我就满面笑容的对他说:我行汇水取费,较去年更廉,沪宁汇款,每百元仅收一角。至于他埠汇水,亦较他行为廉,并且我们随时收到,可以随时快邮寄出,力谋顾客的便利,先生如有汇款,我们极端欢迎,并望转致亲友。他听后,说准定明后天来行存款,表示很欢喜的去了。我想这次营业上虽然没有做到生意,但心意上觉得非常舒服,并不嫌其未曾交易,就怕烦不与他讲。因为虽是空话,也是尽我宣传行务的一点,同时我认为宣传一事,大可增进业务上的发展。

日记五:今天事今天了

每天做日记,也并不觉得什么困难,大约已成为习惯了。我想一个人做事,凡是今天的工作,万不可说有明天,因为明天还有明天,倘若随到手头的事情,推脱到明天,就会不期然的养成一种惰性,有了惰性的把持,精神就无法振作;精神不振作的人,还能办事吗?所以今天的事,一定今天要了,使养成一种习惯,就不以为苦了。

今天开了一笔五十元的存单,就是前天来讨章程的那个顾客,照本行定章,五十元存单是不收的,我因招揽存款和表示我行优待顾客起见,就与他开了一张存单。他当然非常快活,临走时还说:他店里的汇款,也要到我行来汇了。[24]

"楚"日记一则:

有一天,正办公的时候,听着两位同事说:我们每天的工作是机械式的,是枯燥无味的,一点兴趣也没有。这话也不能说是无的放矢,当然是有感而发。但我以为工作之有兴趣与否,均由其观念及感想而决定,其枢纽操之在我。如个人担任会计事务,若能细细考察账目之原理,如何使记者迅速,手续敏捷,业务发达？时时去研究,刻刻求深造,那么所做工作,表面上看来固觉无味,而精神上的生活,即能由单纯化为复杂,枯燥单调而变为津津有味。回忆《中行生活》编者曾说道：以心里来变环境及知其所以然等语,发挥尽致,洵为扼要之论。为我行同人个个发奋精神,处处以发展行务为鹄的,我行前途,必无限量,至同人生活兴趣的增高,还其余事呢。③

细细品味这些日记,字里行间,不难看出银行练习生的心理轨迹和思想转变。或许,这也正是银行当局所希望看到的"教化"效果吧！

注释

① 胡守礼：《雪泥偶留》,http：//hushouli. netor. com/,2016 年 5 月 26 日登录。

② 刘涛天：《银行员的职业生活》,《教育与职业》185 期,1937 年 5 月。

③ 叶文心著,王琴、刘润堂译：《上海繁华：都会经济伦理与近代中国》,时报文化出版公司 2010 年 6 月版,第 129～131 页。

④ 本行行员舞弊之研究,上海市档案馆藏档案,Q65 - 2 - 60。

⑤ 本行行员舞弊之研究,上海市档案馆藏档案,Q65 - 2 - 60。

⑥ 《中国银行行员手册》,中国银行总管理处 1945 年 1 月编印,叁 1～14。

⑦ 《对于员生考成标准之研究》,《中行生活》二十一期,中国银行总管理处,1933 年 12 月 1 日。具体标准为：公的方面,具体而言,勤劳：于公事繁多之时,不积压至于翌晨,并能从容地做些分外之工作；用心：对于日常工作,肯思索而怀疑,因而产生问题,提出研究；合作：无论本身事务之繁忙或清闲之时,调遣职务,极能帮忙；才具：所做工作表现的本领,比事务表面的要求,为高而深而广；应对——举止谈吐,具有相当和蔼之态度,接对之间,不致令人生厌。私的方面,具体而言,修学：公余之时,对于各种智识,肯留意研讨；健康：公余之时,对于身体,肯加以锻炼；容像：换言之,即有礼貌之谓；公德：如对于团体生活公共卫生之遵守,及公用物件之爱惜等；习惯：生活之习惯,宜于清洁健康。思想之习惯,宜期为公正高尚；诚恳：举止言行,不特诚实,且须恳切。

⑧ 总字第一一七号通函（1936 年 8 月 24 日）,江苏银行《苏行旬报》三卷二十五期,1936 年。

⑨ 大陆银行练习生服务规则（1920 年 7 月）,上海市档案馆藏大陆银行档案,Q266 - 1 - 39。

⑩ 大陆银行练习生服务规则（1947 年 3 月）,上海市档案馆藏大陆银行档案,Q266 - 1 - 102。

⑪ 《中国银行练习生服务规则》,中国银行总行、中国第二历史档案馆：《中国银行行史资料汇编》上编（三）,档案出版社 1991 年 10 月出版。

⑫ 试用员练习生及试习生服务待遇规程（1936 年 1 月）,上海市档案馆藏档案,Q199 - 7 - 440。

⑬ 试用员练习生及试习生服务待遇规程（1936 年 1 月）,上海市档案馆藏档案,Q199 - 7 - 440。

⑭ 浙江兴业银行致周文忠函,1939 年 5 月 20 日,上海市档案馆藏浙江兴业银行档案,Q268 - 1 - 240。

⑮ 韩鼎致浙江兴业银行函,无落款时间,收到时间为 1940 年 1 月 29 日,上海市档案馆藏浙江

兴业银行档案,Q268-1-241。

⑯ 浙江兴业银行致韩榍函稿,1940年2月2日,上海市档案馆藏浙江兴业银行档案,Q268-1-241。

⑰ 《练习生必读:总分行行务会议摘要》,《海光》七卷六期,上海商业储蓄银行1935年6月。

⑱ 罗志枚:《起码常识:对练习生的谈话》,《海光》六卷六期,上海商业储蓄银行1934年6月。

⑲ 胡守礼:《雪泥偶留》,http:hushouli.netor.com,2016年5月26日登录。

⑳ 总字第50号通函,江苏银行《苏行旬报》四卷十六期,1937年6月1日。

㉑ 张公权:《银行行员的新生活》,正中书局1934年5月版,第36~37页。

㉒ 《助员练习生奖惩纲要》,《中行生活》十五期,中国银行总管理处,1933年7月1日。

㉓ 《志宁属业务会议》,《中行生活》十一期,中国银行总管理处,1933年3月15日。

㉔ 《助员练习生奖惩纲要》,《中行生活》十五期,中国银行总管理处,1933年7月1日。

㉕ 叶文心:《时钟与院落:上海中国银行的威权结构分析》,载王笛:《时间·空间·书写》,浙江人民出版社2006年8月版,第24页。《中行生活》第15期,1933年7月1日。

㉖ 曹志隆:《公私生活之片段》,《中行生活》十四期,中国银行总管理处,1933年6月15日。

㉗ 同:《吾人应不断的受训练》,《中行生活》十四期,中国银行总管理处,1933年6月15日。

㉘ 同:《我与报纸杂志》,《中行生活》十六期,中国银行总管理处,1933年8月1日。

㉙ 赵鹏远:《一个行员日记中的感想和自励》,《中行生活》十六期,中国银行总管理处,1933年8月1日。

㉚ 楚:《工作的兴趣问题》,《中行生活》十六期,中国银行总管理处,1933年8月1日。

待遇

　　胡守礼在参加江西裕民银行训练班期间,除由银行供给伙食外,每月另发 4 元津贴,此外没有其他福利了,"看病吃药要自己掏钱,如果生病只好硬挺"。在他的印象中,银行小职员也是如此,点钞票的出纳股有一个小职员在兑换处工作,据说有肺病,他既不看医生也不吃药,照常工作,不敢请假。肺病在当时是富贵病,医药费一般人是负担不起的。好在他实习工作中没有生过大病,否则真是一个大问题,说不定就只能回老家了。有一次同学项斯得了脚肿病,小腿也肿起来了,有同学说要赶快看,肿到大腿影响心脏就不好了。"我和郭德亮君陪着他到豫章医院,配了一点药花去一元多。这样贵的医药费,大家都很急,有的说赤豆煮汤吃了消肿,我就到处去买没买到。同学们大发议论,沈一展说这社会不公道,穷人生病死路一条! 还好,项君的肿不久就消退了,躲过一劫。"①

　　半年的训练和实习结束后,胡守礼被总行分配到遂川县办事处。遂川又名龙泉,五代南唐置龙泉县,民国后改遂川县。此地当时属吉安专区,井冈山就在遂川第五区,离南昌较远,生活较为艰苦。江西裕民银行遂川办事处地点在南门内唯一的一条小街上,这街的两边都是摊贩式的小铺子,出南门就是商业区。在该办事处的门口,还有一块牌子是"江西省金库遂川分金库",这表明该办事处实际还代理了当地金库的职能。

　　遂川金库先有 4 人,后来陆续又增加 4 人。按编制金库有 14 个人,主任一人,每月工资 60 元,会计一人每月工资 45 元,记账员二人,每人每月工资 40 元,管票员二人,每人 30 元,总收款一人,每月 30 元,收款四人,每人 25 元,茶房工友二人,每人 10 元,另有办公费 60 元每月包干。这样一个月下拨的经费约有五百元左右,这笔经费根据省金库寄来的支付命令领支。

　　实际上在遂川金库,会计员是吃空额,收款员也没有,记账员也只有胡守礼一个人,因为他是见习生,每月他盖 40 元工资的图章,实际只领 8 元钱。至于每月 60 元办公费,不管你用不用,反正是包干的。遂川金库设立时还有一笔开办费,日常用品多已买足。这样下来,金库每月就有二百余元的溢余,归了金库主任苏乃荣所有。"小小一个金库主任虽说每月工资 60 元,实际所得三百元左右。怪不得有人千方百计花银子买官来做,做了官都能捞回来,中国的官场实在是腐败。"

头几次,胡守礼领工资的时候,都是苏乃荣拿了胡的图章,在工资单上盖章代领,胡守礼也知道总行明确过,兼职见习生银行每月 10 元、金库每月 8 元工资的规定。有一次胡守礼自己盖章,一看工资单上是 40 元,就提出意见,总行规定兼职见习生金库工作每月工资 8 元,我既然盖了 40 元图章,还有 32 元,应该由其交给银行收益入账,这下把苏乃荣弄得很尴尬。后来两人分别写信向总行请示,总行总务股长潜伯陆先生向胡解释说,金库主任薪俸低,年终没有红利,故规定只要不影响工作,允许主任有权处理结余款作为补贴,希望他谅解。他接到信后,就领了 8 元钱盖了 40 元的收据章。以后每月如此,有两年时间。胡守礼心里愤愤不平:"一个金库主任如此,做一个县长或者营长团长,一年还不有上万的收入吗? 而且这还是制度上允许的,至于刨地三尺,地方进贡送礼,其所得可想而知了。"②

按照该行的规定,银行职员的膳费每人每月 8 元,工友每人 4 元,是由银行供给的。根据遂川的生活条件,鱼肉鸡蛋和蔬菜都很便宜,每月 8 元伙食费只吃了 6 元左右,结余的归自己。该银行的工资待遇确实也不算太高,当时胡守礼每月工作为 18 元。不过,到年终有红利可分,各行各处不一样,看赚钱多少决定红利分配。胡守礼感觉,待遇虽是一般,但比在"增裕新"做学徒做店员要好多了。③

在民国时期的各种行业中,银行业被认为是一种"金字招牌"式的职业部门。"因为从外表观察起来,银行的建筑物大都是最辉煌最高贵的。银行里交易的货物,不是法币,就是雪白的银条。既不像杂货铺子那样琐碎麻烦,亦不像咸鱼店里那样肮脏而讨厌。来往客户,皆是比较上等的人物。并且银行因本身业务的特性,资本既雄厚,盈利时的收益亦大,需要迁就顾客的地方,亦不像其他行业那样可怜。"所以做了一个银行里的行员,其职业地位都被认为优越于其他一般职业。而社会上人士,对于银行员亦都是另眼相待。于是,"那些正期待着职业的青年们,亦多无形中把银行职业当做追求职业的最高目标。"所以,每次当银行招考新行员的时节,"其订定录取的标准虽高,考试课目虽严,而投考者人数总是踊跃不堪,这就是一件事实的明证。"④

1931 年 8 月 16 日,江苏省农民银行第三区分行(常州)在武进招考第二届练习生。此次招考颇为开明，同时招收女性。该分行经理蒋锡昌为避免请托，力求真才起见，特函邀该行总行副总经理杨冯署亲临主试，并出题阅卷。笔试后，并由杨冯署"个别亲加口试，以察其性情态度焉"。

此次全部考生中，计男性 136 名，女性 22 名；投考资格，虽定为初级中学毕业，而高中一二年级投考者，颇不乏人，"资格最高者，尚有大学银行科及预科毕业生各一"；"小学教师，因教育经费之竭蹶，颇舍其坐拥皋比之尊严前来应试者，几占报名总数百分之十五"；以地域论，远如浙江、安徽，近如丹阳、宜兴、溧阳、嘉定、江阴、盐城等处，均有跋涉前来者。杨冯署"目击此济济人才，在社会上不能有相当之出路，不禁重有感焉"。

面对此情此景，杨冯署感慨万分，他作了如此评述：

> 高中二年级生，仅差一年修业期即满，不完成其中等教育，急欲置身于社会，揆厥原因，不外经济问题；虽不敢云，均系无力深造，然大多数非家庭经济宽裕安心读书之子弟，则可断言！
>
> 小学教师，所学者教育，本行所用者商事，来考本行，学非所用，故置勿论；本行待遇，练习生初入行时，津贴不满十元，而武进县小学教师薪水规定，最低为十六元，后期释放出身，则自二十四元起支，本行所给，仅及其二分之一或三分之一；所以愿牺牲其固有之职业而来本行练习者，有志于本行事业者至少，大多数因教育经费之竭蹶，生活不甚安定之故；而大学生之在现在社会情况之下，急求出路，以解决生活问题，于此更易显著！
>
> 八月上旬，淫雨霏霏，河渠盈溢，以武进为中心之溧阳、宜兴、江阴等处，交通停滞，莫不叹行路之难，而各县莘莘学子，甚至浙江、安徽等省之有职业者，亦不避险阻，莅常应试；皆以读书无力，出路难求，入农行练习，最初待遇虽属微薄，然若勤恳厥职，逐年有升级之望，将来无失业之忧，实较他业为安定也！

他得出的结论是："观乎第三区分行此次招考练习生，高中学生不能完成其最后一年之中等教育，小学教师不能安心其固有职务，不远千里而希冀一练习生位置，其不因家庭及生活问题而来者几希！"⑤

银行员之所以被认为是一种"好"的职业，其原因又究竟何在呢？时人对此有如下概括：

首先，具有其他普通职业所不易得到的职业保障。"只要处事谨慎，努力职

《苏农》二卷八期封面

责,不触犯大的错误,职业上就不会发生'五日京兆'的危险。"在待遇方面而论,一般普通银行员,薪额虽不能说是如何优越,但大致总是在一般薪给水准以上,"且发薪的日期按时准确,决无拖欠之虞,七折八扣的情形,亦不大会发生。"而且,"个人或家庭间如需要急用,亦有酌量向行中通融若干现款的便利。"在营业基础较好、规模较完备的银行,对于银行行员福利娱乐等设施,亦多有顾到。此外如年终加薪、派发红利、供给膳宿,以及养老金、抚恤金之规定等。这种种权利,在别的普通职业生活中,是不容易享受得到的,因而能获得相当的安定。"一个在职的银行员,因能安安逸逸地度其温饱的生活,即在年老离职的时光,亦可无愁于无所依持。"

其次,银行的职业生活比较有规律有秩序。休息和办公时间,都有准确严格的规定,休假的日子既多,春天有春假,年终有年假,星期六下午和星期天的时间,都可由自己去自由支配,所以在正常工作之余,如果想计划做些身心上的修养工作,亦不必忧虑没有充分时间来给你支配。"在正常工作方面,因为现时的银行业务充分发展到合理化和科学化以后,工作多取分工合作制度,职各有专司,你做你的职司,他做他的职司。动作既简单,筋肉精神两方面的负担亦减少。"营业员天天干的是接待顾客工作,簿记员老是做些登帐工作,今天如此,明天亦如此,后天还是如此。并且一天工作一天完,既无堆积之虑,复无复杂之苦,因之工作负担就觉得非常轻松。银行员职业生活的享用方面,亦是十分舒适的。"银行的建筑物类多是华丽宽敞,各项物质设备都是采用最考究的东西。明窗净桌,布置井然,冬有火炉水汀,夏有冷气风扇。周围环境既无普通店场那样的纷扰,亦无工场一般的喧闹。这种环境方面优良之点,影响于精神上的得益是很多的"。

此外,因银行员所处职业地位的优越,外界人们对于银行员无形中增高了一种信仰,所以一个银行员能适当利用职业环境作其他正当的活动,以及扩展个人社会关系等,亦比较的方便而容易。在职业生活之外,银行员自己亦能充分利用休假期和休息时期,做一些对个人修养方面的进益。普通一个银行员,因生活上的规律化,多少总可以设法来做些正常的体育运动,以及学术研究工作之类,以调节身心。所以一个银行员,从"好"一方面观察,就是被陶养在这种优裕、舒适、安定,和有规律的生活环境中。所以人们自然把银行职业认定是只"金饭碗"了。⑥

当然,以上所述主要对于一般银行职员而言,具体到练习生这一层级,因尚不能算作真正的行员,最多只能认为是行员的预备阶段,情况则稍有一些差异。

有人用调侃的语气,记述了某家新型银行,"它一切表现出很新,房屋的新,柜台的新,以及办事手续的新等等。"不过这家银行从创设之初即制订的练习生薪酬,起薪为 8 元,每级为 2 元,却从未改变。该文如此记述练习生的感受:

> 银行员的卖相是相当神气的,当银行员跨出大厦的门的时候,黄包车夫会抢着兜你生意。然而大多数银行员是精明的"经济学博士",很会计算。假使你住在南阳桥,坐黄包车得二角钱,而坐十七路电车,至江西路南京路上车,三等到大世界,只四分,下车后,回家就很近了。当然,主任、科长这一套是不干的。

> 银行职员,金饭碗,多好听的名字,有多少人们在美慕等待着这种职业,但在这家新型银行中的练习生年岁大多是超过了双十,想起自己的薪水尚不满双十,只有十元、二十元,于是不禁诅咒起这新型银行的行规薪级……二元一级……二年多了,他妈的,难道规章是永生永世一成不变的吗?⑦

1929 年 5 月,某家银行的一个练习生给邹韬奋先生主编的《生活周刊》写信,请求指点:

> 生苏州人,在苏州中学高中部肄业,家道仅可敷衍而已,当十岁之时,慈父即弃我长逝。生之所以有今日,全仗家母之力加栽培。后因家母之命,谓目下时局如此,汝年龄已届,亟宜改习营业,再求上进。遂于今春三月初承父执之介绍,得入某行为练习生,不料该行范围至小,悉属旧式,毫无银行气

味。星期并不休息,终日办公,练习生的月薪仅大洋二元。此二元不要说什么顾及家也,简直自己零用都不够。练习生的资格略识文字就够了,于是我在校所学的当然没有用的地方了。先生善解人意,喜与人南针,你看我现在处这等地位,还是坚我志来守的好呢?还是什么好?请你不吝笔墨,复我几句金石良言。十八、五、十二

《生活周刊》的编者作出了认真的回应,其要点如下:

(一)练习生阶段收入较少是正常情况,随着职位提升将会逐渐增加。"练习生之月薪大概微薄,以在练习期也,将来学成升为助员,当可较大。"

(二)即便是练习生阶段,还是要注意学识与经验的积累。"吾人初出任事,未必即能用到所学,即大学毕业初任事时,亦自小至大,俟任事稍久,地位渐高,然后所用之学识亦渐广矣,即当练习之时,同一事也,如同事有二三练习生为之,则于学识较好之人即亦可易得优良成绩,且易进步,所得经验亦可较多而速,全在自己努力耳。"

(三)在未得更好机会前,应安心本职。"俟学识经验渐进,信用亦渐著,即原有居停不识人才,亦可留心更好机会,如有更好机会亦未尝不可改就也。但未得机会以前,勿轻弃原职,以免进退两难。"

该刊编者最后直言不讳地指出:"尽其在我,乐观奋斗,必有发展之一日,否则虽万分躁急,亦无济于事。盖凡事之成,必有其相当之经过时间及工夫,决无一步登天之理也。"[⑧]

由此至少可以看出,练习生的低薪在当时是一种较为普遍的现象,且为一般社会人士所知晓和默认。相关研究也表明,民国时期银行练习生所接受的"业务上普通之智识与技能"训练,介于企业专用性人力资本和一般人力资本之间,或可称为"行业专用性人力资本",因而按照现代人力资本理论,其培

读者信箱外集

第一辑

每册实价四角
外埠酌加寄费

编　发　印
者　行　刷
　　者　者

韬　生活週刊社　文明印刷所
奋　上海华龙路　覆龙路转角

版权所有翻印必究

民国十九年五月初版
民国二十一年三月版

韬奋编:《读者信箱外集》版权页

训费用应由企业和员工共同承担。而承担的方式,以上述 1920 年《大陆银行练习生服务待遇规则》为例,练习生服务期限为三年,膳宿由该行供给,而练习生月薪根据服务年限分为三档,分别为二元、四元、六元。实际上,银行负担了练习生膳宿及其他培训开支,而练习生则以在相应阶段接受低薪间接为培训付费。⑨换言之,如果考虑到银行给予练习生的膳宿费用和培训费用等,练习生所得到的综合收益恐怕也不能完全用"低薪"来简单概括了。

有一个例子,颇能反映当时的实际情况。1935 年,中华职业教育社进行了一次关于"乐业"的专题调查,调查结果表明:"充当练习生乐业的略多,一因学习机会较多,二因升擢机会较大。"此次调查指出,"一般练习生多抱有吃苦耐劳,多做事,多求经验,不计目前薪金的思想,确是一种好现象。"并建议"雇佣机关宜善导之,予以相当机会,使他们向上。"⑩虽然尚难区分其中究竟有多少银行练习生,但这一调查结果至少反映了练习生的一般心态。

平心而论,相对于工作的稳定性,以及发展的前景,尤其是较大的晋升空间,银行练习生职位在社会上还是具有相当的吸引力。当时曾有专家作过统计,认为一个有高中毕业程度的青年,有相当的修养和能力,最初从练习生做起,估计在 15 年中,因职业生活各方面经验的积累,就可以达到做经理的地位。他的估计方法是这样的,第一年做练习生,次年做出纳助理员,第三年做保管助理员,第四年做存款助理员,第五年做汇兑科员,第六年做外汇科员,第七年做营业科员,第八年做放款科员,第九年做会计科员,第十年做统计科员,第十一年做稽核科员,第十二年做部主任,第十三年做襄理,第十四年做副理,第十五年做经理。当然,这一种理想的估计法,并不一定准确,因为银行员个人的才力能力都不同,其升调情形亦不能完全相同。"但是在这种相当有根据的估计中,至少可以有一种暗示,就是做一个完备的银行员,最好能从最下级的做起,这样才能够获得极丰富职业经验,而对于一切工作上问题,自可应付自如。"⑪

如果说银行练习生的待遇存在什么问题,恐怕更多的还是在银行内部的横向比较。

从现有资料看,近代中国的商业银行已经建立了一整套较为完善的薪酬体系。这一体系大致可分为如下三个部分:

(一)薪水,包括级别工资、年资加薪、岗位津贴等;

(二)分红,包括年终奖金、股息等;

(三)福利,包括物资福利,如储金、养老金、抚恤金、临时津贴等,以及非物质福利,如提供集体宿舍、举办图书馆、俱乐部等。⑫

值得注意的是,在以上三个部分中,分红部分基本与练习生无关;福利部分的物质部分,也基本与练习生无关。即就薪水这一块而言,练习生所得实际处于整个等级链条的最末一段,与其他职员,尤其是高级职员差距非常悬殊。

不妨先看一下抗战之前较有代表性的几家商业银行的薪资情况。

先看四明商业储蓄银行。该行薪给等级共分 45 级,等级越高,差额越大。从第 1 级至第 9 级,每级差额为 20 元;从 20 至 26 级,每级差额为 10 元;从 27 级至 40 级,每级差额为 5 元;从 41 级至 45 级,每级差额为 4 元。

四明商业储蓄银行等级薪给表

级别	金额	级别	金额	级别	金额	级别	金额	级别	金额
1	500	10	320	19	170	28	90	37	45
2	480	11	300	20	160	29	85	38	40
3	460	12	280	21	150	30	80	39	35
4	440	13	260	22	140	31	75	40	30
5	420	14	240	23	130	32	70	41	26
6	400	15	220	24	120	33	65	42	22
7	380	16	200	25	110	34	60	43	18
8	360	17	190	26	100	35	55	44	14
9	340	18	180	27	95	36	50	45	10

资料来源:《四明商业储蓄银行薪俸规则》,1931 年 7 月,上海市档案馆藏四明商业储蓄银行档案,Q279 - 1 - 117。

四明商业储蓄银行职别起薪表

职别	薪级起止
各处处长、各部经理	第 11 级至第 1 级
各处副处长、各部副经理、分行经理	第 16 级至第 6 级
稽核、总行襄理、分行副理、一等支行经理	第 21 级至第 11 级
二等支行经理、总行各科主任	第 26 级至第 14 级
分行襄理、分行各课主任、总行各科副主任、办事处主任、支行副理	第 32 级至第 18 级
支行各组主任、办事处系长、办事员	第 36 及至第 22 级
助员	第 40 级至第 35 级
练习生	第 45 级至第 41 级

资料来源:《四明商业储蓄银行薪俸规则》,1931 年 7 月,上海市档案馆藏四明商业储蓄银行档案,Q279 - 1 - 117。

四明商业储蓄银行薪俸规则（1931 年 7 月）

再看一下交通银行的情况。该行的薪给标准分得更细，从最高的 600 元至最低的 10 元，共分 79 级。其中，从第 1 级至 41 级，每级差额为 10 元；从第 42 级至第 79 级，每级差额为 5 元。

交通银行职别薪级表

职别	薪级	薪额
总行各部经理、副经理 各处处长、副处长 分行部库经理、副经理 一二等支库部行经理	第 41 级起至第 1 级止	200 元至 600 元
总行秘书	第 61 级起至第 11 级止	100 元至 500 元
总行业务部襄理 总行各部处课课长 一二等支行副理	第 51 级起至第 26 级止	150 元至 350 元

续表

职别	薪级	薪额
分行襄理 分库、行、部股主任 三四五六等支行经理	第61级起至第26级止	100元至350元
支行股主任、办事员	第73级起至第41级止	40元至200元
助员	第76级起至第74级止	25元至35元
练习生	第79级起至第77级止	10元至20元

资料来源:《交通银行行员薪给规则》(1933年修订),交通银行总行、中国第二历史档案馆编:《交通银行史料》第一卷(1907～1949)(下),中国金融出版社1995年版,第1427～1428页。

当然,考取了练习生,并非就等于端上了"金饭碗"。除了此前所述对违规违纪行为的惩戒之外,对于练习生的整个练习阶段而言,各种考试似乎贯穿始终。有些银行在练习生达到规定年限后,还要举行专门的升级考试。如福建省银行即是如此,该行规定练习生依规定年限实习期满,须进行升级考试;考试科目为银行常识、本行概况、本行章则、本身交通、所实习之工作、平时课业(无课业者以论文代)、体格检查等。各科分数计算标准为:(1)分数以百分为最高额,满六十分者为及格,六十分以下为不及格,八十分以上为甲等,七十分至七十九分为乙等,六十分至六十九分为丙等;(2)考试成绩占百分之四十,服务工作占百分之三十,平时课业占百分之三十,总平均分数满六十分者为及格,以下为不及格;(3)照上列百分比计算外,如服务工作不及格,总平均分数虽可及格者,须加以六个月之察看,再行确定;如平时课业成绩不及格而总平均分数虽可及格者,准予延长三个月之准备,再行补考;如考试分数不及格而总平均分数虽可及格者,准予延长一个月之准备,再行补考。凡练习生经考试及格者,升为助理员,支五等十级薪;其成绩在甲等者支第九级薪。凡经考试不及格或体格衰弱者,应予解职,得依原籍之远近,酌给旅费,但最多不得过四十元。练习生满一年半以上,经人事室考核有优异成绩者,得陈准总经理提前考试;但若经考试不及格者,同样予以解职。⑬

上海市档案馆馆藏档案中,有一份大陆银行练习生服务规则,是大陆银行总管理处1920年7月制订的:

第一条　本行练习生以养成银行业务上普通之智识及技能为宗旨。

第二条　凡有左列资格之一,品行端正,年在十六岁以上、二十二岁以下,经本行试验及格者,得为本行练习生:

一、曾在高等小学毕业或有相当学力者；

二、曾习商业、文理清顺兼通珠算或笔算者；

第三条　练习生经本行考验认可后，须来行亲填志愿书及履历书，并须觅妥实保证人，填具保证书。

第四条　练习生服务期限定为三年，在服务期内不得半途辞职。

第五条　练习生服务期满并无过失者，得升为助员；但有资质高超、成绩优异者，在服务期内得由总经理，或总分支行经理将成绩开报总经理，核准特升。

第六条　练习生在服务期内承总经理或经理、主管员之命，在各部分轮历练习，不得有违反之举动。

第七条　练习生月薪分为三级如左：

第一级　六元

第二级　四元

第三级　二元

第八条　练习生膳宿由本行供给之。

第九条　练习生所着长衣，以布制者为限。冬用青灰色，夏用蓝白色，其他衣服亦以质朴为主，不得衣御华服，趋尚新奇。

第十条　练习生每届年终由各主管员考核其全年之成绩，报明总经理或经理酌给奖励金，但至多不得逾六十元。

第十一条　总分支行行员应守之戒约，练习生均应遵守，如有违反时，应受相当之处分。

第十二条　练习生有左列情事之一者即行开除：

一、品行不端者；

二、资质过钝、怠惰性成、无可造就者；

三、轻泄行务者；

四、不守本行规章或不听告诫者；

第十三条　练习生如因不守规章或不正当行为致本行受损失时，保人须负完全责任。

第十四条　本规则自董事会议决之日施行，如有修改亦由董事会议决之。⑭

这份规则一直在执行，时隔27年后，修订的规则只是在个别地方作了一些调整：

　　服务资格：(1)年龄从十六岁以上、二十二岁以下，调整为十六岁以上、二十四岁以下，年龄的上限放宽了两岁。(2)学历要求上，从高等小学毕业或有相当学力者，调整为高中以上学校毕业或有相当学力者。(3)技能要求上，增加了"略有英文根底者"。

　　月薪，则从第一、二、三级分别为六元、四元、二元，调整为二十元、十五元、十元。

　　膳宿，从"由本行供给之"，进一步明确为"与行员同等待遇"。

　　衣着，仍规定"以布制者为限"，取消了原先具体规定的"冬用青灰色、夏用蓝白色"。

　　奖励金，这项作为第十条整个取消，取代的是"练习生入行后有志深造、愿入夜校补习者，所需之学杂费，得由本行酌予津贴"。[15]

　　对于练习生的待遇问题，时人给予了不少关注。早在1923年，即有人提出，对练习生"应研究教养兼施之道，使其成一完全无缺之人才。何以养之，即薪俸宜稍从优，使其能维持适当之生活；何以教之？即管理应稍从严，使其趋于正规。"具体而言，有三个方面：

　　一是"练习时之注意"。"凡练习生进行练习时，必须使其历练各股，其法至美"，同时，作为经理、副经理，"应随时考察练习生之学力，可以先责成各该股主任，必须谆谆善诱，使其津津有味，再加时常报告成绩。若才力优长者，应勿拘泥阶级，逾格擢用，俾其发挥其才具，并竭尽其所长，而行务则亦大受其益矣。"

　　二是"金钱之管理"。银行对于练习生，应酌与以相当之薪俸，使其足以自给。但其月俸所入，须由庶务科代为存储，遇有正当用途时，由本人出具收条，注明事由，向庶务科支领。再每一决算期，由庶务科开一清单，收入若干、开支若干、结存若干，报告本人家属。理由是"因练习生大半系青年子弟，血气未定，智识初开，若使其金钱有完全自主之权，则不知节用，殊属有害。"

　　三是"行动上之监督"。大概银行之设立地点，总在商业繁盛之区，商业发达，则人类之良莠不齐，风俗亦较奢华。银行对于练习生，应宜设正当之俱乐部，使其闲暇休息之时，得以消遣运动，休养精神。再于每日营业停止以后，不准无故出行；若遇正当事项，须向行长或主任前请假，限定钟点，命其出必见返必面，自然无意外之虞；若有故意违反者，轻者记过，重则罚俸；再有屡戒不悛者，即行开除。[16]

　　有人则提出，在练习期内，"银行应有一方法，以增长其学识经验"。具体建议包括：(一)每日晚间，规定一小时或二小时，由经副理、主任或行员，约集练习生于一处，讲解关于银行之学识，并练习珠算及本银行簿记之记载方法等等，俾为将来办事之基础技能。此种办法，在经副理各员，所讲之时间有限，而练习生获益良多，且行务上亦大受裨益。又经副理及各重要行员，其担任宣讲，要亦义不容辞者也。(二)银行各科之事务,必使练习生实地练习,庶无背于练习之本旨。且每隔三月或六月调派别科,总须使其通晓各部事务,俾将来办事时,方不致有隔阂之虞。(三)练习期限,不必规定,凡学识较优而勤于职守者,得随时进级,以资策励。他如品学不良而性情怠惰者,应随时加以申斥。其有不堪造就者,亦不妨随时解职,借资惩戒。万不能因碍于人情势力,而发生偏见,当以其程度为标准也。"能如是焉,则善者愈善,不善者亦知所勉矣。"[17]

还有人认为,"练习生除受办公时间之约束外,在营业时间终了之后,均得自由。一班青年子弟,初次投身商界,经验不足,血气未定,恶俗易染。每于公余之暇,外出孟浪交友,间有荡检行为,实所难免,而为营业管理上之一大障碍,其害殊非浅鲜。"因此建议"银行中宜立教室一间,每晚七时至九时,研究中西文各一小时,其有发愤用功,月试列前五名者,由教员酌加考语,年终分别给奖。一年所费,不过数百金,其于练习生学识上之修养,裨益甚大。此外添设音乐、运动器具,以资正当娱乐,在银行所费无几,其裨益行务实深也。"[18]

不能否认,关于练习生的待遇问题,时人也存在一些不同的看法。有人即认为,"同一办事人也,而练习生之阶级为最下,同具办事之劳绩也,而练习生之报酬为独微,且也供趋使、效奔走,较之旧式商店中之学徒,几有过之而无不及。于是练习生所处之地位,益不堪其苦矣。"[19]关于练习生待遇改善问题的讨论,则主要集中在以下几个方面:

一是宜打破等级观念。有人提出:"练习生之阶级最下,故其所居之位亦最苦,其对于各主任也,几如下级士兵之于上级军官也,即对于各行员,亦须卑躬屈节,等若严师。其阶级之森严如此,假吾人而设身处地,真难乎其为练习生矣。故练习生待遇之改善,第一宜打破阶级,庶使上下之情感相孚,练习生既乐为效用,而银行亦因之获益不浅矣。"[20]有人建议改除练习生的名称。"练习生在银行之职位,既属于最下级,则其所处之地位,亦即最苦。在银行行员固不重视其人格,即茶役往往亦无相当礼貌。""惟因其名称为练习生,而人格亦随之以不能尊重,此实违背人道之

《银行周报》七卷九号封面

待遇,而理应根本改善者也。"㉑"行长应随时查察其学力,已老练者,得以人才为标准,拔擢于重要之地位,不必拘泥守阶级,俾得发挥其才力,则其人必感激知遇,分外努力,而行务大受其益矣。"㉒

二是缩短练习期限。"盖银行低级所办事务,多系机械式的,一年半载,已极纯熟。所谓练习三年者,不过沿用旧社会店主苛待生徒之陋习而已,而谓尚可适用于今日乎?"㉓有人认为,"三年之期,在银行不过欲藉以获巨大之利,但练习生以期限太长之故,遇事辄怠慢而不经心,即稍能负责任者,亦以其生活太苦,常存五日京兆之心。究其结果,银行之利未获,而害己先受矣"。因此,"银行对于练习生,宜予以充分之事,使其练习,而免生怠惰;一方面缩短其期限,使人人抱有即时升迁之心,而益发勇往向前,敏勉从事,即银行亦收益多多矣。"㉔

三是增加薪俸。有人提出,"练习生既来银行服务,亦系办事员之一,在理亦宜得相当之报酬。今既无薪金,以为仰事俯蓄之费,若个人之生活,而不免困难之虞,则欲其为银行安心任事也,恐不可能。故余意银行对于练习生之生活费,至少每月宜在十元以上也。"㉕有人提出,"夫同一职俸也,而练习生则不得按薪分红;同一办事资格也,而练习生则不得年资加薪,事理又岂得谓平? 是则练习生之俸薪,亦宜与行员取同一之规例也。"㉖还有人提出,"处今之世,生活程度日高,练习生与行员,同是人耳,即云练习生年轻,无家室之累,而数元之月俸,衣履不足自给,安能尽心职务哉? 故能作事之练习生,每思迁地为良,良有以也。"㉗"彼为经理者,亦当推己及人,不宜予以最低生活费之下。"如此"或可顾己赡家,不致因生活问题而乱其心绪也。"㉘"低级行员大抵薪最维而事最劳,每易致疾,其在平日且拮据其形,一旦病魔缠身,不独精神上痛苦已甚,而医药等费,又安所从出。故有疾病者,其医药费,当完全由银行补助,服务受助,亦理之常也。"㉙此外,"低级行员每年(或每二年)归家时,其往来川资,须由银行补助","因低级行员所入有限,定无储蓄可言,故欲归家,颇感困难,"如此,"藉可安慰其专心办事也。"㉚

四是奖金按劳绩分配。"练习生之作事,每与行员有同等之劳绩,而银行对于行员则分红,或发双薪;独于练习生,则不令其稍占余润,同功而不异赏,事理岂得谓平?"因此,"银行对于练习生之奖金,纵不能如行员之按薪分配,亦当按其劳绩而优给之。"㉛还有人提出,"银行员之奖金,即银行每年年底在净利中提去几分之几,按个人薪金之大小,作为比例摊分。惟练习生因非处于行员之例,年终仅随各银行经理之意旨,而给以相当之奖金,然犹有至多不得过五六十元之限制",建议"银行奖金之分配,练习生亦宜与行员处同一办法,而不宜分此畛域也。"㉜有人提出,"练习生得薪既微,则每年分配奖励金时,不能照行员之分配法

发给",而"应视其平日办事之勤惰,予以相当之酬报。惟定一限制,至多不过八十元。"㉝

五是给予升职特别机会。有人建议,银行对于练习生有特别劳绩者、特别学识者及特别技能等情形者,宜立予升迁。"盖如是行之,既可提起人人之向上心,又可藉为鼓励之途,系训练练习生最善之法也。"㉞"故每届年终进级时,对于练习生,苟平日勤于职守者,应酌量特别擢升,以示鼓励,方无埋没人才之患。"㉟"银行行长对于练习生,应与各股长及行员以一致之态度注意之,于平日加以考察,知其功过,毫无歧视,而行其赏罚,则人人知有劝惩,而人才辈出矣。"㊱"低级行员之生活费,既远逊高级,故当格外优待,以济其平,每年至少加薪二次,且须视其成绩如何,及境遇如何,而予以特升。"㊲

这些议论,已不仅仅局限在练习生的薪水津贴一点,实际已上升至银行系统管理的层面了。

注释

① 胡守礼:《雪泥偶留》,http://hushouli.netor.com/,2016 年 5 月 26 日登录。
② 同上。
③ 同上。
④ 刘涛天:《银行员的职业生活》,《教育与职业》第 185 期,1937 年 5 月。
⑤ 杨冯署:《第三区分行招考练习生感言》,《苏农》二卷八期,1931 年 8 月 31 日,江苏省农民银行印行。
⑥ 刘涛天:《银行员的职业生活》,《教育与职业》第 185 期,1937 年 5 月。
⑦ 曦:《练习生薪级》,《职业生活》,1939 年第 7 期。
⑧ 韬奋编:《读者信箱外集》,生活周刊社 1931 年第 3 版,第 44~45 页。
⑨ 曾凡:《人力资本与近代上海职工工资差异:基于 1920~40 年代上海企业的实证分析》,《上海经济研究》2011 年第 2 期。
⑩ 郑汉文:《乐业调查》,《教育与职业》169 期,1935 年。
⑪ 刘涛天:《银行员的职业生活》,《教育与职业》185 期,1937 年 5 月。
⑫ 张健:《近代上海华资银行薪酬体系研究(1897~1937)》,《安庆师范学院学报(社会科学版)》第 30 卷第 11 期,2011 年 11 月。
⑬ 《福建省银行服务生练习生升级考试办法》,1939 年 11 月 28 日施行,《福建省银行章则汇编》。
⑭ 大陆银行练习生服务规则(1920 年 7 月),上海市档案馆藏大陆银行档案,Q266-1-39。
⑮ 大陆银行练习生服务规则(1947 年 3 月),上海市档案馆藏大陆银行档案,Q266-1-102。
⑯ 姜璜:《银行练习生管理法之大要》,《银行周报》7 卷 9 期,1923 年 3 月 13 日。
⑰ 冯振玉:《银行培养练习生之我见》,《银行周报》7 卷 9 期,1923 年 3 月 13 日。
⑱ 赵振亚:《银行对于练习生养成方法》,《银行周报》7 卷 9 期,1923 年 3 月 13 日。
⑲ L. T. C:《论银行练习生待遇改善之必要》,《银行周报》5 卷 49 期,1921 年 12 月 20 日。

⑳ 同上。

㉑ 刘炳藜：《银行练习生待遇改善之管见》，《银行周报》6 卷 18 期，1922 年 5 月 16 日。

㉒ 周仲陶：《银行待遇练习生之研究》，《银行周报》6 卷 19 期，1922 年 5 月 23 日。

㉓ 易士一：《银行低级行员亟应改善其待遇》，《银行周报》7 卷 9 期，1923 年 3 月 13 日。

㉔ L. T. C：《论银行练习生待遇改善之必要》，《银行周报》5 卷 49 期，1921 年 12 月 20 日。

㉕ 同上。

㉖ 刘炳藜：《银行练习生待遇改善之管见》，《银行周报》6 卷 18 期，1922 年 5 月 16 日。

㉗ 周仲陶：《银行待遇练习生之研究》，《银行周报》6 卷 19 期，1922 年 5 月 23 日。

㉘ 易士一：《银行低级行员亟应改善其待遇》，《银行周报》7 卷 9 期，1923 年 3 月 13 日。

㉙ 同上。

㉚ 同上。

㉛ L. T. C：《论银行练习生待遇改善之必要》，《银行周报》5 卷 49 期，1921 年 12 月 20 日。

㉜ 刘炳藜：《银行练习生待遇改善之管见》，《银行周报》6 卷 18 期，1922 年 5 月 16 日。

㉝ 周仲陶：《银行待遇练习生之研究》，《银行周报》6 卷 19 期，1922 年 5 月 23 日。

㉞ L. T. C：《论银行练习生待遇改善之必要》，《银行周报》5 卷 49 期，1921 年 12 月 20 日。

㉟ 周仲陶：《银行待遇练习生之研究》，《银行周报》6 卷 19 期，1922 年 5 月 23 日。

㊱ 同上。

㊲ 易士一：《银行低级行员亟应改善其待遇》，《银行周报》7 卷 9 期，1923 年 3 月 13 日。

公余

　　江西裕民银行的训练班里，都是二十岁左右的青年，除了工作学习时间，很少有其他活动，大家就要求银行方面买一只篮球，早晚好活动活动。部分同学尤其是武汉来的 4 位同学还有一定的篮球基础，因此组织了一支篮球队，与外面的机关学校友谊比赛。因为有点水平，篮球队在南昌竟打出了一点小名气。总行看到训练班的篮球队竟能为总行挣点面子，也就积极支持，而篮球队每次与南昌其他十几家银行球队比赛，也总是赢的。有时在上课或实习，遇到有球赛，就让路，那些不打球的同学，就去做拉拉队。

　　在南昌度过了 1935 年的元旦春节，除夕之夜，裕民银行设酒筵招待全体职工，胡守礼他们这些练习生也沾了光，"大家脸孔喝得红红的，兴致很高"。酒筵后去看电影，在阳明路上一座很大的房子里，"说不清是什么地方，也忘了放映的是什么电影，只是朦胧有同学回来在讨论电影内容的印象"。训练班也开了春节茶话会，"每人出一份买了瓜子花生糖果之类，泡了茶，大家围坐一圈。每人都要讲一个故事或者笑话，自己讲过什么，别人讲点什么，早已被风刮的烟消云散"。①

　　分配到该行遂川办事处工作后，胡守礼直接的感觉是，银行生活枯燥乏味，而业余时间又比较多。遂川是闭塞落后的小山城，没有电影院，也没有其他文化设施，大家也没有看书报杂志的习惯，就是想看书也没有图书馆。在"一片孤城万仞山"的环境中，唯一的乐趣似乎就是喝喝酒、搓搓麻将，或者打打"茶会"，每天晚上总要"八圈"所谓"卫生麻将"。夜生活迟了，早晨起来就晏了，因为银行要在九时才开始对外营业，睡懒觉都成了习惯。工友对几个打牌的先生服侍得很周到，半夜里烧点心，早晨打洗脸水。"因为打牌有头钱，工友们有点好处，久而久之，工友们对打牌和不打牌的职员就有不同的态度了。"胡守礼不会打牌，又是见习生，论资历低人一等，所以处处自己检点，不去注意和关心打牌输赢的事。

　　胡守礼早晨起得很早，这是他在学徒时养成的习惯，起来就到体育场散散步，回来再吃早饭。下午银行打烊后还有一段空闲时间，晚饭后也是东逛西逛浪费掉了。"遂川的街道是石子路，七高八低的，石板路又歪歪斜斜，不留心要绊脚或者踢痛脚，所以我们不愿在两檐相连的小街闲逛，更愿意去群山环抱的公路上徜徉，但也有缺点，汽车过后便黄尘滚滚。因此我们一般出东门，沿公路过大石桥，行走在乡间小路上，在青山绿水的怀抱里走过茅舍走过竹林，我们领略农村风情，看看小村庄里干活的农妇，观察田间的庄稼，也别有一番乐趣。"农家养着的黄犬、黑犬，看见生人就狂吠不止，"好像侵犯了它的领地，有时它竟敢尾随而进，要驱逐我们远离其境方才罢休。有时我们散步时就会手拿一根棒头，它看到有备而来，只是虚张声势叫几声算了。"他们一起散步的队伍有时人还很多，遂川电报局、邮政局的一些年轻人也参加，一起以游荡散步在乡间作为乐趣。

夜里同事们搓麻将，胡守礼就看书看报或者看杂志。冷天坐在被窝里看书，这是他长期养成的习惯。他在遂川订阅了《新生》周刊、《读书生活》、《世界知识》、《文学》，他所在的银行也订了上海的报纸。他从《大公报》上看到范长江关于红军长征的通讯报道，知道了红军的动向，后来又知道红军到了陕北，"真的很令人激动"。

有一年，大概1936年吧，胡守礼倒是过了一个很有意思的中秋节。那天，当银行同事们会餐结束后，胡守礼他们几个人乘着酒兴去逛商业区的小街，只见商店都已打烊，门口倒是灯火辉煌，室内划拳行令，声达户外。遂川居民也有供月的习惯，把桌子放在门外，摆上供品，点上香烛。"夜已深，这时小街上已没有行人，格外清静，皓月当空，万里无云，月光掩映下，小街明暗分明，望远处群山黯淡，秋风袭来，身上竟已有凉意。'天阶夜色凉如水'，只有这时才体会出来。"有几户人家在院子里"烧瓦片"，胡守礼是第一次见到这种风俗，很是新鲜。把瓦片叠成宝塔形，有二三尺高，中间是空的，放柴爿烧，烧到瓦片全红，烧红的瓦片发出融融火焰，能红几个钟头，望去像一座红宝塔在夜空中燃烧，堪称奇观。在另一家的院子里见到很多人围着，他们也挤了进去，只见月光下有两个姑娘相对坐着，中间放着一只沙盘，两人手端着丁字形的棍棒在沙盘上划着。胡守礼问旁者，说是"向嫦娥娘娘问吉利"。这是女儿家的事不便多问，观看久之，也没看出什么名堂。胡守礼那晚很有感慨，"夜深身凉，蟾宫中的嫦娥今天受着人间希望团圆的供品，可她自己却在冷宫中过着凄凉的生活。'碧海天空夜夜心'，'天上人间何相似'。

1937年的元旦春节，胡守礼也是在遂川度过的，不过印象中没留下什么较深的痕迹。他只记得春节期间每家商店都来银行拜年，投送一张贺年片，而他所在的银行架子很大，是不去还礼的。春节休息四天，同事们自己去找吃喝玩乐。

胡守礼无处可去,因此对长长的节假日有点讨厌,唯一消遣的办法是"围炉清读"。实际遂川的冬天并不算太冷,冬天烧炭取暖,遂川木炭多而便宜,他尤其喜欢听周晋三先生炉边的"江湖奇闻"。

江西人喜欢吃辣,特别遂川临近湖南,地处多山,山多瘴气重,吃辣可以解散瘴气,少生疾病,所以每只菜都要放点辣椒末子。还有就是用一碟辣椒粉倒上酱油,不论鱼肉鸡都要拌来吃,那可真够辣。胡守礼观察到,遂川人烧鱼,把鱼开膛去内脏,在水里粗略一洗,不刮鳞,血也不洗干净,就放到锅里油煎,也不放酒不放酱油,只用豆豉汁,再放一把干辣椒,就行了。他猜想,辣椒所以当作主要作料,和江西长期缺盐也有一定关系。"开始我是不敢尝的,慢慢地我也能尝一点,到后来觉得放一点辣,口味就要好一些。几位同事每餐还要喝点白干,我是烟酒都不沾的。"

胡守礼在遂川有一个时期热衷于照相,去买了柯达照相机拍了许多照片。有一年遂川稀有的下雪,他从宿舍望塔楼上居高临下拍了许多雪景照片。他还迷上了集邮,每逢发行新邮票总要去买了来,还向上海集邮社邮购,千方百计收寻,集了厚厚的一本。②

7月底,接到总行调令,胡守礼被调任为泰和办事处会计员,参与筹建该办事处。

1938年上半年,胡守礼回到家乡余姚结婚后,携妻子祝翠华到了泰和安家。泰和当地的房子窗户都开的很小,屋内阴暗潮湿,也不铺地板。"翠华在行里住了好几天,送汇款的老秦帮我在北门找到了一间房子,大概也就十个平方,有一张大床,一张方桌和二把太师椅,还有两只凳子,隔壁有厨房和厕所。房子虽然不好,但窗子很大,光线不错,看起来先前也是租过人的。"胡守礼和翠华就住了进去,每月房钱一元。"成立了小家庭,许多东西要买起来,首先就是厨房用具到开门七件事,还有床上用品甚至煤油灯、马桶。"两人忙了整整半个月。"为了减少翠华一人异乡客地的寂寞,一日三餐我都在家陪着翠华。泰和没有戏院也没有地方可以去散散心,我去上班了,就只能把我的书给她看,解解闷。"③

再看应昌期在上海统源银行的公余生活。那时他白天在银行上班,忙里忙外,全身心投入,真正是目不斜视,心无旁骛。银行下午3时半打

胡守礼新婚照

烊，他忙着整理单据、下账，边做边学，将银行会计的业务知识牢记在心。吃好晚饭，回到宿舍，他也不去沾染外头的灯红酒绿，一心想多学点本事。当时，他经常练习的，大致有三件事，即小提琴、书法金石和围棋，而尤其是围棋着力最多。在上海的几年里，他不仅学到了谋生本领，而且书法、棋艺均大有长进，为以后的成长道路打下了非常扎实的基础。④

浙江兴业银行所编内刊《兴业邮乘》办刊多年，留下了一些练习生公余活动的珍贵记载。不妨看看该行几位练习生的情况。

浙江兴业银行南京分行的练习生江明庚，曾在无锡永吉润钱庄干了 5 个年头。在他的记忆中，当学徒时，什么换烟筒哪，换水盂哪，揩柜台哪，一切的零星的事情，他都得干。在白天里，要去查汇头，装现洋，点铜圆；晚上还要做杂务。一天到晚，可说没有休息的时间。要想练习一刻簿记，或者阅读一些书籍，是谈不到的。"有时到里帐帐台旁边去看看，管帐的似乎不十分欢迎。有时会突然的停歇了，把帐也藏起来了；有时叫我去做琐屑的事情，把我调遣开去。"有时去请教他，他便总是说："很繁杂的，一时候不容易讲明；你只要慢慢的留意，将来终可以晓得的。"

后来，经他父亲一位朋友介绍，到浙江兴业银行南京分行做练习生。行里办公的时间，是上午九时至下午四时。"过了这个时间，我们可以随便到书报室里去，那里有许多经济书籍和杂志书报，供给我们阅读和研究。在寂寞的时候，还有娱乐室里的全套丝竹和留声机、收音机等，供给我们消遣。有时候就练习些会计和簿记；或是做一些写字和誊录的杂务。"每天晚上，他还到青年会去补读夜课，学费等也都由银行津贴。"在增加经验和进益知识方面的机会讲来，做银行学生，比做钱庄学徒，实在真有'天渊之别'"。⑤

吴申淇是进浙江兴业银行南京分行不久的练习生。因为要补学识的不足，于是进了一个距离不远的夜校里去读书。但是时间上是和行里晚饭冲突了，就不得不到行外的饭馆里去零吃。当他初次去的时候，侍役问着："先生，二角的，还是一角半的。"在这句话的意思里，他以为"二角"和"一角五分"比较起来，"二角"的代价，既然高得多，它的东西，当然是好一些。所以他很爽脆地报了他一声："两角的。"这是第一天的事，对于他并没有发生什么感触。

第二天的晚上，他又去光顾了。"只因为袋里少带了些钱，所以改吃我本来以为比较坏些的一种。但是吃过以后，觉得口味上、容量上，和昨天的并没有什么两样；所差的，不过一只碗没有昨天的精美罢了。"因此，他才发觉昨天所多付的五分代价，正似被骗去一样。"更联想到，一般人素来'以貌取物'，尤其是'以貌取人'的，正不知受了多少亏呢。"⑥

上海商业储蓄银行的职工食堂

他的年轻同事们，又有着怎样的公余生活呢？吴申淇作了如此刻画：

　　他们大部分空下来便读书阅报，以为消遣。有的喜欢读经济的，有的喜欢读小说的，有的很关心工业的，也有好研究农村问题的。幸而行里购置的书籍和订阅的书报很多，还够分配给各人所喜欢的去选读。他们在高兴的时候，也去瞧瞧电影，逛逛公园；不过很难得，每月只一两回。还是马路上散步和弄丝竹，比较普通些。

　　他们吃过晚饭后，约伴出外散步，叫"徜一个圈子"。这个圈子的路程，不外乎太平路、大行宫和夫子庙等几处。在路上谈着，笑着，毫无拘束；还有商店里无线电的音乐，可以悦耳；新奇的广告，精致的样橱，以及五光十色的服装，可以悦目。这些已经满足了他们在辛苦了一整天后所需要的娱乐的要求。等到兴尽归来时，还可以来一个竞走比赛，大家争先到行，夺取胜利。

　　说到弄丝竹，当京行开幕后，不久便买了不少音乐器具。在杨经理的指导之下，时常练习，无形中好像已经有了一个音乐会的组织。所以大部分同人，都会弄弄丝竹的。这一类的同人，要算最多，约在半数以上。

　　这几位同人，很喜欢读书，并且喜欢弄弄笔头，把他们研究的所得，做几篇稿子，投到杂志或报章上发表，藉此可以得到一些稿酬，为他们买书的一个辅助。虽有时会受到"原稿退还"的气闷，但是一到稿子发表后，便引为无上的欣幸了。他们埋首书案的时间很多，平时是不喜活动的。

他们在前述的消遣之外，还有运动。最初曾练习过长跑，现在却群趋于网球了。不过公开的网球场，只有中央大学和公共体育场两处，距离都很远。虽有自行车代步，终究觉得不很便利。而乒乓球，在行里可以玩，便利得多，所以能保持长久的兴趣。尤其在气候严寒的冬季里，玩得最起劲。有几位打得很好，去年曾和某同业比赛过，结果载胜而归。

还有三数位，平时既不甚读书，又不想消遣的办法。除了难得的机会，兜几只脚玩玩竹牌外，下了班只是空着没事做，在行里前进走到后进，后进走到前进的踱方步。最后一着，便是睡觉。平常在晚上七点多钟，便想睡了。星期日没事做，白天也尽睡着。这三数人的生活，要算最枯燥，最无聊。

总之，京行同人，大都不喜欢动的，所以日常费用也很小。甚至有一位，每月费用不满二元的，真很难得。虽然有人说，"这样的生活，未免太平淡，太枯燥了，会感到索然无味的。"不过，他们倒已经过得惯了，并不觉得怎样。⑦

该行总行的练习生任肃，也较为详细地记述了他的公余生活：

生活必须在愉快中度过。所谓愉快生活，非指享乐而言；凡徘徊于歌坛舞榭，沉湎于酒食征逐，并非真正愉快之生活；惟能追求真理，认清目标，不为利欲所诱，不为声色所迷，行一事，取一物，必合乎道义，庶几内心不疚，恬然自适，然后能眸于面，盎于背，畅于四肢，必如是，方可谓为真正之愉快生活。

余早年丧母，弱小心灵，早失慈爱泉源之灌溉，因之孤僻成性，厌至热闹场所，亦不喜追名逐利，折腰求进。常喜斗室枯坐，穷思冥想，探求真理。

余之日常生活，务求简单整洁，譬如桌上笔、墨、砚盒，抽屉内信封、信笺、纸张、书籍，各有其一定位置。衣服不求华丽，但需清洁适身。饮食起居，亦有一定时间，烟酒最所疾首，朋侪嗜此者，余辄唠叨劝戒，虽招厌弗计。

余喜习字，晚饭后大楷两张，小楷四五行，已为例行公事矣。顾进步殊少，字迹幼稚如故，尤以小楷为甚。忆在初中肄业时，国文教师唐养儒先生曾赐古帖一部，为欧阳询之九成宫。据云是宋版，并嘱我好好练习。余得之初，晨夕临摹，誓不负唐师馈赐之情。孰意四五年来，专喜东涂西抹，有时习颜，有时习柳，弄得一无是处，竟将一部好帖，堪作字范者，束之高阁，甚可惜也。

余喜品茗清谈，暇时集二三知己，清茶一壶，花生米一大包，促膝长谈，或各言其志,或杂述古今名人轶事,或重提往事,并加以评论,以为后事之师。忆周作人氏《吃茶》一文内有云:"喝茶当于瓦屋纸窗下,清泉绿茶,用素雅的陶瓷茶具,二三人共饮,得半日之闲,可抵十年的尘梦。喝茶之后,再去续修个人的胜业,无论为名为利,都无不可;但偶然的片刻优游,乃正断不可少。"此言深惬我心。

余喜与小儿为伍,幼弟弱妹,恒为余假日之良伴,抱负吻颊,习为消遣,虽至污尿满身,略无厌意。余收入虽微,然除付应付款项外,恒以半数购糖果饼饵以贻诸弟妹。余住宿总行宿舍,每逢星期日方返家一次,抵家时辄见幼弟弱妹,并立小凳上,双手上擎,作企望状,及见余手携糖果饼盒自外来,皆手舞足蹈,急下凳牵余衣襟,频频呼"好阿哥"不止,余见诸弟妹之乐,则亦大乐!夫小儿一片天真,红颜粉肌,亲之者饶有"甜"味,今之迷恋于妖娃歌姬者,移其爱于赤子也可!

余酷爱运动,诸凡田径、篮球、足球等项,皆喜尝试。忆曩昔负笈于民立中学时,运动场上,固曾叱咤风云,称雄一时,自离学校,兴趣并未稍减,每登"战场",恒欲挥戈北指,奋力前扑;顾已力不从心,往昔之丰功伟业,不能复建矣!其他若骑自由车,徜徉乎公路阡陌间,足以快我身心,亦乐此而不疲。犹忆去年此时,每逢星期假日,与老友辈驰骋于市中心区,并肩前进,左顾红鳞瓦屋,右盼绿树艳花,阳光晔晔,微风拂拂,人间乐事,孰有过于此者?兹者,桑田沧海,人事多变,一年来河山易色,面目全非,此时此地,已不复容我骑"自由"之车矣,思之良用感慨!

余每日晨起,必偕诸友习体操于屋顶之上,操法各各不同,而旨趣则一。吾辈银行从业员,终日伏处案头,难得晒阳光之机会,于身体健康大有妨碍。曾见同事中有稍受风寒,即病不能兴者,试问一旦天降大任于斯人,何以担负得起?晨操为唯一强身之法,故望各位住行同人,提早起身,同登屋顶,练习柔软体操,实健身要道也。

余最喜沐浴,公毕后必赴浴室,习以为常。自总行三楼腰门关闭后,进出大感不便。某日洗澡后,返寝室(寝室在三楼,与饭堂仅隔腰门)更衣,内衣尚未着好,而晚饭铃声已作,急急忙忙,一边走,一边整衣,计自三楼而下,转过营业间,更上三层楼而至饭堂,共费时间四五分钟,气喘未定,急据案而食,而饭菜已将吃完。于是公毕后之沐浴功课,只得暂停。

每晚九时既过,同宿舍同人络绎回返寝室,或由夜校归来,或方抛却毛管书本,整日辛劳,急待舒泄,于是趣话杂陈。青年间之谈论,不免偏激,且自信力过强,每不肯轻易附和他人意见,甚至明知对方之言有理,但言由彼出，吾非驳难不可。故一题既出，往往聚讼纷纭，莫衷一是，欲得一人为群龙之首，以定其曲直，诚难乎其难也。然间或亦有异途同归者，余尝出"食色性也"一题，凡举数喻，以证孟子之言为千古名言，于是众皆然其说，无一异议者。嗣后凡论战不休，几至用武之际（事实上绝不会用武，特旁观者见当事人面红耳赤，声势汹汹，似将来一出全武行耳），余每以异性为譬喻，以缓和空气，结果，即十分牵强，亦总使双方跳出战圈，拨转话锋，所有论调皆趋于和协，不再如其初之背道而驰。此法余屡验不爽，甚盼其他宿舍亦如法炮制也。青年相处，除好高谈阔论外，慷慨悲歌，亦为常有之现象。诸位同事虽非燕赵之士，而声声长啸，极尽慷慨激昂之致。良以现代青年胸中皆蕴藏郁悒，无处发泄，于是皆寄之歌咏，自成豪放激昂之声矣。寝室中虽有高歌，有阔谈，但至钟鸣十下，即皆熄灯而睡。余以胸境本舒，即于此时在微笑中酣然熟睡。⑧

中国银行所办的内刊《中行生活》，也留下了一些有关练习生公余活动的记载。

中国银行乒乓球队运动员合影

该行青岛分行的练习生包文藻，如此描述他所在分行的集体生活与个人生活：

鲁行同仁私的生活可不费分文均能感到十二分兴趣，这不得不感谢王经理在行内替我们组设了一个俱乐部的德政！俱乐部内的陈设，关于运动方面，有弹子球、乒乓球，耳听心娱方面的有无线电、留音机，以及围棋、象棋、报纸书籍等，无不具备。每至晚间，同仁汇集，各寻所欢。据闻前年孙副理为增加同仁兴趣起见，捐赠百元的奖品，开了一个游艺比赛会。同仁各显身手，争夺锦标，好不热闹。可惜我迟到行数月，未能躬逢其盛，至今憾然！孙襄理也常以运动如何有益于身类的话来勉励我们，并时常在俱乐部与同仁比球决赛，鼓励我们兴趣不少。至于俱乐部内的整理，我们在各主任指导之下，无不惜公物如己有，秩序井然！

谈到个人，在公事不忙的时候，晚饭后的光阴，可算完全在俱乐部内消磨，打球闲话，看书阅报，总要占去四小时，然后就做那日记工作，将一天所做事务及谈话游戏，从中有无错误和刺激感想，均加以反省：默察旁人举动作为，智识见解，较我之异同，究其结果之优劣，亦详加记载，以备他日查考张本。最后练八段锦一套，极迟十一时睡觉。早晨六时即起，先前住在行内宿舍时，到附近公园，练八段锦一套，呼吸清新空气，现因住宿的地方靠近有小山，所以每晨作爬山运动。起初稍觉吃力，日久乃成自然。登高远眺，心旷神怡，感到脑清气爽，别有天地。虽值严冬天气，亦不间断，藉以养成勇敢活泼耐劳精神！约七时半回来，习大小字两张，至九时上班办公，有时因事忙，虽做过量的工作，亦不觉神疲体倦，所以我到行以来，未曾请过半天病假。这也许是我调养身心方法上，表现一点小小的效果吧！

我逢到星期，或放假日，约二三同志，或游览山水，或参观工厂。至于鲁行同仁，大规模旅行参观，及请师授拳的组织，尚付阙如，此正有待我先进诸公之提倡！我对于电影片，认为有增进人的智识效力。然有时遇到那肉麻艳情的影片，足以移动青年人的性情，确不敢赞同。所以我非有新闻或奇观片子，不去光顾。论我在行位置微小，得的酬报当然不多，而且家累甚重，事实上固不容过分的求乐。但我本着去年王经理在训词中指示我们："信用""操守""诚实""周密"四项行员修养的方法，来尽量享受我精神上的生活，心身上觉得非常的愉快；同时我想我行全体二千余位同仁，环境不同，旨趣互异，一定各有各的美满生活。很希望人人能用"真实""活泼""亲切"的笔墨，写在《中行生活》上，亦是一件快事！⑨

然而，练习生的生活，并非都如以上描述的那么充满生气和乐趣，有时，还充斥着一些负面的情绪。

章乃器进入浙江地方实业银行后，起初在杭州，后来又调到上海。自幼饱读诗书,个性孤傲和态度傲慢的章乃器,觉得和职业生活格格不入,苦闷牢骚又使得他沾上了饮酒赋诗的名士气,这就招致了胃溃疡重症,不久还并发了肺结核。"在当时,这两种疾病都是没有特效药的,尤其是后者,得了它就等于宣判死刑延期执行。"在中西医诊治都不见效的情况下,他找来了沪上名人蒋维乔的《因是子静坐法》,这是一本讲求以气功治病的书。他后来回忆道:"我依法练习静坐,同时改革吃饭习惯——细嚼慢咽,少吃多餐,饭后休息。不到半年,我竟然战胜了两种死症,恢复健康。"⑩

四明银行员工俱乐部

以下则是一个中国银行的职员,在成为练习生六年以后所描述的真实感受:

这是多么危险,把一个未受完普通教育未经世故的少年,送进社会的途上,将如何期其有供(贡)献于社会和发展啊?

在十五年八月二十七日,我的生命线上,划了一道鸿沟。脱离了分利的求学时代,踏进生命的征程上。这就是我进本行当练习生,起始所谓人生了!在这过程里,虽没有追记的价值,可以有回忆的余味。

对于银行业务一无所晓的我,为知识和前途的关系,为体慰家长临行的叮嘱与素日的期望,总算下了一个长时期的工夫。但所得的仅很少的理解,而这很少的理解,只是些简单的手续,于是不能不更自惕励。本来这么一个大的行的事务与业务,决不是在会计或营业那一部分,在一个短时期内所能通体了解的。因此在平日,时常小心翼翼地留心着捡拾他人遗落的话根来研究与推解,终是一点表面罢了。可是从未有过灰心,常想由浅入深的找出光明来,在这长时的进行中,要算二十年(1931 年)的大改革以后,行务由简单而现代化,内部会计更应着科学的潮流前进,用脑的地方也因而多而细,同时所得的也增量了。且常引起了新旧比较的观念,似乎自己也发生着一种主见,感着有研究的必要和兴味,但是生活适成反比例的演进着。

时日流水般一往直下,眼看着第一个冬季过去了。继来的春光,渐渐的欣欣向荣。少年人的血气,山泉似的涌上,知识欲的恐慌,成了问题的中心。终于进了日语学校,这是当时认为大连周围惟一应有一知半解的学识和语言。那时候的生活,晨八时半在行办事,晚六时以后完全是我的钟点了。课毕回舍,总在九时半以后,酷暑严冬,雨雪之夜,未曾有间。不管他是否有心得,一天来公余后的精神怎样,总觉着心旷神畅,有什么安慰着似的。在这无知里两个冬日逝去了,到第三年离学年终了只有半年的冬日,公事比较繁忙起来,每天夜学,起初中辍一二次,后遂渐渐畏弃而竟不去了。在今日回想起了,功亏一篑,殊可自惜,但亦不能不谓之心堤的溃决吧!然三年来已成习惯的每晚,反而闲着感到寂然无聊。一意上进的志向,又报名了函授学校,这次自己启发的。因为自修进步很迟,不免又时时感着困难,但是鼓着勇气,总算继续修业过了一年半。

生活随着时代化,脑袋单纯的关门已被各种思潮打破侵占了。可是青年人的志气,比较上是向上的,每在一个相形之下,马上寻思到自己所学的不足。于是今天买了一本英文书,预定在某时期内补习完了,但隔了一半天,更觉着国文是第一要件,虽不用怎样精工,至少弄到通顺。可不久总有新的思想来接替,今天讲到什么玄妙的哲学,后天羡文学的洒脱。一个意念永未摆稳过,购买的书籍,很多没有读完,就束之高阁了。生命如在雾天的大洋中颠簸着,是不算意外的天灾,只是残息支持着躯壳,薄弱的意志,为大部分少年的写真。

在空间的轮转里生活,已为环境所支配。而空气的压迫,更易使理智时常变态的。四年多的生活,仅如影梦的过去了。衔接的甘自暴弃,怨天尤人的思潮在心头上打漩,什么社会的混沌和黑暗,什么不公的赏罚,也居然染上了各种时弊,不知如何充当知识,涵养内心,来预备将来的应用。反而过一天算一天的混下去,甘入落伍之途。生命已失却营养,然而空气也不让你乐观,但在受着一个激刺之后,良心又在督责着,预备奋斗。前后有过多少次,终未现实。这种已成野性的意志,一放难收,又似浪涛的起伏,再也寻不出哪儿是他的踪迹。

在这半截的生活中,能引起记忆的,是同仁们虽经组织的一二种集会,终于不被拥护而解散了。惟有几个少数好运动的同仁所成的篮球队维持着，已有二年历史。队内有行外的人，在这团体中倒显着共同生活的精神，并帮助着做学识上的探讨，这因为年龄相仿的关系吧。

几年来由环境空气所养成的堕落和不长进，已经感到了自怜和苦恼。虽是很少能力自拔，但亦只要有一个不同的处境，或可交换过来的。同时我确信环境能支配生活，生活是很难转变环境。我在连的生活，结到现在正正六年有七月。①

中国银行营口支行的蔡祐，在1933年1月的《中行生活》上发表了题为《我的生活》的回忆文章。该刊编者指出："蔡君肯把个人的'公'与'私'生活，赤裸裸地写出来，这种勇毅的精神，忠实的态度，实在令人钦佩。"该文如此写道：

当我在学生的时代，可以说是我一生最快乐的时期。所有衣、食、住等，我是毫不过问，也无须我自己去操心劳力。到了距离毕业已近的那最后的一学期，因为经济的关系，以致无力升学，使我不得不为将来的"生活"作准备。但既乏积蓄，不能不求一可为永久"生活"的地位，因是就想到要择一种职业，类如银行、公司、洋行、邮局、海关、盐务等，经过了一番审慎的考虑，我的心目中对于"银行生活"景仰到万分；觉得一般银行家谦和温厚，最为各界所钦企，尤其是生活舒适，令人太羡慕了。我的虚荣心太盛，结果为我个人的环境战败；我的目的和希望也归于失败，只好另谋别途。在民十六那年春间，考入怡和洋行，在写字房练习，这是到社会服务谋"我的生活"的第一次。以后因感于外人的暴横，待遇不平等，忿而辞去。事有凑巧，我国首屈一指的中国银行恰要招用一个练习生，我得友人的介绍和援助，居然成功了。总处批准后，就进了营口支行练习。我最初的志愿，竟自达到了。那时真是使我惊喜欲狂！

在我到行之初，对于银行的使命、业务的趋势、事务的处理、行员的责任，可以说是整个的茫然，每日盲从的工作，如同一架机械，遇事毫不经心，一切手续，只知其当然，而不知其所以然。不到半年，各部分的职务，完全练习过了。自己以为银行事物多半明瞭，其实只学得一些皮毛，对于银行的真精神，脑海里一点影子也没有。那时自信力很强，遇事有不十分明瞭的地方，也强作了解的样子，不愿向高级行员去求教，这是多么可怕的事情啊！有时对于工作上，觉有疑问，就擅以自己的意思去处理，结果弄得一塌糊涂。我在年幼时，由银行里所得来的印象，认为银行是官厅式的，我们当行员的，当然也有一番威严，所以对待顾客傲慢极啦。曾记得在营业上管理特别往来存款时，顾客有所询问，很简单地答复几句。再问，则生厌恶之心，装作未闻。有一次在下午二点三刻的时候，来了一位乡下人取款，我于是引吭高呼："下班了，明天上午十点再来吧！"诸同仁皆大笑不止。

我的不良起居，与我服务的恶现象，并驾齐驱，与日俱进。每天睡觉很晚，所以次晨不能早起，到行也就晚了。对于有益身心的杂志刊物，全无心去读。饱食终日，无所事事。好像冥冥中有魔鬼来主使我，甘心作那麻雀……无意识的游戏和嗜好的奴隶。从此虚掷了宝贵的光阴，身体和名誉感受莫大损失，前途已入于黑暗而又可怕的悲镜。

好了！我忽于民十七那年觉悟了。所有以前的行为，完全翻悔了。一半受良心的责备和朋友的规劝，一半也得归功于有刺激性的书籍，这可以称作是"我的生活"的新纪元！我的前途，已由黑暗里迈步向光明的路上走着，举凡一切工作、举止，应对完全受了正轨行员的同化了。高级主管员对于我的职务和品行，全都很诧异，晓得我是一个悔过自新的人，居然重视我了。这时我行的业务和组织，大加革新，注重于汇兑。我被派在营业上办理汇兑，此时的我不过是一个由练习生初升至助员的最低行员。我荣幸极了！可是心里常存一种恐惧心，惟恐不能胜任，有负当局的美意，又怕有辱我行的体面和美誉。所以兢兢业业的至今四年之久，一丝一毫也不敢越轨。每天到行很早，下班可以说是最末后的一个人。我可以勉强说："我是已然受过训练的，不是以前那样腐败。"顾客来行接洽事件，交谈时和颜悦色，凡事敏捷不敢延慢，恐怕顾客有烦言。有时顾客等候时间稍长，必定把情由向顾客说明，用很客气的话安慰他，表示道歉的意思。顾客出行没有不满意的。

最近连支行因为收发信件发生障碍，要求各联行对于信汇不收信，以信汇用信代替，我们当然要遵办啦。我为便利顾客起见，汇信仍然照收，不过是不能封口。前天有一老者，打算汇款到济南，进门问道：

"我打算用信汇往济南大洋三十元，可以吗？"

我："可以，可以，但是大连检察信件，你最好用信汇用纸，信上所说的事情，也不妨写在上面。"

顾客："我不会写字，怎么办哪？这纸上面积太小，又写不开？"

我："你的信如果有要紧的事，最好另寄；否则，不必封口，我可以照收。"

顾客："信内没有要紧的事，就不必封口了。汇费几何？"

我："只收你一毛五分，作为我们的邮费。"

顾客："太便宜了！我向来在邮局汇钱，每次要二三分的汇费，另外还得寄双挂号信，吃亏太大了！我们的同乡很多，我告诉他们到这里来汇吧。"

我："欢迎极了！汇费克己，还便宜呢。"

上述问答是由我的日记中抄下来的。同事中有说我办事疏忽，信汇不应代收信件，反使连支行生出许多麻烦手续。但是我觉得对于顾客予以充分的便利，完成我们银行的使命，尽我个人的义务，顾客得到我的殷勤招待，自都愿意与我行往来。我每天虽然下班很晚，工作很忙，我感觉"我的生活"愉快极啦。我的学识有时觉得太缺乏，于是搜罗一些有益刊物，作我公余的良侣。自从我行发行月刊，每月可以得到总经理的训话和银行界名人的讲演，对于我的品行和服务的能力上，得着许多帮助与指导。我的英文程度太糟，因为在学校时代，没有读到良好的商业课本，每想抽暇补习，又苦于营口无良好讲师。也曾补习过二次，不久皆因故中辍了。每一想及，引为憾事。我认为与我的前途太密切了。我的体质素弱，不喜运动。身体与脑力有联带关系，假若没有健全的体格，一生的事业，大受其影响。总经理和戴总秘书莅营时，对于同人谈话都讲到运动问题。此次汪副经理来营，对于我个人的修养和身体亦劝励有加，予我长时间的训导。现在我每晨起床很早，饱吸新鲜空气，作柔软体操，藉以锻炼身心，唤发脑力。

我现在努力贡献我的能力，尽量尽我的义务，为我的前途奋斗。每月所得的酬劳，足以维持"我的生活"。现在本地金融界的情形，似乎不及从前，而我仍鼓起我的勇气，以全副精神与恶劣环境作猛烈的奋斗。处在逆境的人，不可抱悲观，正是我们青年奋发和创造的机会。那么我的前途一定更光明啦，将来"我的生活"比较现在一定有较优而富于兴趣的，努力！努力！[12]

以下所录，则为某银行练习生董狐写给《银行知识》杂志的一封信函：

编辑先生：

下面是我的一段历史。我是一个平凡的青年，是一个银行里面的小小练习生。自然，我的已往的历史，是没有对人一谈的必要或价值的；虽然话是这样说，然而我又觉得我的历史有写出的必要，而且是能使许多青年自策自警的，所以我终于大胆地写出了，文之佳劣，在所不计，我只希望银行界的青年们对于我这篇文字能注意一下。

我是从来没有进过学校的，在十三岁的时候，便跨出了私塾的门，所得的学问，连沧海一粟都没有，虽然有时也不揣愚陋的在报纸上投投稿。但是不久就因不感兴趣而停止了。十五岁的那一年，我的慈爱的母亲和父亲，同时抛弃了我们（我还有一个大哥），而长辞了人世，当然，我们是万分的悲痛。在这时候，我更离别了兄长到北方去学业，一个十五岁的孩子，在一年之中丧失了父母，离别了兄长，到一个人生地疏、言语不通、饮食不惯的地方来作事，心里的痛苦，当非言语笔墨所能形容的了。第二年，大哥知道我因无父无母无家可归，孤伶伶地飘流在异乡，会引起悲伤的，便寄了《寄弟》一首诗给我，那诗是：

> 形影相依仅二人，悴怙早失倍相亲。
> 无情竟被饥寒逼，有意谁甘两地分。
> 天南依旧休怀想，地北多寒望自珍。
> 逢到思时常自励，男儿当抱四方心。

虽然，大哥的慰勉，是无微不至，但是我精神上的痛苦，何尝能减去毫厘呢？我十八岁的时候，大哥结婚了，自然，这时我们的欣慰，又非言语笔墨所能形容了。但是残酷的造物者是不仁的，在去年的初夏，我的嫂嫂又罹肺疾而亡故，一个才有一些新鲜气象的家庭，不到一年，就这样的消灭，人世如斯，生复何益？我们兄弟同时都很消极了。然而念到一家兴废，全赖我们二人，不得已只有念着"今日饱尝人意味，他生纵有莫重来"，而在人海中挣扎着。去年秋天，我结婚了，对方是表姐，所谓"青梅竹马，两小无猜"的在一起长大了的，双方的性情都不隔膜，这给予我以不少的安慰。结婚后十八天，我便为衣食而离别了故乡镇江！"商人重利轻离别"，谁愿意受这样的讥讪呢，然而我们是没有那终日"软玉温香抱满怀"的资格的，我终于毅然的走了。

现在我已经二十岁了，因为在行里有二年多的成绩，所以每月有十四元的代价。在生活程度高到极点的现在，以十四元赡家应世，无疑地是不敷的，只有抱着"做一天和尚撞一天钟"的主义敷衍下去，虽然迹近消极，却也无可奈何，但我并没有灰了我奋斗的雄心，原因是我现在明白人类是须要有朝气的，是不应颓唐的。

环境比我好到千万倍的青年，当然是多得不可以数计（比我更坏的也不能说没有），但是他们自己都不觉得好，甚至会诅咒他们良好的环境不良的，这是极容易明瞭他们之所以不满于自己的环境的原因的。一、他们没有经历过，或看见别人经历过困难。二、人类是没有知足的时候的，正如俗语说："百姓想做官，官想做皇帝，皇帝想登天"，因为环境好，所以想更好。三、自己不事生产,徒尚虚荣,享受惯了,偶然遇到一些拂逆的事,便会觉得自己的环境是不良的。从这三点看起来,委实是错误了。现代的青年,是不应做寄生虫的,是应该奋斗的,朋友们,请你们向四面看看吧:环境比你们更不如的人正多着呢!

(二六、五、十六,于蚌埠客次)

　　相比较而言,这位练习生的处境虽然较为艰难,但从他的言辞中,看到的则是更为乐观的处世态度。

注释

① 胡守礼:《雪泥偶留》,http://hushouli. netor. com/,2016 年 5 月 26 日登录。

② 同上。

③ 同上。

④ 李建树著:《应昌期传》,台湾理艺出版社 1999 年版,第 15～19 页。

⑤ 江明庚:《从钱庄学徒到银行学生》,《兴业邮乘》三期,1932 年 11 月 9 日。

⑥ 吴申淇:《一年来做银行学生的感想》,《兴业邮乘》八期,1933 年 4 月 9 日。

⑦ 吴申淇:《京行同人的生活》,《兴业邮乘》十五期,1933 年 11 月 9 日。

⑧ 任肃:《业余生活琐话》,《兴业邮乘》七十六期,1938 年 6 月 9 日。

⑨ 包文藻:《从鲁行同仁生活谈到我个人生活》,《中行生活》十二期,中国银行总管理处,1933 年 3 月 15 日编印。

⑩ 章乃器:《七十自述》,《文史资料选辑》第 82 辑,第 37 页。

⑪ 过中俊:《在连六年来的生活》,《中行生活》十八期,中国银行总管理处,1933 年 10 月 1 日。

⑫ 蔡祐:《我的生活》,《中行生活》九期,中国银行总管理处,1933 年 1 月 15 日编印。

个案

在近代中国银行业发展史中,不少著名银行家所留下的故事,至今仍令人称道。然而,作为当年银行业从业人员主体的中下级职员,留给人们的印象却极为模糊。多年以来,笔者一直希望探寻这一群体的真实面目。由于年代久远,相关资料非常零散,这项工作的进展极为艰难。直到有一天,偶然发现了"徐寿民"这个人,才觉得或许是一个尝试的机会。

首次关注"徐寿民",是在阅读浙江兴业银行所编《兴业邮乘》的时候。该行是民国时期著名的"南三行"之一。从 1932 年 9 月至 1949 年 7 月,该行出版了专供本行同人阅读的内刊《兴业邮乘》,总数达 172 期。有一个名为"徐寿民"的作者,投稿相当积极,内容涉及个人工作与生活,及本行业务发展、宏观形势分析等诸多方面,且文字生动具体,极具个性。也正是这些长长短短的文稿,激发了笔者进一步了解和追踪此人的兴趣。

这是一个名不见经传的小人物,却又是一个曾经真实存在过,并且从练习生成长为高级职员的真实人物。

练习生

1925 年初,徐寿民投考浙江兴业银行练习生,介绍人为时任该行天津支行襄理师凤昇。被录取后,徐寿民于当年 2 月到上海总处报到,随即被分派到天津支行。总处为其代购了由上海赴天津的"新铭"号轮船的船票,并关照船上茶役照顾。另一位同时录取的练习生姚引之,当时结伴而行。这一路对于徐寿民来说,十分辛苦,"船行海中,颠簸甚剧,呕吐卧床不能起,三日未进食。"①

尽管如此,徐寿民的心情似乎还不错,"船至津沽,时已万家灯火,船身弯曲驶入七十二沽,顾盼岸景,大有可观。"抵达码头时,已经是夜里 11 点多,船上的茶役担心这两位年轻人难觅行址,特别交代当地长发客栈的接客,先带至该栈寄宿。抵达客栈后，姚引之嘱客栈茶役代购了鸭梨和落花生，权充宵夜，"味极可口，胜于南产"。②

第二天早晨，徐寿民等二人询明路径，徒步到行；"时行屋四周皆为平房，惟我行屋独巍巍然，一望即触眼帘"。"入门，首遇姚颂南君，具道来意，即由庶务李幼甫君偕同拜见老师，揖晤同人"。在徐寿民的记忆中，该行对待练习生相当不错，"素视同家人子弟"，而当时天津支行经理顾逸农先生，对他们更是爱护备至。③

徐寿民回忆道："进行的头一天谒见经理，我实行叩头拜师大礼，顾经理确亦把我当作自己的子弟一样，除于公事上循循善诱外，并于各项小节，如起居、饮食、衣着、读书、消遣等事，亦极注意，遇有不顺眼的，他就毫不客气的当面直说。"④

顾经理的严格管理体现在多处。"不日，即嘱入美国英文夜校补习英文，至平时对于我等行动督促尤严，盖恐青年血气未定，督率不周，易入邪途也。"徐寿民与姚引之居同一寝室，每晚九点钟即睡。"有时方熄灯就寝，忽觉门半开，探入一人头，急开灯，方知为顾经理巡查我等是否在行也。"⑤

不到两个月，另一练习生程杏初到行，他们又多了一个伴侣。"初三人留有头发，一夕，忽茶役递到经理手谕，略谓'汝等正在练习时期，首宜宝贵光阴，不可费时于修饰门面'，于是三人乃各剪为平顶。"徐寿民对此感叹："顾经理对学生注意之微，于此可见！我等之能守纪律，略有上进，顾经理实有所赐！"⑥

22年后，《兴业邮乘》举办"我在本行所遭遇最有意义的故事"征文时，徐寿民以"二天剃了二次头"为题，再次叙述了这件令他终生难忘的往事：

> 当我进行约二个月的一天，茶役递给我一封信，信封上打着收信人我的姓名，又印着"天津浙江兴业银行缄"字样，我奇怪本行为什么要给我信呢，急忙拆阅，是一封用打字机打得很整齐的信，是顾经理具名的，看完了，我很慎重的把它放在抽斗里，并叫茶房告知行中雇用的理发匠，"下班后我要理发"。茶房回来对我说："理发的说怕弄错了，徐先生昨天刚理发，不会得今天再要理发吧？"我笑着说："不错，昨天我刚理发过的，不过今天要把西发剪一个'平头'。"于是我在下班后，在理发匠露着惊奇的神态下，把昨天刚理的发，再理了一次。

> 从这次理发的起因，我知道在学业期间光阴的可贵，自己学识的不足，从此除专心学习行务外，在早晨黄昏，不是看看中文，练习小字，就叽里咕噜念念英法文。可惜以职务上对于英法文并无用处，同时我的天资又欠聪敏，

到了现在,可说已忘记得一干二净。不过我能在本行做一个小小的头目的基础,可说完全还是在那几年中打定的,所以我认为剃头事小,给予我的意义极大。至于那封信的内容,恕不发表,大意谓在学业期间光阴可贵,养了西发,理发次数既须加勤,而每日梳洗,更费时光,且头戴乌纱帽,尤不雅观(当时养发的练习生有好几位,有的在宿舍里常带着压发帽),限即日剪去,并其他勉励等语。⑦

浙江兴业银行津行行员表

在天津支行充当练习生期间,徐寿民等几位相当勤勉,积极上进。"行中每早于九时开始办公,备有签到钟,我等六句钟起床后,即去签到,以营业室门尚未开启,均由营业柜上窗洞出入,虽觉可笑,而足表各人颇有进取之心。使吾终身而有此种思想,决无贻误公事之虞矣。"⑧

徐寿民最初被安排在该行本埠同业处练习,"除递传票、抄往押透等便查簿外,一无所事,然犹觉不能胜任。忆曾有一日,将往透某户存数误抄为欠,致遭经理之训责,乃深感银行工作之难"。不数月,徐寿民被调至南开储蓄分处,该处设在南开中学校内,除吸收一部分学生零星存款外,学生家长汇寄款项,亦因此多托该行办理,"实为一举两得之发展业务方法"。当时的主管员为娄琴斋,"一切均蒙指教,获益良多"。这期间,给徐寿民留下深刻印象的,是乘坐电车。"南开地处城南,往返须二易电车,再坐胶皮。津地电车不分等级,乘客多北人,性嗜大葱,其味触鼻,非南人所习闻,夏季蝇类尤多,但为节省行中开支,娄君与余均安之若素。"

数月后,徐寿民被调回支行,先后在会计股、文牍股和汇兑股三处,轮流练习。他对这三处的经历,留下了以下印象:

> 时会计主任邓范吾君,短小精干,尤善交际,柜上顾客多由彼接待,与票盖章,常由会计股人员或营业上之职员代盖,手续虽嫌欠缺,而从未发生事故,较之目前各银行防范虽严,而弊窦仍有所闻者,不得不叹人心之日非矣。

133

会计股之工作,为黏传票上之附件,打号码,帮同对帐,及整理一切帐表。

在文牍股,则不过每日封寄各行号信,及有时帮同抄缮信稿而已。工作虽似细碎苦燥,而无形中每日各股之情形,得窥全豹,余之于银行业务略知一二者,此练习期间之所得也。

最后在汇兑股学习,主管员刘学斋君,事无巨细,均乐于指导,并常嘱实习。时尚未废两改元,银洋折合,虽多一重计算,而银行于汇款中,在行市内无形中可多沾利润。今则银行利益日趋艰难,此亦一端。记载总分行转帐,以有对方关系,初觉复杂难懂,不过依样葫芦,嗣经探得原理,乃感趣味。⑨

1936 年 6 月,徐寿民发表在《兴业邮乘》上的《练习时期之回忆》一文,提到了好几位当年的同事,其中对项叔翔先生印象颇深,评价极高。"项君一无嗜好,终日埋头苦干,坚毅卓绝,当时曾同打网球,兴致颇浓,有时遇雨,非打至不能再打时不止。"1938 年 8 月,著名银行家、浙江兴业银行总经理徐新六遇难,在经历了由董事长叶景葵兼任总经理的两年多时间过渡之后,项叔翔于 1941 年元旦正式出任总经理。⑩于此亦可见徐寿民的独到眼光。"惺惺惜惺惺",似也可推论,项叔翔对徐寿民也同样留下了不错的印象。

行员

徐寿民先后在该行天津支行、北平支行和总行任职,主要在柜面一线服务,直接与顾客打交道,即便从事管理工作后,也主要负责营业方面事务,积累了相当丰富的实践经验。从他在《兴业邮乘》上发表的多篇文章看,他又是一个喜欢思考、善于总结的行员。

在天津支行工作期间,徐寿民对自己从事会计核对的职务有如下认识:

在银行里办事的人,大部分的工作就是书写和计算,在柜上的还须应对顾客。至于我常任核对职务的人,除别人偶有错误的时候,须写一张铅笔通知纸条外,一把算盘,那是为我一刻不离的良伴。从前有人说:"做钱店倌,是铜钱眼里翻筋斗",像我这样的人,那么也可以说是在算盘上跳浜了。说到我职务的本身,看起来好像是机械式的,无弹性的。可是在复核的时候,行中和顾客的一切,均能一幕一幕像映电影似的,在我的脑筋里演映着,能使我兴奋,能使我领悟,有时还能使我发噱。⑪

他自谦没什么特别的经验,可是倒学会了一种偷懒的方法。"我常用孔老夫子所谓'视其所以,观其所由,察其所安,人焉廋哉'的老把戏,把各人的品格和记帐的脾气,来做我复核时开马力速度的标准,这也可说是我吃饭的法门。"他是如何观察与思考的呢?

这是某透支户所开出的支票,上面注明收款的抬头人,并盖有某银行代收的戳记,表明了该户这笔支款用途的大概,和抬头人与某银行有往来的关系。

那又是一个存户付给奶粉公司,购买奶粉的零数支票,这个存户真精明啊,他不论买点什么,不论数目的大小,总用着支票,以免耗费他存款的利息。

某同业行中与他往来的欠户,多存了一万或五千。他们同我行往来的存户,就存进了相抵的数目,而开出了这张彼此存欠冲帐的支票,资金运用的困难,大家都感觉着啊。

看到收交电汇的数目,就想到行中又为着什么用途,在那里调拨头寸了。

外币的买入卖出,多是 Cover 的,表示行中对于外汇的经营,是完全采取稳健政策的。

难得有一笔出口押汇,它对于我们的国际收支上,又发生了细微的影响。

定期存款天天在增加着,同时又感到它的出路何等困难,利率就不得不紧缩点。

上月份的煤费特别的多,这是因为上月份是一年中天气最寒冷的时期,火炉不得不终日连夜格外多烧一刻的缘故。

这是什么字啊,仔细一看,原来是一个 9 字改成 6 字的,他把 9 字的一只脚,没有方法锯去,不得不加一道红线。这是我们做银行员的通病,遇到写错了数字,往往不肯将它用红线划去重写,而喜欢涂改。⑫

1929 年至 1930 年,徐寿民在天津支行主管国内汇兑业务。他在参加《兴业邮乘》"回忆中最难对付的几个顾客"征文时,将所谓难对付的顾客分为三种类型:一是精明而熟谙银行业务的;二是不识书写及不懂银行手续的;三是智识阶级中似懂非懂、强词夺理的。并用具体事例,阐明了应对的方法与技巧。⑬

当然,也不能把营业中所有的过错都归咎于顾客。他曾借助一位朋友陶君之口,对柜面行员"最易沾染之不良习惯",作了如下描述:

办事人员，能将空闲功夫，以书报为消遣，确是一种最良好的习惯。不过银行员在办公室中阅读书报，于办事手续的快慢，与顾客时间上的经济，似有极大之关系。因一般人看书，至津津有味时，常不肯中辍，必须看毕一段，始肯放手，再处置其应做之事务。银行事务往往须经过多人之手，始能完毕；若中有一人，有此习惯，手续必因之而迟缓。我因此须多站几分钟在银行的柜前。

我有时至银行，往往正遇着管事员在整理钞票或书写帐单，能够即刻放下他的工作而来接待我的，实占少数。客气点的，还说一句"对不起，请等一等"。有的往往竟不睬人，直等到他的内部事情完了，才慢吞吞的与我来接洽。或者在他的心目中，以为他办的也是公事，不妨使我多站一站。不过依顾客的心理，似宜先做柜上的事务。因谁也不愿鹄候于银行之柜前，而耗费他的宝贵光阴。

我有时跑进银行，柜上并无许多其他顾客。但是我所要接洽的银行员，正离座与其他银行员谈天说地。我虽然等了许多时候，但是他并没有注意到我。我因另有他事，不能静聆他们的高谈阔论，不觉用手在柜上拍了几拍，那银行员才赶过来与我接洽。他那一付不景气的尊容，似乎很怪我，不应该拍柜台催他。⑭

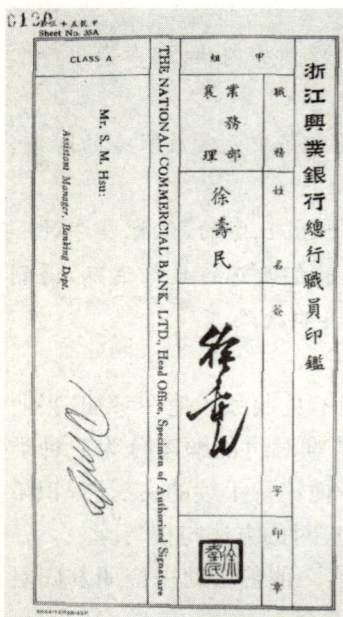

浙江兴业银行总行职员印鉴

徐寿民是一个有心人。对于银行柜面操作的一些具体环节，他作了精细的研究，并将研究心得公诸于众。例如，对于印鉴核对问题，他强调"除谨慎外，尤须参酌事实，权其轻重，辨其真伪；遇有可疑者，再全神贯注以考察之，庶可事半而功倍也。"⑮对于利息计算、特种储蓄存单的逾期、零存整付与往来存款关系、扣缴利息税计算方法、存息所得税扣缴手续等，他都提出了自己的真知灼见。⑯

抗战胜利后，徐寿民显然受到了该行的进一步重视。1946年8月31日，浙江兴业银行总行第23次业务会议议决，设立推进存款小组委员会，推华汝洁、俞道就、向祖庆、徐寿民、吕一飞等五人为委员，以华汝洁为召集人，从事检讨存款增进迟缓原因，并拟推进方法，交设计处研究施行。⑰

1946 年 10 月 15 日，为浙江兴业银行成立 40 周年纪念日，也是《兴业邮乘》复刊期，徐寿民应约撰写了纪念文字。他以"聊述近事"的方式，畅谈了他于该年 8 月调任活存股后"所见各项小节"：

——银行办事手续，视同呆板，而各股内部组织，必须因事务简繁而时为改革，否则难奏事半功倍之效。

——如在可能范围内予以顾客便利，似可增加其对本行之好感。

——倘能使员生对于本行所有办事手续均极明了，遇顾客询问，能告以确实柜号，当可免去顾客许多麻烦。

——办事人员闲忙不一，应相互帮忙，如此本行人手经济，对员生可以多习行务，对大众可以提早结束，诚一举数得也。

他认为，"本股同人皆能奉公守法，乐于合作，使各项事务皆能迎刃而解，深堪快慰。惟余则不免有尸位之感耳"。这段话语，既可认为是作者自谦，也可视为一个老行员的真情告白。[18]

1946 年 10 月 28 日，浙江兴业银行总行第 28 次业务会议议决，成立机器记账办法研究委员会，为该行应用从美国订购的记账机器做好相关准备。徐寿民被推举为该委员会委员，并在其中承担了重要工作。一方面，他作为考察组成员之一，负责到已装备该机器的中国银行、上海商业储蓄银行等处的实地考察；另一方面，他作为训练组负责人之一，参与了收付款、对印鉴、记账、打清单，以及各人员间次序、手续连贯妥速等制度设计，并负责指导和实际训练机器记账人员。[19]

居家

徐寿民在天津做练习生时期，该行经理、襄理等均住在行内，颇为热闹。每晚同人多以打牌为消遣，而徐寿民的主要娱乐则为听留声机及打台球，他后来说，"余至今性嗜皮簧，实种因于此"。有时，他也参与打乒乓球。"项君（项叔翔）令弟吉士君，前服务津中国银行时，曾寄寓本行数月，时因天气炎热，不能早睡，常在电灯光下跣足露背，共打乒乓，直至汗流浃背，晚风习习时，始各洗澡就寝。至今谈及，均犹为之莞尔。"[20]

徐寿民喜爱读书。假日，他经常与另一练习生姚引之至天津当地中国城内，参观商务印书馆等书铺，"归途恒购粽子糖一角，共啖之，亦至足乐"。该行襄理师凤昇，"常以李文忠公信稿嘱抄，时至我等房中谈笑，颇为和蔼可亲"。朱展宜先生人颇热心，晚间并为同人们补习英文，徐寿民和王百先、姚引之、韩椿庭、程杏初、瞿盛初等同事都参加听讲,"先生讲课时,精神饱满,声音宏亮,听者颇感兴趣,而尤以讲解外国法律案件时为甚"。收支主任屠兆莲君,宁波人,"'肉骨头敲锣鼓'等甬语,常闻于耳"。他的印象中,"屠君不轻外出,亦不打牌,早晚惟朗诵经书,其用功精神,实足取法。"⑳

徐寿民认为,"每日以书写一二三四数目字,和拨动'逢一进一'算盘珠的银行员,他们的职务本来就很刻板,若一天的事情稍忙一点,难免要觉得生活的枯燥和烦闷。不过假使我们在公务之暇,有相当的娱乐以调剂身心,则我们一天疲乏的精神,自能会得着一种安慰,而恢复原态。"㉒

1930年代初期,有关天津支行同人的业余消遣,徐寿民作了相当细致的观察:

> 津行的同人,不少是带有家眷的。他们"下班"之后,各自回家。有的将他们的闲暇,专消磨在书本上;有的小孩子多,佣人少,不免要替太太做点琐事;有的子女稍大,还要过小学教员课读的生涯;有的夫妇爱情浓厚,不肯寸步分离;他们在家中各人有各人的事务,所以他们类皆不常外出。遇假期日,亦有作叶子戏和往电影院的,惟为数并不多。

> 谈到没有家眷的同人,他们的生活,约可分为三类。第一类是性格喜静的:看书是他们消遣的大部分;有时溜马路,作为他们的运动;搜集邮票,听听话匣,作为他们的娱乐;很难得看看京戏和电影。像这样的同人,要算很多;因为非但消遣方法高尚,且同时对于费用上也很节省,所以是很值得使人效法的。第二类是比较好动的:他们虽然也有知识欲,惟他们对于各种游戏,如游水、滑冰、划船、打网球、哼皮簧,都要尝试尝试的。他们的生活好像很快乐,不过他们的费用,就不免太费些。第三类是动静不能的:除了办公之外,就好像无事可做。他们的生活,要算最乏味。不过属于这类的,人数很少。

> 至于同人们在外边胡调的是绝无的。因为天津地面不大,在各处都可以遇着和经副理认识而常来行中办事之主顾。我还记得从前有一位同事,被友人相强,至一个大家认为非银行员所宜去的地方,第二天就有一位主顾在经理室大声的说:"昨天晚上,竟在某处遇见你们某科的某君。"幸而这位同人平时信用素好,然也被经理盘责了一顿。所以我相信,同人中若有在外作越轨的举动,是决瞒不过人的。㉓

徐寿民认为,"人生除了职业以外,消遣的确也是一件不可少的事情。各人嗜好互异,我以为各种正当娱乐,做银行员的都可以去干,只要顾到三个条件。"
他认为:第一是经济方面:做银行员的,收入有限,若用途大了,必致入不敷出,
亏累堪虞,这是应特别注意的。第二是健康问题:行员的事务,多有关于银钱的
进出,偶一不慎,就要赔累,故不能作有害身体的娱乐,或过分的消遣,以免贻误
公事。第三是道德观念:做银行员的应有高尚的人格,才能使人信任,故无论作
何种消遣,须以不背人格为宗旨。㉔

1935年上半年,天津支行成立了同人俱乐部,"以联络同人感情,增进同人
学识,及提倡同人公余正当娱乐为宗旨",设立了图书股、体育股、游艺股、演讲
股、总务股等。徐寿民作为筹备委员之一,个人捐款10元,并当选为体育干事。
他组织了乒乓球队和网球队,广泛开展各种比赛,此举"于私人则身心获益,于公
谊则以同事间聚首机会较多,促成更敦厚之友谊,于行务多所切磋"。同事评价
道:"徐君为本行网球健将,滑冰、游泳亦无不擅长,又极热心公益,干事部工作
分配后,莫不群庆得人。"㉕

1938年初至1939年6月,徐寿民在北平支行工作。当时的北平已成为日
本占领区,他日常生活显然有了很大的变化。他如此描述当年在北平的观感:

> 到各个游玩处所玩,到处遇到很多的日人,当月夜泛舟在北海荷塘中的
> 时候,日兵酒后的高歌,会从几只大船上,被风吹送入我的耳鼓,减少我的游
> 兴。不过这种情景,并不能惊醒大众苟安的迷梦。到城外西山等处,日人都
> 办有游览汽车,供人乘坐,去的都是日人,同胞们没有卫身的武器,大概到了
> 颐和园,就不敢再往西跑了。
>
> 北平的人口已较事变以前大增,日人的数目不知确数,不过在几个月以
> 前,"交通公司"来了一批职员,就共有二千,所以北平城里城外,到处住满日
> 人,有几处划为警卫区的,且已变成他们的居留区。住在这区域内的同胞,
> 虽然没有被逐,可一旦要是搬家,这房屋就不能再租给另一同胞了。
>
> 北平的住家,虽然没有像上海鸽笼式的一幢房子里住上七八家,但是现
> 在一般因为牟利而把房屋分租出去的也很多,同时从前一间房间月租二三
> 元的,现已涨到了七八元,房地产的价格,也已涨到了一倍以上。
>
> 街道上来往的汽车很多,行驶都不遵守规则,争先恐后,横冲直撞,常肇
> 祸端。在行人道上的本行围墙,曾被撞倒一角;在长安大街上,往往会停下
> 一辆汽车,走下一个绅士式的日人,就在道上小便起来。
>
> 北平的人口调查得很清楚,在门户上都钉有一个小木牌,注明住户的姓
> 名和职业,有时被认为可疑,或在同一个胡同里出了小小的案件,三更半夜,

会跑进几个日本宪兵,在院子里架起机关枪,大施搜查。北人喜欢裸睡,有时被揭开被窝,表演一幅模特儿,也是常有的事。

在晚上并不戒严,不过在大街上常常会遇到检查,几个客气的警察,会说一声"对不起,临时检查",几个狐假虎威的就大声威吓,推来推去,头几次着实觉得可怕,惯了也就安之若素。记得有一天,我骑车到北海去,在半路上遇到检查,因为我的骑车术很不高明,就对他说,我下来可上不去了,搜查的笑着,看看旁边的日人,意思是说有他,你不得不下来啊!

北平的物价,虽然较事变以前增加了不少,不过当我离开北平时,据我所知道,除米面及舶来品以外,都比上海低得多;因为伪政府对于物价限制很严,譬如煤球每千斤官价五元五角,有超过官价出售的,轻则被罚,重则停业。前几个月,某大银号的掌柜和伙计,都被捉到宪兵队里去,要该号把买卖黄金和货物的盈余几十万吐出来。宪兵队对付商家的手段确是凶辣的,物价的稳定,也是他们的颜色。㉖

徐寿民调入上海总行工作后,对组织同人业余活动仍然非常热心。1946 年 6 月前后的一个星期日,徐寿民与同事赵励之共同发起了一次"郊游",预定的目的地是漕河泾、龙华两处,参加者每人可携带一位眷属,共集了 40 人,事先商借该行的交通车,是日晨九时出发,先往虹桥参观梅林罐头食品厂,继往漕河泾的冠生园农场,"饭后同游黄家花园及曹氏宗祠,再折往龙华,登塔瞭望,五时赋归"。"次日到行工作,非但毫无倦态,而且精神焕发,头脑清醒,那就是'郊游'的收获。"而且,此次活动费用不多,"可谓经济实惠。"㉗

有同事记述了徐寿民业余生活中的两则逸事,读来颇饶趣味:

1947 年 8 月,徐寿民"觅得犀角一只,滋补阴阳,非常名贵,经解剖为二,一半自享,一半检同干菜一袋,持赠'亲家'老孙。"㉘

1947 年 10 月底,徐寿民"公余讲解《烧饼歌》,按图索骥,逐句分析,口若悬河,有声有色。"㉙

见解

如前所述,徐寿民是一个善于思考、善于总结的行员。除了本职工作,在事关全行内部管理、业务发展、社情等诸多方面,他都具有自己独到的见解。

关于忧患意识问题,他认为,"本行自创办迄今,经过许多负责人员的惨淡经营,在社会上已成为一个顶刮刮的老牌子银行。"然而,"凡事不进则退,本行的行基虽固,若一味仗着牌子老,而故步自封,关门吃饭,在这同业竞争剧烈的时候,也要经不起潮流的激荡而渐致落伍的。"因此,必须保持锐意进取的精神,"使大众对于本行有彻底的认识"。⑩

关于银行经理和一般行员的关系,他拿自己看京戏的经验作比较,"一部戏的好坏,主角的关系,固然比较的重要,不过一部戏从头到底,能够场场紧凑,使观众得到特别的满意,则除有相当艺术的主角外,还须待于当配角的,各尽其力,各显其能。"他认为,"银行里的经理可以说是主角,行员是配角。银行要想营业发达,正如戏院里卖满座一样,当然非有相当才能的银行主角——经理不可。同时做配角的——行员,尤须各称厥职,勤谨谦和,以为辅佐,方可达到目的。"㉛

关于银行滥设分理处,他认为,"都市中顾客的资金如同流水,银行好似江河,水毕竟是要流入它所应该流入的江河的。分理处的设立,不过是多辟几条支流,于水的本质上讲,是没有增加的。所以大家为揽存款而设立分理处,其结果,亦不过是徒增开支而已。"他指出:"在目下百业不景气的时候,银行像这种的滥图发展,是不合社会的需要的;况且各银行既然感到目下重大的使命,是要向内地去,就应该一致团结起来,向着这个重心迈进,不要仅在这种靡费开支而无真正裨益于社会的发展上着想。否则,你也开,我也开,银行的分理处,将和钱摊一样,到处可见。"㉜

关于银行的节流,他认为,"若能处处节省,其数必有可观,而大有助于每年之盈余";并应关注以下诸方面:

——营业用房地产之经济:银行为吸收存款起见,竞造巍大行屋,以为号召,非特每年房地产所耗之利息甚巨,其余开支,如灯炭、杂费等项,亦因之较费;故银行在未建造行屋以前,必须有精密之计划,务求合于经济。

——雇用人员之经济:雇用练习生,非特薪金微薄,且易训练;银行人员须有相当之调动,如此则冗员可免,而遇行员请假之时,亦无调度上困难之感矣。

——各项购置之经济:银行欲开支节省,应详细考虑应用各物,在何种商店出售较廉,而后再多问几处作为比较,方能达到目的。否则至鱼肆购肉,鱼贩将向肉贩购得,转而售诸主顾,岂有不昂贵之理乎?

——成本会计与预算统制之重要:银行对于存款之成本,必须有精密之统计。㉝

关于银行重要职员的选择条件,他认为,"家主决不令不知究竟是否可靠之仆人掌管其门户",因此,"银行当局为欲减少误事之危险,当然亦不肯使尚未彻底认识之行员掌管重要职务。"在他看来,银行重要职员至少须具备"办事干练""学识丰富"与"诚实可靠"等三条件。他论述道:"办事能力之于银行员,犹如引擎之于机器，须有一百匹马力方能开动之机器，若配以五十匹马力的引擎，当然不能适用。银行员除有干练的办事能力以外，兼须有丰富的学识，方能各事应付裕如，盖正如引擎发生马力，有赖于汽油或煤炭之燃烧一样。又欲开动机器，除引擎与燃料必备外，谨慎熟练之司机亦不可缺，否则一旦机器失事，危险何堪设想。所以银行员尤须诚实可靠，方能称职。"㉞

关于如何推进存款业务，他认为，"夫欲推进存款业务，必须招徕顾客，而欲招徕顾客，尤须具备足以招徕顾客之条件"，并列举了12项具体措施，即提高利率、行址适中、行屋巍大、招待周到、手续敏捷、适当通融、内部联络、发展信托服务、改进信托存款、推广小额透支、利用人事、博闻周咨等。他认为，"惟欲实行此条件，有赖乎全体同人之推动；惟欲同人协力，必须紧缩人手，提高待遇，赏罚分明，循序升级，使每个行员安于职位，而乐为本行努力，否则如一家工厂，虽设备完善，如马达不动，亦属徒劳也。"㉟

关于银行抵押放款，他认为，即便有货物抵押，仍含有极大之危险，"其唯一之保障，厥为抵押人之信用。顾全信用之抵押人，虽遇押品市价下落至借款金额以下，为保持其固有之信用起见，仍必竭力设法偿还。盖信用本为放款之主体，货物不过为信用不足时之一种担保品而已。"因此，"银行放款，尤须放大眼光，探究我国经济危机症结之所在，而为银行投资谋一根本出路也。"㊱

关于汇兑业务，他认为，"银行藉此收受汇水之外，兼有发展他项业务之功用"，应给予足够重视；"以制度论，自以统一汇兑为最富有伸缩性；惟若不加以相当限制，各行只图自身汇水收益，揽做易致趋滥，使他行常感受准备上之困难。"㊲

关于提倡国货问题，他认为，作为银行员，"非特应该消极的自己不用洋货，更应促进银行本身从积极方面努力，使大量的入超真正能够减少，才能算尽了我们的责任。"他认为，最根本的方法，"就是要将各种日用的必需品，都设法用国货来代替洋货，同时它的质地和价目更不能较洋货相差的太远。"鉴于我国新兴工业进步迟缓，资金缺乏，他建议，"此后更宜进一步而注意其技术上的改进，务求其出品人人乐于购用，同时并将应办而未办之工业，择其需要迫切者，从而提倡之。这样的埋头干去，或可稍塞漏卮。"㊳

此外，对于天津商业经纪所、北平的币制、伪满洲国币制，以及立法院通过的储蓄银行法规等，徐寿民也作了研究，并提出了自己独到的看法。㊴

他的这些文章受到了同事的肯定和好评，认为有相当价值，"使我们可以得到很多的教益"。㊵有同事甚至如此评价徐寿民："观君著作，意必时下所谓幽默家之俦。盖纵读各篇，文字皆不冗长，但蓄意则颇深湛，且具林大师之风采，诚一时传诵之小品文也。"④

后话

对徐寿民往事的寻踪,类似于拼图游戏,尽管费了不小的工夫,但还是留下了不少空白和缺憾。然而,这一寻觅的过程有时又能够给人带来惊喜。在上海市档案馆浩如烟海的档案中多日爬梳,陆续发现了一些新的史料,至少使得徐寿民的形象更趋清晰了。

其一:徐寿民简历

徐寿民,以字行,籍贯浙江绍兴(安昌镇),杭州三才中学普通科毕业,天津美国女士英文学校补习二年。1925 年 2 月考取练习生,派往天津支行。这一年,徐寿民 19 岁。当时的保证人为杨之行,号经方,时任杭州交泰恒记钱庄经理,该钱庄位于杭州入山湾巷。④1932 年 2 月 8 日登记时,保证人为张直卿,天津物华金店经理。④

1927 年 4 月,升天津支行会计股助员。

1929 年初,升天津支行会计股办事员。

1935 年 1 月 1 日,升天津支行储蓄部主任。

1938 年 2 月,调任北平支行会计主任。

1939 年 5 月 17 日,调总行稽核处稽核股任办事员,旋于 6 月 28 日赴调,改调至会计股任办事员办事。(期间,1942 年 4 月 14 日换发行员证,编号为 231;1943 年 2 月 3 日换发行员证,编号为 119。)

1944 年 2 月,升任内汇股副主任。

1946 年 1 月,调任定存股主任。(1946 年 4 月 9 日,换发行员证,编号 39。)

1946 年 8 月 8 日,调任活存股主任。

1947 年 12 月 29 日,升任业务部襄理,并兼活存股主任。

1949 年 11 月 14 日,由业务部襄理调任信托部襄理。

其二:徐寿民历年薪津

1925 年 2 月考取练习生后,起初没有薪水和津贴。从 1926 年 7 月起,每月津贴为 2 元。1927 年 1 月起每月津贴 6 元。

1927 年 4 月由练习生升为助员,开始正式起薪,为每月 8 元,5 月起为 12 元,列丁等行员。1928 年为月薪 20 元,仍为丁等行员。

1929 年起至 1934 年,列丙等行员,月薪分别为:28 元(1929 年),36 元(1930 年),45 元(1931 年,丙 13 级),55 元(1932 年,丙 11 级),60 元(1933 年,

丙 10 级),65 元(1934 年,丙 9 级)。

1935 年起至 1946 年,列乙等行员,月薪分别为:75 元(1935 年),80 元 (1936 年),85 元(1937 年),85 元(1938 年),90 元(1939 年),97 元(1940 年), 104 元(1941 年),109 元(1942 年),124 元(1943 年),144 元(1944 年),174 元 (1945 年),234 元(1946 年)。[44]

1946 年 1 月 18 日,浙江兴业银行总行人事委员会召开第 149 次会议,依据 1945 年度沪、杭、渝、昆等处乙等薪以下职员年终考绩,确定了一批应行加薪升 等职员名单,徐寿民薪水调整为乙等 234 元。[45]此次徐寿民的薪水数额变动幅度 较大,但仍属于加薪,并未调整等级。

1947 年,徐寿民的薪水有一例行调整,增加为 274 元;至当年 12 月 29 日, 由活存股主任升为业务部襄理并兼原职后,薪水改支甲等 340 元,并从 1948 年 1 月 1 日起执行。[46]

1951 年 7 月,徐寿民的薪津单位:268.75。[47]

其三:徐寿民个人信息

徐寿民国民身份证声请书

1946 年 4 月 30 日,徐寿民填写了一份"上海市国民身份证声请书",附贴了 一张黑白免冠证件照。照片中的中年男子,身着灰色西装、浅色衬衫,系深色领 带,衣着整齐。他的脸微微向右侧,较瘦,短发,发量不多,发际线高在头顶,露出 了整个额头。他的眉毛浓密,眉峰挺拔,鼻梁高,眼睛不算大,目光向前,坚定有 神,嘴角微向右扬。照片给人一种干练、精神的鲜明印象,与彼时的职业、职位很 契合。其他信息如下:

姓名：徐寿民；性别，男；年龄：四十一；出生年月：民前六年十一月十九日；
籍别：本籍：浙江省绍兴县；寄籍：本市；教育程度：中学；
家长姓名：寄住孙信之家中；同居人数：九人；
居住年月：三十五年三月；
住址：山阴路兴业坊廿四号，十七区八保二十甲七九户；
职业：银行；服务处所：北京东路二百三十号浙江兴业银行。[48]

其四：1950 年以后……

1950 年 2 月 8 日，徐寿民由信托部襄理调任储蓄部襄理，同时兼存款股主任。[49]

1950 年 11 月下旬，浙江兴业银行召开了解放后第一届行务会议，徐寿民参加了这次会议，安排在甲组。[50]会议期间，他提出了"个人对于本届行务会议的意见"：

徐寿民：《个人对于本届行务会议的意见》

（甲）关于业务会议：（一）业务会议有许多提案，议而不决，或决而不行，或行而不与决议相符，似应推定执行组，以为补救。（二）无论任何会议，参加人在会场上想不起意见，有时在会后会得想到或互相讨论，所以希望本行业务会议能规定大家可以提供补充意见的办法。（三）希望大家在会议时，对于任何提案，能养成热烈讨论、革除不闻不问的态度、不以事小而忽略、不以提案人关系而歧视之习惯。

（乙）关于人事方面：对于行员，尤其中级以上之行员之能力、操守等等，人事处应有详尽的记录（除凭上级之填报外，并须从侧面调查，实地观察，以求准确），以便本行需要何项人才时，择其最适当者选调之，并免去临时仅凭一二人之推举以定迁调之弊端。[51]

1952 年底，徐寿民响应号召，受公私合营银行联合总管理处委派，到北京参加了人民银行训练班，并被列入学习人员光荣榜。[52]

注释

① 徐寿民：《练习时期之回忆》，《兴业邮乘》四十六期，1936 年 6 月 9 日。

② 同上。

③ 同上。

④ 徐寿民：《二天剃了二次头》，《兴业邮乘》一百四十三期，1947 年 10 月 15 日。

⑤ 徐寿民：《练习时期之回忆》，《兴业邮乘》四十六期，1936 年 6 月 9 日。

⑥ 同上。

⑦ 徐寿民：《二天剃了二次头》，《兴业邮乘》一百四十三期，1947 年 10 月 15 日。

⑧ 徐寿民：《练习时期之回忆》，《兴业邮乘》四十六期，1936 年 6 月 9 日。

⑨ 同上

⑩ 项叔翔，清华大学肄业，1920 年 3 月加入浙江兴业银行，曾任津行外汇股主任、襄理、副经理兼郑州支行经理，总行总经理室秘书等职务。1938 年 8 月，徐新六遭日机截击遇难两年多之后，项叔翔继任总经理，并持续多年。1949 年 12 月，上海成立金融业同业公会，项叔翔任主任委员。参见尚其亮等：《浙江兴业银行兴衰史》，载浙江省政协文史资料委员会编：《浙江近代金融业和金融家》，浙江人民出版社 1992 年 2 月版，第 56～57 页。科级以上人员简历及服务部门，上海市档案馆藏浙江兴业银行档案，档号：Q268 - 1 - 662。

⑪ 徐寿民：《我的职务拉杂谈》，《兴业邮乘》二十期，1934 年 4 月 9 日。

⑫ 同上。

⑬ 徐寿民：《我也来谈几个难对付的顾客》，《兴业邮乘》十一期，1933 年 7 月 9 日。

⑭ 徐寿民：《一个银行顾客的几句话》，《兴业邮乘》五期，1933 年 1 月 9 日。

⑮ 徐寿民：《核对印鉴》，《兴业邮乘》十期，1933 年 6 月 9 日。

⑯ 徐寿民：《特储存单之逾期问题》、《利息计算》，《兴业邮乘》十九期，1934 年 3 月 9 日。徐寿民：《发展零存整付与往来存款之商榷》，《兴业邮乘》三十三期，1935 年 5 月 9 日。徐寿民：《扣缴利息所得税计算法管见》，《兴业邮乘》五十七期，1937 年 3 月 10 日。徐寿民：《存息所得税扣缴手续之我见》，《兴业邮乘》六十三期，1937 年 6 月 10 日。

⑰ 徐启文：《胜利后之行务纪要》，《兴业邮乘》一百十九期，1946 年 10 月 15 日。

⑱ 徐寿民：《活存股二个月拉杂谈》，《兴业邮乘》一百十九期，1946 年 10 月 15 日。

⑲ 华汝洁：《机器记帐办法研究及训练过程概论》，《兴业邮乘》一百二十九期，1947 年 3 月 15 日。

⑳ 徐寿民：《练习时期之回忆》，《兴业邮乘》四十六期，1936 年 6 月 9 日。

㉑ 同上。

㉒ 徐寿民：《津行同人的生活现状》，《兴业邮乘》十四期，1933 年 10 月 9 日。

㉓ 同上。

㉔ 同上。

㉕ 陈子蘅：《津行同人俱乐部成立纪详》，《兴业邮乘》三十三期，1935 年 5 月 9 日。

㉖ 徐寿民：《北平近况》，《兴业邮乘》九十一期，1939 年 9 月 9 日。

㉗ 董振寰：《闲话业余生活》，《兴业邮乘》一百二十期，1946 年 10 月 30 日。

㉘ 唐慕勋：《公余杂扯》，《兴业邮乘》一百四十一期，1947 年 9 月 15 日。

㉙ 唐慕勋：《公余杂扯》，《兴业邮乘》一百四十五期，1947 年 11 月 15 日。

㉚ 徐寿民：《我们可以自满了吗》，《兴业邮乘》二十八期，1934 年 12 月 9 日。

㉛ 徐寿民：《唱戏》，《兴业邮乘》七期，1933 年 3 月 9 日。

㉜ 徐寿民：《分理处》，《兴业邮乘》二十六期，1934 年 10 月 9 日。

㉝ 徐寿民：《我之银行节流观》，《兴业邮乘》十八期，1934 年 2 月 9 日。

㉞ 徐寿民：《如何追上去》，《兴业邮乘》三十期，1935 年 2 月 9 日。

㉟ 徐寿民：《如何推进本行存款业务》，《兴业邮乘》一百二十八期，1947 年 2 月 28 日。

㊱ 徐寿民：《目下银行放款途径之我见》，《兴业邮乘》八期，1933 年 4 月 9 日。

㊲ 徐寿民：《本行之汇兑制度》，《兴业邮乘》二十二期，1934 年 6 月 9 日。

㊳ 徐寿民：《读〈学校缩短学年与银行员生活之改造〉后》，《兴业邮乘》三十五期，1935 年 7 月 9 日。

㊴ 徐寿民：《天津之足金与商业经纪所》，《兴业邮乘》二十三期，1934 年 7 月 9 日；徐寿民：《对于立法院通过储蓄银行法规之感想》，《兴业邮乘》二十四期，1934 年 8 月 9 日；徐寿民：《伪满之币制》，《兴业邮乘》五十五期，1937 年 2 月 10 日；徐寿民：《北平近况》，《兴业邮乘》九十一期，1939 年 9 月 9 日。

㊵ 何本成：《邮乘史话》，《兴业邮乘》六十四期，1937 年 6 月 25 日。

㊶ 章启徕：《邮乘璅语》，《兴业邮乘》二十五期，1934 年 9 月 9 日。

㊷ 参见上海市档案馆藏浙江兴业银行档案：行员保人调查表，1929 年，档号：Q268 - 1 - 61；津行行员表，1928 年 3 月 26 日，档号：Q268 - 1 - 304；科级以上人员简历及服务部门，1951 年 8 月，档号：Q268 - 1 - 662。

㊸ 津行行员表，1932 年 3 月 8 日，上海市档案馆藏浙江兴业银行档案，档号：Q268 - 1 - 304。

㊹ 参见上海市档案馆藏浙江兴业银行档案，行员薪水职等表，档号：Q268 - 1 - 294；津行行员表，1928 年 3 月 26 日，档号：Q268 - 1 - 304。另：根据浙江兴业银行所制定的人事规程，行员薪酬分为甲、乙、丙、丁，共计四个等级，丁等职（不含）以下，包括试用员、练习生、试习生三种。各等又分若干级，根据所任职务及年资等综合确定。王逢壬：《本行人事统计研究》，《兴业邮乘》三十六期，1935 年 3 月 9 日。

㊺ 人事委员会第 149 次会议录，1946 年 1 月 18 日，上海市档案馆藏浙江兴业银行档案，档号：Q268 - 1 - 176。

㊻ 行员薪水变动登记表，1947 年 12 月，上海市档案馆藏浙江兴业银行档案，档号：Q268 - 1 - 266。

㊼ 浙江兴业银行职员薪津表（甲薪等），1951 年 7 月，上海市档案馆藏浙江兴业银行档案，档号：Q268 - 1 - 662。

㊽ 徐寿民在"上海市国民身份证声请书"中填写了"寄住在孙信中家中"，据查，孙信之，姓名孙逸樵，别号：信之，系徐寿民在浙江兴业银行的同事。此人出生于民前十二年十一月二日（1900 年，即光绪二十六年），1946 年 3 月 28 日填写"上海市国民身份证声请书"时，年龄为 47 岁，男性，浙江海宁县人，教育程度为中学，他的另一住址为中正中路一二三八弄一五六号，静安区二十四保十四甲八户，同居人数为五人；1946 年 11 月时，孙任该行总行储蓄部存款部副主任。参见上海市档案馆藏浙江兴业银行档案，财政部查帐员嘱办主任以上行员名单留底，1946 年 11 月，档号：Q268 - 1 - 186。

㊾ 参见上海市档案馆藏浙江兴业银行档案：行员薪水等级职等表，档号：Q268 - 1 - 297；签发行员证登记表，档号：Q268 - 1 - 261；签发行员证登记表，档号：Q268 - 1 - 264；职员变动登记表，档号：Q268 - 1 - 266；任职通知，1949 年 11 月 14 日，档号：Q268 - 1 - 139。

(50) 浙江兴业银行对此次会议相当重视，会议召开前半个月，该行总经理项叔翔即向总行全体甲薪等同人发出通知，安排了留守者和出席与会者。该通知称："本行自改为公私合营后，本质上已有改变，所负任务亦已不同，尤其在此次全国金融联席会议之后，已明确指出了在人民银行领导下，在金融业与商业配合下，在劳资双方紧密团结下各行庄的前途。本行为使行务工作适应本质上的改变，并贯彻金全会的精神起见，亟须集合各行各地负责人与劳方代表，会商今后行务进行的具体办法。爰定于十月廿一日起在总行召开解放后第一届全行行务会议"。此次会议主要是贯彻全国金融联席会议精神，并讨论以下内容：(1)如何推展业务：首要在吸收存款，组织社会资金，确定放款方向，改善放款技术，推展国内外汇兑。(2)如何加强联行间的练习：以求政策一致、步伐一致，从各地区存放汇的结合，做到全行的紧密联系，以期灵活资金调拨，互通情报，共同争取客户。(3)如何做到保本自给进而累积资金：根据各地实际情况，从个别的整体的收支平衡，做到每月均有盈余。(4)其他：如何展开学习等。代表共分三个专题组，即甲组(存放、仓库、代理、保本自给等)、乙组(联行、内外汇)、丙组(机构、人事、学习)。参见：浙江兴业银行全行会议记录(1)，1950年，上海市档案馆藏浙江兴业银行档案，Q268-1-181。

(51) 个人对于本届行务会议的意见(徐寿民)，浙江兴业银行全行行务会议记录(3)，1950年，上海市档案馆藏浙江兴业银行档案，档号：Q268-1-183。

(52) 公私合营银行总管理处公函，总人字第1247号，1952年11月17日，上海市档案馆藏浙江兴业银行档案，档号：Q268-1-325。公私合营银行总管理处致函各银行："为使办理手续简捷起见，自十二月份起每月工资于五日一次发给，照当日工资分牌价计算"；各学员须在京领取自用部分之款项，由选派单位于发薪之当日签具总数支票，送总处工资福利科汇总转汇京班部转发。浙江兴业银行共计选送了8名学员，即：金伯铭、章树勋、胡承恩、徐寿民、朱国良、金培德、柯应霖、徐公权。其中，只有徐寿民将全月工资都留在上海本行活期账户，未汇北京。

结语

交通银行总行所编内部刊物《交行通信》,曾经刊登了一篇题为《介绍一位模范练习生》的文章,署名"张行劳工",介绍了一位练习生在练习期间的工作和生活情况。[①] 很显然,这位练习生之所以被称为"模范",是因为他的言行基本符合了银行当局对于练习生的期望。好在文字不长,不妨一起读一下全文:

依照普通习惯,凡介绍一个人,最应注重他的姓名和籍贯。可是本文所欲介绍的是一个小行员的性情和生活;只希望读者注意这个人的生活态度,不必注意这个人的姓名籍贯。

一、练习期内

他进行时是十九岁,最初是派在文书股练习,办理收文摘由,并助理文件归卷。这个人在收文摘由时,有一种不怕麻烦的习惯;他喜欢另外用一本记事册,记载他对于某一封信的应付态度及复文措辞;如果发觉经理的意见和他相同,他就暗暗喜欢;假如比他的见解更好,他就急忙更正了他自己对于某一封信所下的评语。这个人虽居于练习地位,暗中却已在学做经理了。

进行后的第四个月,被派练习出纳。这本是一个绝枯燥的工作,可是他却干得非常有兴趣。有一天某银号送来的钞票,他发觉整捆全是某地联行所领的暗记券。他于是暗查那联行的账,果然前几天因为买汇,用出钞票很多。他于是跑去告诉会计主任,请劝告某地联行应停止钞票买汇,以免被银号搬运牟利。那会计主任倒暗暗自觉惭愧。

在出纳上,他有时故意多夹一张钞票在一叠钞票中,付给柜面某银号的学徒,自己却在旁边监视着。那学徒点了两次,暗觉多了一张,却不响,待要藏起来时,他便笑嘻嘻的抢过来了。他用这个方法测验同业派来的人,不到三个月,他已全然了解谁家来人老实,谁家不老实。

这个爱用脑筋的小孩,渐渐引起当局注意,调他帮管甲种往来存款。他于是白天办事，晚上读印鉴；不到半个月，他对于每一往来户的签章，都有了特殊的认识。到后来那主管人遇有疑义，倒反要来请教他了。尤其奇怪的，他自帮管往来透支后，便交结了许多常到柜上来的商店伙友。他白天对于那些持支票来取款的伙友，格外假以词色；晚上便到他们柜上去闲谈，那些伙友也十分欢迎他。他是有心，那些人是无意；于是不到半年，每家商店的虚实，他已瞭如指掌。他因此在业务方面更常常有些大胆的建议。

因为他的建议在事实上确有奇效，所以地位虽低，说话却渐有力量；当局更许他一种特权，准许他对于任何行务皆可发表批评。于是他自己备了一本小册子，专记载他对于公事上的供献，整天的心血都灌注在这一种兴趣上。他在小册子上记载的条款一月比一月多，于是他受人重视的程度也一天比一天高了。由于他的活泼、勤恳和勇敢，他很快的跳过了练习时期。

二、愉快的业务生活

他每晨七时半起身，漱完了口，急忙跑到附近一个国术馆去练习半小时的柔术；又急忙的跑回行来，用冷水洗擦全身，喝一碗凉开水，夹一本英文字典上厕所；在厕所的十分钟内，他照例熟读一个他所喜欢的英文单字，并运用这个单字，做一句常用的成句，记在一本小册子上，天天如此，永不间断。然后他用一小时的时间看报，读社评是照例用墨笔圈点；读英文报则照例将路透电用华文译一遍，与华文报的路透电译文对照一下，看究竟谁译得好。这些事一一做完，已九点半了，便入公事房。别人说他早，他却深庆银行开门之迟，是他进行后最大的利益。他感谢主顾们为了他的幸福而牺牲，所以他自十时开门至下午四时关门，他竭诚去做主顾们的委托事务，从良心上命令他，不能有一点的怠慢。

晚餐后，他玩弄一小时的音乐。他有一个音乐十年计划，第一年专奏口琴，第二年学风琴，第三年第四年学钢琴，最后的六年学提琴。他计划，逐年省钱去买乐器；每天牺牲一小时，从音乐中陶镕他的性情，增加他在人生路上奋斗的乐趣。

从八点到十点，是他专心攻读万国函授学校课程的时候。他常说，半工半读，是人类最公平的教育方式。资本主义下的教育，"工"和"读"是分开的，所以学术尽管提高，人类却日趋堕落，所以必须限制读书的人去做工。世界的文化，操在劳苦大众手里，才会实现真正平等的社会制度，才会消灭最愚笨的国际战争。课程作完，便开始写日记。他的日记：

第一项是记述自己当天的生活感想。

第二项是记述对于当天报纸中某一种新闻的批评。

第三项是记述一天内工作和读书的心得。

日记写完，已十点半了，作十分钟体操，然后熄灭灯光，跪在床前祷告；他心中的上主，不是神和佛，却是他自己亡父在天之灵。他是一个孤儿，可是他深深体会到父母传给他的身体和聪明，是叫他生活在世上努力，过平凡合理的生活，给人类作一个好榜样。

就是这样度过了他生命中宝贵的一天。每逢星期三、六晚上，他捐助他的光阴，帮助一位小学教师办一个失学儿童补习所，这也是他认为最愉快的一种消遣。到了星期日那天，他清早起来，第一件大事就是规定一个"休假日生活秩序表"。在那秩序表中，故意订明几点几刻到何处，几点几刻作何事；如果一天的生活，恰恰和他预定的时刻表相符，临睡前的那一分快乐，就不用提了。

三、经济的支配

他今年薪水二十五元。我们且看他每月怎样支配：

读书费　八元；

捐助儿童失学补习所月费　五元

结婚储金　三元（他预备三十岁结婚，储备十年后始动用此款）

日常零用　三元

事业储金　六元

现在需要说明的，是他的"事业储金"。他平素颇羡慕诺贝尔的为人，所以也计划到他临死时有十万元遗产捐助作为奖学基金；每年提出利息一万元，奖励一个在科学上最有供献的祖国学者。他想终身按照收入，提出四分之一，积蓄一笔钱，或者办事业，或者保寿险。总之务欲达到十万元奖学金的目的，以完成他毕生的愿望。

四、最后的问题

在我们的朋友中，有这样一个青年，我们对于他的生活，应该发生怎样的感想。

这篇文章后来又全文刊登在上海出版的《银行生活》杂志上，署名则为"周承周"。[2]有意思的是，没隔多久，就在《银行生活》杂志上，刊出了这么一段文字：

本刊前载周君介绍之模范练习生，据记者调查，现已脱离银行界，其人与周君确系交好，但对周君之代为鼓吹，甚为不满意。据周君云，某君个性之强烈，殊多过人之处，但因此不适宜于金融事业。某君亦自觉职业不合个性,辞职他往。闻系赴俄专习政治经济,是异日返国,必更将有所建树,殆无疑义。爰述之以慰读者。③

据此看来,要寻找一个模范练习生的样本,也确实不是一件容易的事。

关于前文多次提到的胡守礼先生,此处必须要交待一下。

1934年10月,在杜重远先生主持《新生周刊》社时,该社代招银行练习生的一次考试中,胡守礼被江西裕民银行录用。1937年与祝翠华结婚并育子女五人,抗战时胡守礼携全家,一路转辗泰和、赣州、重庆等地,1945年返沪。1951年加入中国共产党。1953年至1957年,先后在北京中央财经学院"国家预算出纳专业"和中国人民银行华东干部学校"会计专业"学习,历任人民银行上海分行金库科副科长、徐汇分行会计科科长。"文革"期间被诬并遭隔离审查,后下放崇明五七干校劳动。"文革"结束后平反。1980年正式退休,晚年自习书画、昆曲,撰写回忆录。1999年11月9日下午病逝,2000年4月5日落葬于上海福寿园百草园。

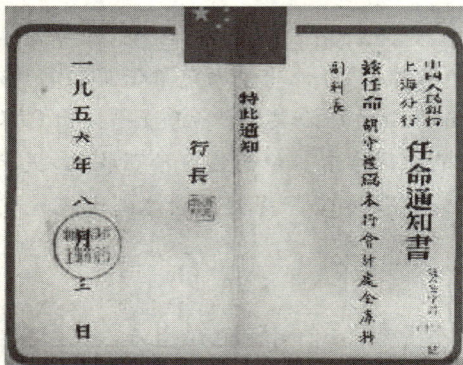

1956年8月,胡守礼任中国人民银行上海分行会计处金库科副科长

1997年胡守礼最后一次回故乡

前文还提到了众多练习生的姓名,追踪他们的职业生涯以至最后归宿,是一件非常有趣的事情,也是一件非常不容易的事情。本书中"个案"一章,对浙江兴业银行练习生徐寿民的往事进行了追溯。笔者认为,在近代中国金融史的研究中,这种探索和尝试是有益的。这项研究目前还只是初步的,希望以此为开端,引起更多学者和实际工作者的关注。

注释

① 劳工：《介绍一位模范练习生》，《交行通信》六卷一号，交通银行总行事务处编，1935 年元月。张行，即为交通银行张家口支行简称。

② 周承周：《张家口通讯：介绍一位银行界的模范练习生》，《银行生活》一卷一期，1937 年 2 月。

③ 逸名：《张家口通讯》，《银行生活》一卷四期，1937 年 2 月。

附录一：章则

（1）浙江兴业银行招考练习生简则（1933 年）

一、投考资格

高中毕业（凡在大学肄业一学期以上者，即不合本届考试资格）及在校高中三年级生，年龄在二十一岁以下者，男性。

二、报名方法

分保送与介绍两种

（甲）保送：高中毕业生及在校高中三年级生，其平时操行及学科成绩认为优良，而品貌端正体格健全者，可由本行选定之学校保送投考，录取后进行练习。惟高三学生亦得仍旧继续肄业，至明年暑假高中毕业后再行进行，惟须于保送时预先声明。

（乙）介绍：曾在高中毕业并未入大学肄业，或入大学未逾一学期，经本行熟识之人认为学行优良、体格健全，书面介绍者。

三、报名手续

投考者应自二十二年十二月一日起，至试期前一日止，至本行报名办理下列手续。其经学校保送者，应携带校长正式证明函（每校保送学生人数及姓名，已先由校长函送本行）；其经人介绍者，应携带介绍人正式证明函。

（一）缴纳最近四寸半身软照片一张，照片后应由学校校长或介绍人盖章证明确为本人。

（二）缴纳在校历年之全部学科成绩单，务须详填分数，由校长签字证明。其已毕业者，应交验毕业证书，该项证书于口试后发还（其成绩单或证书已由学校直接函送者，报名时可不再缴）。

（三）领取准考证：办毕上列各项手续后，即发给准考证，俟考试日保证入场应试。

四、考试

（一）填写登记表（录取后何人可为保证人及其履历，必须于表内填明）。

（二）考试科目为国文、英文、算学、书法、常识（包括历史、地理、时事等）。

（三）日期：二十二年十二月二十七日起至二十九日止。

（四）地点：上海或天津（保送或介绍时，预先声明在何处应考）。

（五）文具：应考者随带毛笔、墨盒、铅笔、自来水笔（或钢笔及墨水）、米突尺。笔试完毕，随即举行口试；如人数过多，得于次日举行。

五、揭晓

考试及格与否，一概用函通知。

六、进行手续

考取及格者，应于通知函发出日一星期内，向本行领取凭信，赴指定之医生处检验体格，合格者始作为录取论，可即来行将本行定式保证书依式填写（保证人由行审定认可），交到本行方得到行。

七、待遇

录取之练习生，练习期限二年。在练习期间，本行除供膳宿外，并视其练习成绩，每月酌给津贴。练习期满，考核及格者，得升为助员，按照本行行员俸给规程办理。

（2）上海商业储蓄银行招考练习生简章（1937年）

一、投考资格

高级中学或专门学校毕业，年龄在二十二岁以下，未结婚，经原肄业学校校长具函介绍者。女生暂不招收。

二、招考地点

上海，广州，开封，三处同时举行。

三、报名日期

廿六年一月十一日至二十日，每日上午九时至十二时，星期日除外。

四、报名地点

（一）上海，仁记路一一九号一楼，本行训练班课室。

（二）广州，十三行上海银行。

（三）开封，鼓楼街上海银行。

五、报名手续

投考人亲至报名处。

（一）缴验学校介绍信及毕业证书。

（二）填写报名单。

（三）应口试。

（四）口试及格者缴纳报名费两元,四寸半身照片两张（报名费及照片,不论录取与否概不退还）。

（五）领取准考证。

六、考试日期

一月廿四日上午九时至下午四时。

七、考试地点

报名时通知。

八、考试科目

国文,英文,算学,常识。

九、揭晓日期

二月三日除在申、新两报发表外,广州、开封考取之练习生,分别用快函通知。

十、进行手续

上海考取之练习生,应于二月十日前至上海宁波路上海银行总行人事处报到,广州、开封考取之练习生,应于同日前至各该地上海银行报到,并办理左列事项,逾期不到者,即取消资格。

（一）填写志愿书。

（二）领取空白保证书,妥觅保证人。

（三）领取体格检查表,赴本行指定之医师处检验身体。

（四）缴纳书籍费国币五十元,该项书费日后有余发还,不足补缴。

（五）除觅妥保证人,填具保证书外,另须缴存国币三百元作为训练保证金,由本行给周息一分,五年后本息一并发还,中途离行者,不给利息。广州、开封考取之练习生,在当地上海银行办妥进行手续后,须于二月二十日前至上海宁波路上海银行总行人事处报到,所有自当地至上海之旅费,当由本行补贴。

十一、练习及服务期间

练习时间定为二年,继续服务期间定为三年,共计五年,期内不得银行同意而告退者,应偿还本行训练费,共计二年以上者三百元,一年至二年者二百元,一年以下者一百元。

十二、起居生活

练习生起居时刻,除星期日及例假外,规定如后:

（一）六时半起身。

（二）八时至十时上课。

（三）十时半至下午六时实习。

（四）七时至八时自修。

（五）九时半安寝。

（六）十时熄灯。

十三、待遇

录取之练习生，除在训练班肄业外，同时由本行分派至总行各部、上海各分行及本行附属机关实习。本行供给膳宿，第一年每月给津贴二十元，第二年每月给津贴二十四元。练习期满考核成绩及格者，升为三等三级助员，派往各埠各分行及附属机关服务，月给薪金三十五元，膳食津贴十五元，仍供住宿。嗣后升级加薪，按照本行行员待遇规则办理。成绩不佳者，得延长其练习期间，不予升级加薪。

实习规则、宿舍规则及课室规则另有规定，违反规则时，视所犯事故记过，记过以学年计算，三小过作一大过，一年记大过三次者，不予升级加薪。不堪造就之练习生，得随时辞退之。

（3）中国银行总管理处考选练习生章程（1915年）

第一条　凡年龄满十五岁以上、二十四岁以下，具有左列资格之一者均得应练习生考试：

甲、高等小学校毕业或曾入高等小学校二年者；

乙、曾习商业，文理明顺，兼通珠算或笔算者。

第二条　练习生考试科目如左：

一、书信；

二、银行簿记（随意）；

三、珠算或笔算；

四、抄账。

第三条　凡愿应练习生考试者，均得自到北京中国银行总管理处报名，每人须缴考费银圆一元，临考不到或未录取者概不退还。

第四条　练习生每年三月、九月各考一次，每次应取人数，由总裁临时酌定。

第五条　考试报名之期，上半年自二月一日起至二月底截止，下半年自八月一日起至八月底截止，届时不另通告。

第六条　凡应练习生考试者报名时，均须觅具应考保证书并填具履历书，连同四寸半身像片一张、考费一元,于报名期内送至北京中国银行总管理处,经本处审查合格后,即给考试入场证。

凡通信报名者,亦须觅具应考保证书,并填具履历书,连同像片一张、考费一元,于报名期内寄到北京中国银行总管理处,经本处审查合格后,即将考试入场证寄交应考人。

通信报名如信件在报名截止日后始到,或来不及将考试入场证寄交者,均作为无效,即将原件退还。如有毕业文凭应随同缴验,通信报名亦然,候经本处查验后寄还。

保证人以在中国银行地方居住者为限。保证人以殷实商人为限。考取到行时,应由应考时之保证人另填进行保证书,不得换保证人。

第七条 每次考试均在北京举行,其考期及试场,悉载考试入场证。

第八条 应试者须于报名截止之日以前到京候考,逾期不得补考。

第九条 凡应试者于考试日,须带考试入场证,并下开各件到场听考:毛笔,算盘,蓝、红墨水,墨盒,钢笔,书帐尺。

第十条 凡已报名而未应考者如曾缴有文凭,应予发还;倘下次再欲应考,须于下次报名期内再填保证书、履历书,并具像片、考费,重行报名。

第十一条 考试合格者,由本处列单通知本人;其不合格者,亦一律通知。

第十二条 考试合格者,应听本处依次传到。

第十三条 练习生到总管理处后,应由总稽核择定一部分,陈明总裁派往练习,其在一部分练习已久,经该部分主管及总稽核认为可调他部分练习者,应由总稽核陈明总裁,他调练习。

第十四条 练习生服务期以满三年为限,服务期满并无过失者得升为助员,但成绩优异及已经轮历各部分者,虽未期满,亦得由所在各该部主管及总稽核陈请总裁,准予特升。

第十五条 练习生月俸等级如左:

第一年 四元

第二年 六元

第三年 八元

第十六条 练习生照章每月支给膳费十二元。

第十七条 本章程所不载者,概照练习生服务章程办理。

中国银行应考保证书

兹因　　君愿应

贵行　　考试　愿保其应考资格确与履历书中所填相符,并无冒名顶替情事。

如蒙录取,愿另填具入行保证书,将来如有妨碍行规以及银钱短欠等事,愿由　　负责完全担保,此证。

中华民国　年　月　日

保证人(署名盖章)

职业

通信处

附列:

一、保证人以殷实商人为限。

二、保证人应亲自填写此项保证书。

三、保证人应盖用印章或店号重要图章。

四、中国银行行员不得为保证人。

五、父子兄弟不得为保证人。

六、保证书须经本行核准方能与考。

履历书	第　　号
姓名别号	
年　　岁	
籍　　贯	
北京通信处	
详细履历	
	保证人(署名盖章)
中华民国　年　月　日	

(4) 浙江兴业银行收录学生规程(1917 年)

第一条　年龄自十五岁至二十岁,具有左列资格者,于本行考试学生时,照规程考验收为学生:

甲、文理明白,楷法整齐端秀,略通算术,人亦朴实耐劳者;

乙、曾习商业,并通珠算,楷法匀静不俗,文理粗通,人亦毫无习气者;

丙、曾在高等小学毕业,或曾入高等小学二年级,文理、算术、楷法具有可观者。

第二条　学生应有殷实商家手续完备之保证书。

第三条　学生俱由总办事处考试后分派各行，每行额数定为四人，营业较繁者可酌增二人。

第四条　学生限着布衣，不准有时样服履。

第五条　学生在行练习珠算、新旧簿记、楷法、书牍、估验银洋，及其余商业上应有之事。

第六条　学生在学习期内有洒扫，及伺应来宾之责。

第七条　学生成绩以服务之勤惰、品性之良否定之。

第八条　学习期限两年，只供膳食，不给薪水，但给月费。

第九条　学生由会计、营业、收支、文牍各主任，分别先后随时教授，副经理负督责之义务。其有特别优异者，亦必在一年后，由总副经理查其成绩，酌量津贴。

第十条　学生在学习期内不给例假。

第十一条　学生犯左列事项之一者开除：

（一）对于所习各事绝无进步，或遇事草率、不堪造就者；

（二）不遵守上级行员告诫者；

（三）品性浮躁，或怠惰而屡戒不能振作者；

（四）缺乏商业之道德及轻泄行务者。

第十二条　学生犯左列事项之一者，罚停升级：

（一）所习各事进步极缓，或条理仍未明晰者；

（二）屡犯过失者；

（三）品性浮动，尚未不可造就者。

（5）大陆银行任用员生考试规则（1931年）

第一章　考试资格及手续

第一条　凡体格健全，合于下列资格者均可应考，惟必须觅具介绍人，将详细履历书及最近四寸半身相片并证明文件（证明文件于考试后发还之），由介绍人送交总经理处或就近之总分支行及各部转寄总经理处，审查合格后准予存记。

一、凡年在十六岁以上，曾受大学专门或中等教育者。

二、凡服务金融界，素有经验者。

三、凡于银行实用事务有特殊技能者（如熟识银元、精于书写之类）

第二条　员生考试地点及日期，均由本行总经理定之，届时通知来行受试。

第二章　考试科目

第三条　员生考试分学力试验及品性测验两种如左：

一、学力试验

（甲）主要科目：1. 国文（论说或信札）；2. 算术（笔算、珠算）；3. 英文（翻译、作文、句读）；4. 簿记（银行簿记、商业簿记）。

（乙）自由科目：5. 银行学（原理）；6. 经济学（原理）；7. 法律（民法、商法或法学通论）。

二、品性测验

1. 面试（常识、品性、仪表）

前项品性测验，应于学力试验考卷经总经理处评定及格后，由总经理处或委托总分支行及各部办理；如在总分支行及各部办理时，应将面试情形即日详报总经理处决定取去。

第三章　考试委员

第四条　员生考试之试题监考及阅卷事宜，由总经理分别指派专员，并临时组织评阅委员会办理之。

第四章　考试办法

第五条　员生考试地点，或在总经理处，或委托总分支行及各部办理，均由总经理裁定之。

第六条　员生考试日期由总经理裁定，如在总分支行及各部举行时，由总经理处预先函知届期办理。

第七条　员生考试，应按受试员生人数，于卷上编列号码，将姓名弥封，不得泄漏。

第八条　员生考试，如发见枪替、夹带、传递事项者，其考卷为无效。

第九条　员生考试，如在总分支行及各部办理时，其试题由总经理处预先密封寄存，由监考人临时开启，试验完毕，应将试卷即日寄交总经理处。

第十条　员生考试试卷，由总经理处交评阅委员会评列甲乙，陈请总经理鉴定之。

第五章　任用

第十一条　录取员生之地位俸薪，由总经理按其试验成绩及资格核定之，并指派其服务地点。

第十二条　录取员生应听候本行传知，限期到行服务，逾期不到，除陈明事由，酌定相当期间准予保留者外，其录取即为无效。

第六章　附则

第十三条　员生考试所需旅费等，归受试员生自理。

第十四条　本规则由总经理处订定,经董事会议决施行,修改时亦同。

(6) 上海商业储蓄银行行员保证规则

第一条　行员于进行前,应依本规则之所定,觅妥保证人,填具本行规定之保证书,交由本行收存。

第二条　保证人须由有正当职业而于工商实业界有相当信誉者充任之。资本充实之工厂、商店亦得为保证人,除应加盖该厂店正式印章外,并须由代表股东或经理签章证明。

第三条　行员之保证人除应具前条之资格外,其服务处所或设立地址,以在本行各行处所在地便于调查对保者为合格。

第四条　无论个人或厂店,在本行负责担保之行员,至多以二人为限。

第五条　本行行员及附属机关之职员,不得为本行行员之保证人。直系亲属及配偶、兄弟、姊妹、叔侄,亦不得为保证人。

第六条　保证人之职业或住址或其服务处所地址(工厂、商店开设地址及代表股东或经理住址)如有变迁,或保证人遇有意外,或其职业境况等发生变迁(工厂商店闭歇或改组等),被保行员应即具报。

第七条　本行得因行员职务之迁调或其他原因,随时令行员换保。

第八条　保证人在保证期中,无论被保行员之职务有无迁调,或其服务所在地有无变动,其所负之保证责任均属相同。

第九条　行员换保时,须将新保证书送人事处审查认可,并对保后满六个月,方得取回原保证书。

第十条　保证人退保时,须先直接以书面通知本行,俟被保行员觅换新保手续完妥满六个月,收回原保证书之后,始得解除保证责任。故无论保证人一方面如何宣言,或在报纸上登载退保广告,在原保证书未发还以前,仍应完全负责。

第十一条　凡行员在换保期间,服务行处主管人员认为必要时,得将其职务重行调整。

第十二条　行员退职,应自离职之日起满六个月后,始得将其保证书发还。

第十三条　复职之行员,无论原保证书已、未发还,概应于到行前另行取保。

第十四条　凡无法觅保者,应向信用保险公司投保,其保额由本行规定,其费用由本行及行员各半负担。

第十五条　凡重要职员在行服务十年以上者,得予免保。办事员、助员在行服务十年以上,经总经理特准者亦得免保。

第十六条　本规则自总经理公布之日施行。

（7）上海商业储蓄银行员役保证细则

第一章　总纲

第一条　员役保证规章，除已在保证书内载明外，悉按照本细则办理。

第二条　本行员役，除总行总副经理及各行处顾问、参事外，均须于到行服务前，觅妥保证人，填具保证书。行员交总经理处人事科核准保管，司役由各该行处主管人员核准保管。

第三条　本行员役之直系血亲或配偶及伯叔兄弟，不得为该员役之保证人。

第二章　行员保证书

第一节　进用新员手续

第四条　总分支行处进用新员时，所有保证书，除总行由总经理处人事科办理外，各行处由其主管人员办理，陈报总经理交人事科，区属行处陈区经理转报。

第五条　本行行员保证人，例须负无限保证责任，其应具之身家，殊难有标准，兹按照普通情形，酌定保证人之身家，以其保证行员所负责任，有使银行蒙受损失之可能性数目之四倍为准。总分支行处进用新员时，其主管人员，须先按照职务上之责任，酌定其保证人应具之身家。例如：该员所负责任，有使银行蒙受损失约计一万元之可能性者，则保证人之身家至少应有四万元方为合格。保证书交到后，须即按照下列三款办理：

第一款　审查其所填各项是否完备。

第二款　保证人如在本埠，即派员加以调查，并嘱将查得情形，详细填注于保证人调查表。经审核符合保证资格后，更嘱持向保证人验对，由渠在保证书背面批"照验无讹"字样，并加原用签章于下。验对后，所有保证书及调查表，除总行外，分支行处应即一并寄陈总经理交人事科，区属行处陈区经理转寄。

第三款　保证人如在外埠，应即将其应具之身家，书明于保证人调查表内，连同保证书，一并寄托保证人居住地，或邻近行处，办理调查验对手续。各行处接到被委托书后，须即按照本条第二款办理。惟无论合格与否，所有保证书及调查表，除总行外，必须寄还委托行处，由委托行处分别陈总经理或区经理。

第二节　对保证明书

第六条　行员保证人业经调查合格，所需照验手续，除与面洽外，凡居住远地，未能当面照验者，可用对保证明书代替之。

第七条　保证书上，虽注明保证责任不因期久失效，但与保证人偶通消息，藉窥其对于被保人之最近态度计，仍有随时查询是否继续保证之举，此项手续概由总经理处人事科办理之。

第三节　对于行员保证人应有之注意

第一项　各行处对于行员保证人居住当地或邻近地者之注意

第八条　本行行员保证人，散居各地，为求管理上之严密妥善计，应随时留意或有死亡，或因职业境况发生变迁，致失第五条所规定之保证资格。其居住上海者，由总经理处人事科留意；居住各当地或邻近分支行处者，由总经理处人事科抄具行员保证人备查表，寄交各该行处主管人员存查。遇有死亡变迁情事，应即按照第十二条各款办理。

第二项　各行处主管人员对于所属人员职务更调时之注意

第九条　行员保证人之认可，初系按照其所保行员所任职务之轻重而定，故行员职务如有变更时，主管人员对于保证人保证资格应有考核之必要。总行人员及不属区行处重要人员之保证人，由总经理处人事科查核；不属区行处经副襄理主任以下人员，由总经理处人事科缮具行员保证人记录，分交各该服务行处主管人员存查；区属行处经副襄理主任之保证人，由总经理处人事科缮具行员保证人记录交区处存查；区属行处经副襄理主任以下人员，由总经理处人事科缮具行员保证人记录，交区处备案，转发各该服务行处主管人员存查。各该主管人员，对于所属人员之职责与保证人之身家以为不相符合时，可即按照第十二条第一款办理。

第三项　人员调遣时关系行处主管人员应有之注意

第十条　总分支行处人员如被调至另一行处办事时，其原服务行处主管人员，应即将其行员保证人记录寄交新服务行处主管人员存查，同时将其经手事件加以清查，如有问题或认为有不妥之处，须待时日查明者，应即陈报总经理核办，区属行处陈请区经理核办，并转报总经理。新服务行处主管人员，应审核其职务之责任与保证人之身家是否相称，如以为不符合者，可即按照第十二条第一款办理。

第四节　换保手续

第一项　行员保证人退保行员

第十一条　行员保证人退保其所保行员，须用正式信札或电报通知本行，其保证责任，须自立保日起至本行转达被退保人后为止。如其通知行处为被退保人服务行处，则其保证责任可至该行处收到退保书或电报后为止；如其通知行处非被退保人服务行处，则须至其服务行处接到被通知书或电报后为止。各行处接到该项退保书或电报后，除总行由总经理处人事科办理外，各该主管人员应即按照下列三款办理：

第一款　被退保人如系所属人员，应即斟酌情形，或暂予停职，或调任轻闲职务,或任其照常供职,并嘱渠从速另觅妥保。新保证书立保日期,除当时即予停职者外,应与旧保证书卸责日期相衔接。同时将其前此经手事件加以清查,不论有无问题,或认为有不妥之处须待时日查明者,应将经过详情陈报总经理,区属行处陈由区经理转报总经理。其有问题者,可迳向保证人交涉,如有刑事关系,应将该员送交法院惩办。

第二款　被退保人虽非所属人员而知其服务行处者,应即斟酌情形,尽速转为通知其服务行处。该行处主管人员接到通知后,应即按照本条第一款办理。

第三款　被退保人既非所属人员而又不知其服务行处者,应即斟酌情形,尽速通知总经理处人事科,人事科再尽速转致其服务行处。该行处主管人员接到通知后,应即按照本条第一款办理。

第二项　行员保证人死亡或不符保证资格

第十二条　各行处对于行员保证人应有之注意,已于第八、九、十三条详言之。遇有死亡,或不符保证资格时,该主管人员应即按照下列三款办理:

第一款　如系所属人员之保证人,对于被保人应即斟酌情形,或暂予停职,或调任轻闲职务,或任其照常供职,并嘱渠从速另觅妥保。新保证书立保日期,除当时即予停职者外,旧保证人如系死亡,应自其故世日起;如系不符保证资格,则可自通知其换保日起。同时将其前此经手事件加以清查,不论有无问题,或认为有不妥之处须待时日查明者,应将经过详情陈报总经理,区属行处陈由区经理转报总经理。其有问题者,可迳向保证人或其法定代理人交涉,如有刑事关系,应将该员送交法院惩办。

第二款　虽非所属人员之保证人而知被保人之服务行处者,应即斟酌情形,尽速转为通知其服务行处。该行处主管人员接到通知后,应即按照本条第一款办理。

第三款　既非所属人员之保证人而又不知被保人之服务行处者,应即斟酌情形,尽速通知总经理处人事科,人事科再尽速转致其服务行处。该行处主管人员接到通知后,应即按照本条第一款办理。

第十三条　行员保证人或已死亡,或因职业境况发生变迁,致失第五条所规定之保证资格时,被保人如已得悉而隐瞒不报者,一经察出,各该主管人员应将详情陈报总经理,请予处分;区属行处陈请区经理核办,转报总经理。

第十四条　各行处人员无论被人退保,或保证人死亡,或不符保证资格,业被通知另觅新保后,应于一个月内将新保证书缴呈主管人员,按照第五条办理。逾期不缴,或新保证书经调查不符保证资格者,当即由总经理处人事科按照其职务上之责任,暂时代向中国第一信用保险公司投保,保费由该员负担,俟新保证书妥办后再为取消。

第五节 发还保证书

第一项 行员离职

第十五条 凡由本行辞退,或自行辞职,或在职身故人员,其保证书须于其离职满六个月后方可发还,必要时得按第十六条办理。

第十六条 凡因舞弊亏欠行款,或有越轨行动,由本行开除之人员,其保证书须经确实查明可以卸责时,方可发还。

第二项 换保后之旧保证书

第十七条 各行处人员无论被人退保,或保证人死亡,或不符保证资格,而另换新保证书,其旧保证书须俟保证期间终止满六个月后方可发还,必要时得按第十六条办理。

第六节 商号保证

第十八条 行员保证书,除由个人具立外,可由商号具立。

第十九条 凡由商号具立之保证书,除须按照第五至十七各条办理外,更应注意下列三款:

第一款 立保图章,必须商号书柬图章,或正式重要公章。

第二款 除商号名义外,倘又加盖私人图章,应即查明是否号主,或系负责人员。如系号主,则可改由渠个人出面,另立保证书,以清界限;如系负责人员,则无论该商号为独资或合资经营,必须确曾由号主或股东会予以特权,可用商号名义保证人员,方为合格。

第三款 商号系合资经营者,除负责人员有权用商号名义保证人员外,任何股东用商号名义加盖私章具保者,不合格。

第七节 两人合保

第二十条 行员觅保真有困难时可特别通融,由两人或两商号具立保证书。唯除须按照第五条办理外,保证书内"保证人愿负责立即如数偿还、决不推诿"二句,须改为"保证人愿连带负责,立即如数偿还,决不互相推诿"字样;又遵守条件(一)"保证人对于应负责清偿之款项,自愿抛弃先诉抗辩之权,依照银行所开数目"三句,须改为"保证人对于应连带负责清偿之款项,均愿抛弃先诉抗辩之权,依照银行所开数目"字样,由两保证人于涂改处分别加盖原章,以昭慎重。

第二十一条 两人或两商号具立之行员保证书,如有一人或一商号退保,或发生变迁情事,不符保证资格时,须即按照第四节各条办理,另换保证书。

第三章 司役保证书

第二十二条 总分支行处司役保证书,可参照第二章各节办理。总行由总经理处人事科办理保管，各行处由各该主管人员办理保管。

(8) 浙江兴业银行学生练习期限细则（1918 年）

第一条　各科练习期限

甲、收支股：收款一月，支款一月；此系专指学习收付传票、记帐，及该股对内对外之手续，其验估银洋时期，各行可就当地情形酌量增加。

乙、营业股：存款五月（储蓄嘱托一月，定期随时一月，往来存款一月，往来透支二月），放款二月（放押款一月，本埠外埠同业一月），贴现、汇兑、押汇四月。

丙、会计股：三月。

丁、文牍股：二月。庶务、股务均在内，此二月内早晨兼习跑街及上公会等事。

第二条　学生进行，如同时有二人或二人以上者，可将其所习事务分别支配，不必同在一科。

第三条　各科事务习满，可令将传票及帐簿等分别试办，但仍须由各该管科员负责复核盖章。

第四条　跑街或上公会练习交易情形，为营业上必需经过之事，当由营业主任在规定期限内分别先后，酌令随同前往。

第五条　学生除办公时间必须在各科习练及抄写报告或其他公务外，每日必须临写楷法，学习珠算，由经理随时查验督察。每届年终并将成绩、品性、勤惰汇报总办事处。

第六条　练习期满，由经理考核成绩，报告总办事处，升充助员。成绩不能及格者，停止升级，再定期限补习。其品性顽劣，办事草率，不遵告诫者，随时斥除。

第七条　学生在各科练习期限内，无故不得迁调致乱程序；即遇万不得已，欲暂时通融调用者，亦须将理由商明经理许可，但亦当以至短之时期为限。

第八条　各行练习期满之学生，总办事处得酌量先后轮流调处办公。

第九条　此项细则，本支行分庄均适用之。

第十条　总办事处之学生，另行酌定时期，择要在本行练习，仍受经理主任之督察考察。

第十一条　如有应行变通事宜，再行随时酌定。

(9) 中孚银行总分行号练习生习业试行规程（1917 年）

第一条　练习生以养成银行普通事务之才能为宗旨。

第二条　凡年龄满 15 岁以上、20 岁以下,具有下列资格之一者,经本行考验合格者,得为本行练习生:甲:高等小学校毕业或曾入高等小学校二年者;乙、曾习商业,经本行考验认为文理明顺兼通珠算或笔算者。

第三条　练习生应有二人以上之保证,到行前应亲填习业志愿书。

第四条　练习生定额总分行至多 10 人,分号至多 6 人,其他范围较小之分机关至多 3 人。

第五条　练习生到行后,除分别在各部分听候驱使、实地服务外,应遵照各行号所定课程逐日肄习。

第六条　练习生习业期以满 3 年为限,期满并无过失者,得升为助员,但学业精进及品行端粹并办事捷敏者,虽未期满,在总处得由本科科长陈明总理,在分行号等处得由经理、号长等陈明总处准予特升。

第七条　练习生成绩均按其逐日功课及服务情形,每半年汇总评定优劣。

第八条　练习生在分行号者,其成绩优劣应由该分行号每半年报告总管理处一次,至习业将届期满时,应听候总管理处调往考验。

第九条　练习生月给津贴等级如下:第一年,2 元;第二年,4 元,第三年,6 元。

第十条　练习生成绩优异及服务勤劳者,每届年终在总处得由本科科长陈准总理,在分行号等处得由经理、号长等陈准总处酌给奖赏,但至多不得过10 元。

第十一条　练习生膳食,由总分行号供给或酌给膳费。

第十二条　练习生犯下列各项之一者,即行开除:甲、不遵上级行员告诫者;乙、行止不端者;丙、怠惰而屡戒不能振作者;丁、轻泄行务及主顾与行往来之密况者;戊、习业成绩有两期均劣等者。

第十三条　总分行号行员应遵守之戒约,练习生均应遵守,如有违背时,在总处由本科科长,在分行号等处由经理、号长等酌量处分。

第十四条　本规程自民国六年五月九日订定施行。

(10) 大陆银行员生训练规则(1931 年)

第一条　本行员生对于各项章则制度及办事手续等,均应切实研究,在总经理处由总经理,在总分支行及各部由经副理,指定专员担任指导训练及考验之责。

第二条　本行员生应承总经理或所在行经副理主管员之命,随时调派各部分轮流历练各项事务。

第三条　本行为员生熟悉各地商业情形及各行办事手续起见,得随时调遣至各总分支行处及各部服务或实习。

第四条　本行为员生修养品性学识起见,得酌用个别训话或小组训话方式,由总经理、经副理担任之,或举行星期会,或临时邀请名人讲演。

第五条　青年员生欲于每日公余之后,赴当地青年会或其他夜校,补习商业、银行、簿记、算术、国文、英文、经济、法律等学科者,经本行察其程度及需要确系适当,得由总经理或经副理转陈总经理核准,酌于资助。

第六条　总经理或经副理得察看情形,指派员生加入指定之学校或学术团体,研究或补习某项学术或学科,其费用经总经理核准,由本行酌量资助之。

第七条　第五、第六两条受资助研究或补习员生,每半年应将所得成绩及证明详细报告,陈请总经理查核;如中途废学、毫无成就者,所有资助费用应责令缴还。

第八条　行员得组织公余学术研究会及补习会,互相研究必要之学识,或推举学识较优之行员担任指导,此项研究会或补习会,应将组织情形及员生姓名陈请总经理或所在行部经副理核准陈报总经理处备案。每半年报告成绩一次,如总经理、经副理认为办法未妥及成绩不良时,得令修正或撤销之。

第九条　本行为便利员生阅览书报并参考起见,得酌设图书室,购置各项实用之工商、经济、银行、法律等科学书籍及杂志报纸等类。

第十条　本行为员生讨论学术及洞悉行务起见,得酌设定期及不定期刊物,无论何人皆可投稿,以资研究。

第十一条　本行员生对于银行及经济学说或本行业务等,有讨论改良意见之论著,足以登载本行刊物或另印小册俾资宣传者,经总经理评定,得加入该员当年考绩,酌予奖励。

第十二条　本规则由总经理处订定,经董事会议决施行,修改时亦同。

(11) 中国银行湘支行练习生训练班训练计划及相关规则(1941年)

中国银行湘支行练习生训练班训练计划

一、训练主旨

本行为适应目前业务上之需要起见,招考练习生三十名,施以集中训练。经训练后,其品性、成绩优良者予以录用,并派赴各地行处实习后指派工作。

二、训练方针

以实行新生活为训条,养成刻苦耐劳、躬行实践的习惯,以自治、自动的精神,培植守纪律、负责任、有朝气、有道德、勤俭朴素的良好银行员。

三、训练方法

组织训练委员会，由吕经理兼主任委员，洪、史二襄理为副主任委员，负责主持。依据上述主旨与方针，施以（甲）精神的、（乙）纪律的、（丙）技能的训练。

甲、关于精神方面：

A. 每周由吕主任委员精神讲话两次，以为各生立身、处世、就业之规范。

B. 间日举行座谈会一小时，使各生轮流作自我检讨或自我介绍，而为各生深切反省的机会。开会时，由管理人员出席指导，使其坦白陈述个人之优点与劣点，藉以明瞭个性，彼此观摩与共勉。一面由负责管理人员举行个别谈话，激励其优点，改正其弱点，并随时注意其言行，俾收潜移默化之效。

C. 运用保甲组织，佐各生管理自己、监督自己，本班管理人员负指导、监察之责，培养其自治精神，发挥其自治能力，使其有健全的人格。

D. 实行劳动服务，养成勤劳风尚，本知行合一之旨，躬行实践，对于日常起居及室内外清洁与改善环境等事项，均当身体力行。

乙、关于纪律方面：

A. 对于思想的：以信仰领袖、服膺主义，遵守国家至上、民族至上之训示，为平日思想之总汇。

B. 对于行动的：每日起居、饮食，均规定时间，于早晚点名各一次，并作简短的训示，作本日工作、学习的批评。而于膳室、教室、寝室，亦均订定规则，俾各有所遵循。

C. 对于个人的：各生入班受训，应绝对遵守规章，及服从负责主持人员的训示，养成以服从为天职的德性。

D. 对于团体的：入班受训各生，无论思想、行动，应时以团体为重，蠲除私欲，只有团体自由，绝无个人自由。

丙、关于技能方面：

银行工作一方面固重于服务道德与精神，在另一方面必须有专门性的技能，故各生入班受训，于精神、纪律二者之外，尚须有技能训练，计所受学科如左：

1. 银行实务；2. 会计；3. 珠算；4. 国文；5. 习字；6. 公文程式。

以上各科，每日均为一小时，其余时间为精神讲话，课外自修、运动、日记、劳作、座谈会等课程表另订之。

四、训练时间

训练时间定为三个月，自三月一日开始，至五月终结业。在受训时无例假，无正当或不得已事故，各生不得请假。

五、附则

本计划经呈奉主任委员及副主任委员核定后分别实施，于训练完毕后，分类作成详细报告，陈请总行备查。

勤务规则

一、本班学生有服役本班规定勤务之义务。

二、本班学生服役勤务，除临时指定并别有规定者外，悉依本规则行之。

三、本班学生所有勤务分左列两种：（1）清洁勤务；（2）工作勤务。

四、清洁勤务由本班学生（除指派缮写、油印者外）轮流担任之。

五、工作勤务临时指派之。

六、为服勤务便利起见，设总值日生一人、教室值日生一人、办公室值日生一人、膳堂值日生一人、阅览室值日生一人、寝室值日生三人。总值日生以一星期一轮，各部份值日生以每日一轮。

七、总值日生由本班主管理员指派之，各部份值日生由总值日生按日轮流派充之。

八、总值日生负指挥督率各值日生服勤，及集合队伍、掌司口令、收发信件之责，并秉承主管员意志，办理其他一切事务。

九、教室值日生负洒扫清洁，领发讲义，收送习字、日记、课本，维持教室秩序，并按时摇铃之责。

十、办公室值日生负洒扫清洁，及整理簿册之责。

十一、膳堂值日生负洒扫清洁，及维持膳堂秩序之责。

十二、阅览室值日生负洒扫清洁、整理书籍、摺叠报纸之责。

十三、寝室值日生负本寝室洒扫清洁，及启闭门户之责。

十四、教室值日生收送日记簿、习字本时，须记明送阅本数，及缺少本数及缺少者之姓名，连同簿本送主管员核阅。

十五、总值日生须将每日值日经过，按照规定项目记明，每日在下午八时前送阅。

十六、本规则如有未尽事宜，得随时修正之。

十七、本规则自三月二十三日起施行。

寝室规则

一、各生铺位经排定后，不得自由更换。

二、每寝室放半方桌两张，竹凳四张。

三、寝室清洁，由寝室值日生于规定清洁勤务时间负责洒扫。

四、室内清洁应随时注意保持，不得随地吐痰并抛掷果皮纸屑。

五、每日起床后，迅将被褥整理，并将被面朝内摺好，平铺床上，以资整齐。

六、被褥、内衣，力求清洁，均应时加洗晒。

七、寝室内不得悬挂衣服和摆放箱笼，所有箱笼杂物均须放入储藏室内。

八、寝室内不准摆放书籍、笔墨，及其他不必要之物品。

九、铺位下得放鞋子两双（上下两人各一双），其位置在铺位之左下方，鞋头朝外，与床沿齐。

十、熄灯铃后不得再行谈话，以免妨害他人睡眠。

十一、寝室规则由保甲长负责，切实执行，如有不听督促办理者，应即报告主管员核办。

十二、保甲长如执行不力并不随时报告，应与违反规则者受连带处分。

十三、每星期三、六，由主管员率同保甲长检查内务一次，详定分数。

十四、内务分数列为各生勤惰分数之一。

十五、本规则如有未尽事宜，临时通告办理之。

十六、本规则自即日起公布施行。

膳堂规则

一、各生闻吃饭铃声，应迅速至指定场所集合排队，由总值日生领队，便步走入膳堂。

二、进膳堂后，按排定坐位，各自取碗盛饭，俟各人盛饭毕，由总值日生发"立正""坐下""开动"口令后，各举箸就食。

三、规定每次膳食时间十分钟，先食毕者不得自由离席，须俟全体食毕时，仍由总值日生发"立正""解散"口令。倘有未经食完，已届规定时间，总值日生得不俟其食毕，发出"立正""解散"口令，解散后不得继续再吃。

四、食饭时，不得谈话或嬉笑。

五、膳堂内如发生事故，应报告总值日生，转报本班主管人员处理，不得率尔滋事。

六、本班膳食，以养成各生刻苦生活为宗旨，除本班供给之饭菜外，各生不得添带私菜。

七、膳堂清洁，由膳堂值日生于规定清洁勤务时间负责洒扫。

八、本规则如有未尽事宜，得随时修订之。

九、本规则自即日起施行。

教室规则

一、各生坐位经排定后，按名就坐，不得任意移动。

二、各生闻上课铃,即须携带应用物品,迅速入室准备听讲。讲师入室时,由值日生发"立正"口令。俟讲师就位,值日生向讲师报告人数,并向同学发"坐下"口令。

三、讲师授课完毕,准备退出教室时,由值日生发"立正"口令,俟讲师出室后,复发"解散"口令。

四、讲师授课时,各生须悉心静听,不得谈话或阅览其他书籍。

五、听讲笔记,应详细记录,不得草率,以备呈阅,并为各生平日成绩之一。

六、教室清洁,由教室值日生于规定勤务清洁时间负责洒扫,并将桌椅排列整齐。

七、教室内不得任意吐痰并抛弃果皮纸屑。

八、自修时间,应各虔心功课,不得任意谈笑,妨害他人。

九、本规则如有未尽事宜,得随时修订之。

十、本规则自即日起施行。

阅览室规则

一、本室开放时间:上午八时至九时,下午五时至六时。

二、本室派定干事四人,每日轮流负责办理借书、还书及管理等事宜。

三、所有书报杂志,阅览后仍须放置原处。

四、在室阅览时,不得高声谈话,力求静肃。

五、室内清洁,由值日生负责洒扫,不得弃掷果皮纸屑,须时刻保持清洁。

六、借书办法:

(A)除报纸、杂志外,其余书籍概可借出阅读。

(B)星期一至星期六,每日下午课外阅读时间(五时至六时),为借书、还书时间。

(C)每人每次只得借书一本,须先向本室负责值日干事登记后,方可携出。

(D)借出时间以四日为限,如需续借,务于第四日规定时间,向本室负责人声明续借,但至多不能逾二日。

(E)凡借出之书籍,务须特别爱护,如有损坏或遗失,须照价赔偿。

七、本规则如有未尽事宜,得随时修订之。

八、本规则自公布之日施行。

起居作息时间表

项目＼时间	上午	项目＼时间	下午
起床	六时	勤务交代	一时二十分
点名	六时十五分	上课	二时至五时五十分
清洁勤务	六时二十分至六时三十分	晚膳	六时
早餐	六时四十分	点名	八时四十分
上课	七时至十一时五十分	就寝	八时五十分
午膳	十二时	熄灯	九时

练习生训练班课程表

科目＼时间＼星期	上午					下午					
	7:00｜7:50	8:00｜8:50	9:00｜9:50	10:00｜10:50	11:00｜11:50	1:25｜1:50	2:00｜2:50	3:00｜3:50	4:00｜4:50	5:00｜5:50	7:00｜7:50
1	纪念周	运动	银行实务	会计	珠算	自修	国文	习字	公文程式	课外阅读	日记
2	习字	运动	银行实务	会计	珠算	自修	国文	习字	座谈会	课外阅读	日记
3	习字	运动	精神讲话	会计	珠算	自修	国文	习字	公文程式	课外阅读	日记
4	习字	唱歌	银行实务	会计	珠算	自修	国文	习字	座谈会	课外阅读	日记
5	习字	运动	银行实务	会计	珠算	自修	国文	习字	公文程式	课外阅读	日记
6	习字	运动	精神讲话	会计	珠算	自修	国文	习字	座谈会	课外阅读	日记
日	习字	唱歌	银行实务	会计	珠算	自修	国文	习字	公文程式	课外阅读	日记

（12）江苏银行练习生业余补习津贴办法(1936 年)

一、本行练习生如须于工作时间之外,入当地学校补习于银行有实用之学术,得由本行依照本办法,酌量津贴学费。

二、各练习生拟入之学校,事先须将该校章程,检送总行查考认可,必要时得令改入他校。

三、练习生领取补习津贴,每学期应照该校学费定章付给。其有在大学补习者,每学期每人至多不得超过二十五元,继续请领时须将上学期成绩陈送总行审查。如平均分数或三分之一学分不及格者,即停给本期之津贴。

四、练习生于领受津贴时期内,每日应将在行工作、上课听讲、日常生活各情形及各人心得缮写日记,由总行人事科或各行处经理主任考查。

五、请求领取此项补习津贴者,以练习生、勤务生为限,其他员役不得援以为例。

六、练习生如已升至行员,而原入之校学业尚未修完,得继续请领津贴至毕业为止。

七、练习生在本行请领补习津贴者,如未至毕业或毕业后在行服务不满三年自请离行或因故开除时,所有本行已给该生之补习津贴概须照数偿还。

八、本办法由总经理核定施行。

(13) 中国银行总分行号练习生服务规程(1914 年)

第一条　练习生以养成银行普通事务之才能为宗旨。

第二条　练习生须年龄满十五岁、以上二十四岁以下,具有左列资格之一者为合格:

甲、高等小学校毕业或曾入高等小学校二年者;

乙、曾习商业,经本行试验,认可为文理明顺兼通珠算或笔算者。

第三条　练习生应有一人以上之保证,到行前应亲填志愿书。

第四条　练习生总行定额至多二十人,分行至多六人,分号至多四人。

第五条　练习生到行,在总行总管理处,应由总稽核择定一部分,陈明总裁派往练习;在分行号,应由经理管理指定一部分派往练习。

第六条　总行之练习生在一部分练习已久,经该部分主管及总稽核认为,可调他部分练习者,应由总稽核陈明总裁他调练习。

第七条　分行号之练习生应由该经理管理,依其成绩分别调往各部分轮历练习。

第八条　总行之练习生轮历总管理处各部分后,应由总稽核陈明总裁,派往京行练习。

第九条　练习生服务期以满三年为限,分行号练习生服务期将满时,总行得随时互调考验任用。

第十条　练习生服务期满并无过失者得升为助员，但成绩优异及已经轮历各部分者，虽未期满，在总行得由所在各该部分主管及总稽核，在分行号得由经理管理呈请总裁，准予特升。在总行之练习生必在京行练习后方得特升。

第十一条　练习生月俸等级如左：

一年　四元

二年　六元

三年　八元

第十二条　练习生每届年终，在总行由所在各该部分主管及总稽核考核服务勤劳，详请总裁酌给奖励，在分行号由经理管理定之呈报总裁，但至多不得过六十元。

第十三条　练习生膳食由总分行号供给或给与膳费。

第十四条　练习生犯左列各项之一者即行开除：

一、不遵上级行员告诫者；

二、行止不端者；

三、怠惰而屡戒不能振作者；

四、轻泄行务及主顾与行往来之密况者。

第十五条　总分行号行员应遵守之戒约，练习生均应遵守。如有违反时，在总行由所在各该部分主管、在分行号由经理管理酌量处分。

第十六条　本规程三年十月修订施行。

(14) 中国银行练习生服务规则(1929 年)

第一条　本行练习生以年满十五岁以上，二十岁以下，具有下列资格之一者为合格：(一)高等小学毕业或曾在中学修业二年以上者；(二)曾习商业，经本行试验，认为文理明顺，兼通珠算或笔算者。

第二条　练习生应有一人以上之保证人，签具正副保证书，方能到行。到行前并应亲填志愿书。

第三条　练习生在总管理处者，由各部主任指定在各课各所练习；在分支行者，由经理指定在各股各系练习。

第四条　练习生在各课各所各股各系者，于适当期间，由各该课长、各该所股系主任报告成绩于各部主任、各经理，以备调往他课他所，或其他股系练习。

第五条　练习生服务期以满三年为限。

第六条　练习生服务期满，并无过失者，得升为助员。其成绩优异者，虽未期满，经各部主任或经理开列成绩，由总经理核准者，亦得特予提升。

第七条　练习生不支俸薪,每月给津贴如下:第一年,8 元;第二年,14 元;第三年 20 元。

第八条　练习生服务勤劳,年终得给年间津贴,但最多不得过 60 元。

第九条　练习生膳食由行供给。

第十条　练习生得寄宿于本行之寄宿舍。

第十一条　练习生在服务期内有下列情事之一者,即行开除:(一)不遵上级行员告诫者;(二)怠惰而屡戒不能振作者。

第十二条　行员服务规则所定之戒规戒约,练习生均应遵守,如有违反,适用行员服务规则关于惩戒各条办理。

第十三条　本行检券生,其服务办法得适用本规则之规定。

(15) 江苏银行练习生服务规则(1935 年)

第一条　本行练习生以养成银行专门人才为主旨。

第二条　凡投充本行练习生,以年龄十五岁以上二十二岁以下,具有左列资格之一者,经考试合格后录用之:(甲)初级中学毕业或有同等学力者;(乙)曾习商业,文理通顺,兼通珠算、笔算者。

第三条　练习生录用时,应有妥实保证人填具保证书,并亲填志愿书,方能到行练习。

第四条　练习生练习期定为三年,分为两个阶段如左:(甲)试习期六个月;(乙)正式练习期二年六个月。

第五条　练习生到行,由总协理指派在总管理处或各行处先行试习,试习期内如练习生认为所习事务与本人志趣及性情不合,得自请离行。

第六条　练习生试习期满,经本行认为性情善良、可资造就者,即为正式练习生,继续练习。

第七条　练习生正式练习期满,如成绩优良并无过失者,得升为助员;其成绩优异者,练习虽未满期,亦得由主管员转报总管理处,特予提升。

第八条　练习生正式练习未经满期,或虽已升缺而在本行服务未满三年,中途改就他职者,应将本行历年所给予之薪洋及膳费全数归偿。

第九条　练习生在试习期内,由本行按月酌给津贴,一俟试习期满,再照俸薪规则核给薪俸。

第十条　练习生在练习期内有左列情事之一者,即行开除:

(一)不服上级行员之指挥与告诫者;

(二)违犯本行各种规章者;

（三）品行不端或染有嗜好者；

（四）办事怠惰、屡戒不能振作者。

第十一条　本行行员服务规则，练习生均应遵守，如有违背，得依行员惩戒规则惩戒之。

第十二条　本规则如有未尽事宜，得随时修改之。

附志愿书式

立志愿书　今承

江苏银行录取为练习生，除照章出具保证书外，并愿遵守下列各条，立此志愿书为据：

（一）愿遵守本行各种章程及规则，并服从上级行员之指挥。

（二）愿听凭本行随时随地调派任何职务，均专心学习，不稍懈怠。

（三）愿禁戒不正当之娱乐与嗜好，及一切无益之行为，并不得无故请假，致荒习业。

（四）愿遵守本行服务规则之规定，在本行服务继续练习三年；如三年未满，虽已升缺，亦不中途告退。

（五）愿练习期满后先尽本行量材任用，决不擅自他就；

（六）如三年未满中途他就，愿将所得本行历年薪津及膳宿等费全数缴还，决无异议。

中华民国　　年　月　日

立志愿书人（签名盖章）

（16）上海浙江实业银行宿舍规则（1920年）

一、通则

1. 宿舍首贵清洁，除规定由行役扫除整理外，各员生应各自注意。

2. 宿舍内不得有酗酒、赌博、喧哗及其他不正当之事。

3. 宿舍出入处悬挂各员生姓字木牌，一面书黑字，一面书红字。各人出入应将木牌翻易，在舍用黑字，离舍用红字。

4. 宿舍总门每日上午六时开启，下午十一时关闭，星期六及星期日展至十二时关闭。

5. 各员生有不依规则，致宿舍不清洁或妨安宁者，同舍员生，如总管理处陈明总经理，申行陈明经理，由总经理或经理查明，酌予惩戒。

6. 宿舍全部由庶务员管理之，并对于行役有指挥、督察之权。

7. 宿舍行役服务如有不合，由庶务员查明或由各员生告知庶务员，告诫或斥换。

8. 宿舍每晚总管理处由总经理或委托各科科长轮值查视，申行由经理及副经理、襄理或委托各科主任轮值查视。

二、寝室

9. 寝室每间编号，何人住何号，每间住几人，均按照规定，不得任意搬迁。

10. 寝室不得容留行外人住宿及入内闲谈。

11. 各员生在办公时间不得无故逗留寝室。

12. 寝室应用电灯泡由庶务员购给，应用几支光，及每间装灯几盏，均照规定，非遇损坏，不得随意更换。

13. 寝室于每晚十二时一律熄灯。

14. 各员生外宿，如总管理处须预先陈明总经理，申行须预先陈明经理，但练习生除请假外必须住宿舍。

15. 寝室每日规定时间由行役扫除一次，每星期揩洗一次，扫除或揩洗时，由各室员生自行监视。

16. 寝室钥匙各人一枚，无人在内时必须锁闭。

三、膳厅

17. 每日早膳八时一刻开出，午膳十二时及十二时半各开一次，晚膳六时及六时半各开一次。

18. 每次开膳，由行役摇铃通知。

19. 每桌坐几人，何人坐何桌，均预先规定。

20. 碗筷由值厅行役经管，每膳后洗濯一次，桌椅除每膳后揩拭外，每次膳前仍须拂拭。

21. 膳厅每膳后扫除一次，每星期三、六各冲洗一次。

四、厨房

22. 厨房内一切器皿用具，应每日收拾清洁，凡有碍卫生之物，一概不准携入，夏秋尤宜注意。

23. 厨役应每晚将厨房冲洗一次。

24. 厨役、行役人等，不得招揽外人入内任意闲谈、吃饭并寄宿，违者重惩。

25. 厨房内燃料及一切引火之物，每晚须小心安放妥当。

五、浴室

26. 浴室非本行同人不得使用。

27. 浴室非照左列规定时间，不能开放热水：

五月至八月，星期二、五下午，六时起至十一时止，星期日下午，一时起至十时止。余月星期日下午,一时起至十时止,余日不开。

28. 洗浴用之皂巾等物,由各人自备。

29. 浴者浴后,应即将浊水放去,不使积留。

30. 每人每次入浴时间,最多以半小时为限。

六、便所

31. 各处便所,由庶务员派定行役,专司其事。

32. 便桶、尿斗损坏时,应即报庶务员立即修理。

33. 大便后,各人应即将秽水放去。

34. 便所内备有细薄揩纸,不得携用粗纸,或将他物抛入便桶、尿斗,以免阻塞水管。

35. 行役人等一概不准倾倒秽水于便桶或尿斗,拉机开放,违者重惩。

附录二：试题

（1）上海中国银行招考练习生试题（1937年）

Ⅰ. 国文

中日关系调整之基点及有无调整可能之推测。

Ⅱ. 英文

Peace and Commerce

Ⅲ. 数学

1. 某人以 \$900 购自由车若干辆,除自用一辆外,余均售去,每辆较购买时多售 \$5,总计自用一辆不费分文外,高获利 \$50,问购时共若干辆?

2. 有缉私舰甲乙二艘,于静水中每小时速度为 32 与 40,今奉命同时到达一点在两舰之中,距甲舰 90 海里、乙舰 54 海里,潮水则自甲向乙流,甲于午后三时开驶,并电知乙于四时开向甲舰,依潮流速度每小时若干海里而算定。

3. 有一三面之墙,长 15 尺,深 10 尺,高 8 尺,今用每边一尺二寸之四方纸糊之,纸每刀计九十张,洋一元四角,问若糊满此墙,需洋若干元?

4. 本金一千元,年利率六厘,每年复利一次,问五年后共得本利合计若干元?

Ⅳ. 常识

1. 经济建设运动应具何种要件,方使国计民生果真受益。

2. 日本近年在南洋方面推进甚力,试道其用意。

3. 简释下列各名辞:
   a. 所得税　　　b. 华北走私　　　c. 德奥最近之协定
   d. 运销合作　　e. 宪法

4. 就本人对于下列各项之见解经历,简述观感。

a. 学校之训教合一制   b. 学生军事训练

c. 新生活运动   d. 征工筑路

（2）交通银行招考练习生试题（1934年）

英文

作文

A clerk in the bank his Responsibilities

译下列各名词

（1）存款 （2）支票 （3）贴现 （4）汇款 （5）准备

（6）现金 （7）钞票 （8）储蓄 （9）记帐 （10）经理

银行簿记（第一题用加减号表之）

（一）（1）公积金与现金为资产科目；（2）传票为记账凭证；（3）营业库存簿为主要账、增补日记账、生财账、有价证券账及营业库存簿四种账簿编制而成；（4）活期存款与活存透支，一为负债、一为资产科目，故必须各设分户账以处之；（5）分户账与记入账性质不同，凡有连续性之交易应用分户账记载；（6）代理客人收款，在客委托之时不必缮制传票，仅记补助账足矣；（7）分类账以现金为主，凡日记帐收方各科目之收项、日记帐付方各科目之合计数应记入分类账各该科目之付项。

（二）传票

1. A 来支票一纸，付银元 2 000 元，除由该户活期存款项下尽数拨出外，尚不足三百元，即记在该户活期存透。

2. 本日各裁兵公债还本付息期，本行共存票百十万张，内平均价格七五折，此次中签本金一万元，又利一千五百。

3. 代汉分行支付赵行员旅费一百元。

4. 新通贸易公司请求押汇：米一万包，银十二万元，汇票 No. 3，票面额十二万元，受货人南京原生米号，期 10 天，本日出票，扣息三毫半，代收手续费万分之五。

（三）银行簿记与商业簿记之异点安在，试举所知以对。

（四）试言月计表之功用。

国文（择做一题）

（1）论银行与实业之关系

（2）银行为分利机关又为生利机关，说明之

笔算试题

（1）某甲于十月一日购某公司股票 20 000 元，市价 78 元（以票面 100 元为标准），年底分得股利 6 厘。明年四月一日以市价 77 元售出，经手人手续费买时征收

市价之 $\frac{1}{8}$ ％,卖时征收 $\frac{1}{16}$ ％。问某甲共获利若干元? 又问其投资所得约计利率?

（2）九十日为期之期票一纸,票面为洋 2 000 元,以 8 厘计息,在到期前三十日向银行贴现。若银行贴现率为一分,可净收银若干(年作 360 日计)?

（3）沿铁路旁电话杆相隔等远,若每哩省去二杆,其距离即增加 24 呎。问每哩有杆若干(每哩等于 5 280 呎)?

（4）有两位数一,其和为 12,将其倒置等于原数之 4/7,其数为何?

（5）试证明三角形两边中点之连线与第三边平行并等于其长度之 1/2。

（6）有一正方形,其面积与一圆形相等,圆形之对径为 14 呎。问正方形之边长若干呎?

（7）解以下方程

$$\begin{cases} 2y^2 + 3x = 210 \\ \dfrac{v+11}{y} = y - 6 \end{cases}$$

（8）房屋一所出售,付价办法有二:(甲)先付现款 1 000 元,以后四年每过一年付洋 1 000 元;(乙)先付现款 650 元,以后四年每过一年付洋 1 100 元。若利率以年息 6 厘,每年结息一次,计购屋者应择何种办法?

八题任作四题即为完卷。

（3）上海商业储蓄银行招考练习生试题（1933 年）

国文

上士忘名、中士立名、下士窃名

English

1. Write a composition on the following subject：

   "What I Know About the Shanghai Commercial & Savings Bank, Ltd."

2. Correct the following sentences：

   a. I will very glad see you.

   b. He don't know that Mr. Chen with his servant go to there.

   c. Ten inch do not make a feet.

   d. live ass is more better than dead lion.

   e. He write very good letter.

   f. We must against Japanese if we want save our country.

   g. Mr. Chang as well as Mr. Chow are very well teacher in my school.

h. Two gentleman come see me on four o'clock.

i. No talk allowed while in the classroom.

j. The building has costed him ten thousands dollars.

3. Translate the following into Chinese：

China's road to recovery lies in the promotion of domestic industries and the regeneration of rural economy. The solution of these two problems, it is true, is too big a task for one single Bank. Yet in order to live up to our aim of serving society，we have in the past always endeavoured to do our part in this vitally important work，and further more，have decided to redouble our efforts in these directions this year. For this purpose we have established two departments：the Rural Co-operative Credit Department and the Domestic Industries Department. The former is established with the aim of utilizing part of the resources of a commercial bank to improve rural economic conditions，while the work of the latter is to investigate the conditions of domestic industries and to plan how to render help to them.

常识试题

（一）现在我国的国府主席是（　　　）。

（二）现在我国的行政院院长，是（　　　），

现在我国的立法院院长，是（　　　），

现在我国的考试院院长，是（　　　），

现在我国的监察院院长，是（　　　）。

（三）最近哄动全欧洲一件事，就是奥总理（　　　）的被杀。

（四）现在日本的首相，是（　　　）。

（五）现在德国的总理，是（　　　）。

（六）现在美国的总统，是（　　　）。

（七）现在英国首相，是（　　　）。

（八）现在俄罗斯的外交委员，是（　　　）。

（九）办理北宁通车的旅行机关，为（　　　）。

（十）现在江苏省的省政府主席，是（　　　）。

（十一）英国之货币，为（　　　）。

（十二）美国之货币，为（　　　）。

（十三）法国之货币，为（　　　）。

（十四）德国之货币，为（　　　）。

（十五）俄国之货币，为（　　　）。

（十六）荷兰之货币，为（　　　）。

（十七）发明无线电的，是（　　　）。

（十八）发明指南针的，是（　　　）。

（十九）发明蒸汽机的，是（　　　）。

（二十）发明电灯的，是（　　　）。

（廿一）细胞体中之无生部份，为（　　　）。

（廿二）蜗牛为（　　　）动物。

（廿三）马为（　　　）类的动物。

（廿四）发明万有引力的，是（　　　）。

（廿五）用秤称物，应用（　　　）原理。

（廿六）有一变压器之第一导圈为 2 200 圈，通入电压为 220 伏脱，如欲得一万伏脱之高压，则第二导圈应为（　　　）圈。

（廿七）食盐的分子式，为（　　　）。

（廿八）墙壁上的石炭，是（　　　）物质。

（廿九）含有硫酸钙等物质的水，叫（　　　）。

（三十）河水结冰时，河底的水，是（　　　）。

（卅一）四书是（一）（　　　），（二）（　　　），（三）（　　　），（四）（　　　）。

（卅二）五经是（一）（　　　），（二）（　　　），（三）（　　　），（四）（　　　），（五）（　　　）。

（卅三）史记是汉（　　　）所作。

（卅四）前汉书是汉（　　　）所作。

（卅五）资治通鉴是宋（　　　）所作。

（卅六）纲鉴是宋（　　　）所作，

（卅七）后世称（　　　）为诗圣，（　　　）为诗仙。

（卅八）唐宋八大家，是（一）（　　　），（二）（　　　），（三）（　　　），（四）（　　　），（五）（　　　），（六）（　　　），（七）（　　　），（八）（　　　）。

（卅九）桐城派故家之最闻名者为（　　　）。

（四十）正气歌是宋（　　　）所作。

（四一）津浦铁路与陇海铁路相交于（　　　）。

（四二）平汉铁路与陇海铁路相交于（　　　）。

（四三）陇海铁路起点于甘肃（　　　），终于江苏（　　　），为我国横贯东西之大干线。

（四四）胶济铁路，自胶州湾之（　　）起点，经淮县周村以达（　　）。

（四五）我国东南滨海，海岸线延长凡一万五千余里，沿奉天、河北、山东、江苏、浙江、福建、广东七省，分为（　　）海、（　　）海、（　　）海、（　　）海四区。

（四七）我国开化最早的一区，为（　　）流域。

（四八）鼓浪屿位于（　　）之对岸。

（四九）（　　）位于雷州半岛之南，其面积约十六万五千方里，为中国第一大岛。

（五十）奉天与朝鲜，以（　　）水为界。

（五一）长江发源于（　　）山。

（五二）我国山脉，有（一）（　　），（二）（　　），（三）（　　），（四）（　　）等四系。

（五三）抚顺产（　　）。

（五四）燕湖产（　　）。

（五五）江西之（　　），是我国最良瓷器生产地。

（五六）闽侯之（　　），为福建著名之出产。

（五七）云南铜矿颇多，其中以（　　）所产者，最为著名。

（五八）广东沿海岸商场有四，即（一）（　　），（二）（　　），（三）（　　），（四）（　　）。

（五九）外蒙古之首邑，曰（　　）。

（六十）西藏人民，信奉（　　）教。

（六一）巴拿马运河，沟通了（　　）与（　　）。

（六三）南美最大的河流，为（　　）。

（六四）北美最大的河流，为（　　）。

（六五）好望角在（　　）洲。

（六六）巴西在（　　）洲。

（六七）英国棉织业中心，是（　　）。

（六八）美国的铁路中心，是（　　）。

（六九）世界之金融中心，在英之（　　）和美之（　　）。

（七十）欧战后，法国向德国收回（　　）与（　　）两地。

（七一）桀是（　　）朝的亡国之君，纣是（　　）朝的亡国之君。

（七二）武王灭殷，（　　），（　　）义不食周粟，饿死于首阳山。

（七三）春秋的五霸，是（一）（　　），（二）（　　），（三）（　　），（四）（　　），

（五）（　　　）。

（七四）战国时代的七大国，是（一）（　　　），（二）（　　　），（三）（　　　），（四）（　　　），（五）（　　　），（六）（　　　），（七）（　　　）。

（七五）中国女子参政，始于汉朝的（　　　）。

（七六）汉高祖用三杰而得天下，三杰即（一）（　　　），（二）（　　　），（三）（　　　）。

（七七）曹丕废汉献帝自立，（　　　）闻之，称帝于蜀，（　　　）亦称帝于建业。

（七八）五胡乱华中的五胡，是（一）（　　　），（二）（　　　），（三）（　　　），（四）（　　　），（五）（　　　）。

（七九）唐代平定安史之乱的，是（　　　）。

（八〇）宋神宗时，行青苗、免役、方田、均税之法者，为（　　　）。

（八一）南宋对金，主战最力者为（　　　），主和最力者为（　　　）。

（八二）历代统一中国者，其版图以（　　　）为最大，（　　　）为最小。

（八三）明末无锡顾宪成，讲学于东林书院，海内景附，往往讽议时政，裁量人物。是即所谓（　　　）党。

（八四）明末迎清兵入关者，为（　　　）。

（八五）景教之传入中国，在（　　　）朝。

（八六）鸦片战争，我国大败，乃与英缔结（　　　）条约。除赔款外，复将香港永远割让与英国，与以广州、福州、厦门、宁波、上海五处开为通商口岸。

（八七）太平天国，系广东（　　　）所倡。

（八八）中日战后，国势日非，外侮日急，康有为、梁启超等上书德宗提倡维新，德宗感动，下诏变法，奈亲贵多不欲，日播弄于太后前。其结果：德宗被囚，六君子被杀，新法书被推翻。此即有名的（　　　）政变。

（八九）中国以北京为首都，始于（　　　）朝。

（九十）同盟会之领袖，为（　　　）与（　　　）。

（九一）美国南北战争，北胜南败，时北方之领袖，为（　　　）。

（九二）柏林会议，德相（　　　）自为议长，德未得丝毫利益，而尽力援助土奥，以为后日同盟预留地步。

（九三）日本维新，始于（　　　）。

（九四）欧洲文艺复兴，发生于（　　　）。

（九五）欧洲产业革命，发生于（　　　）。

（九六）一六一八年至一六四八年日耳曼新旧两教交战，是为有名的（　　　）战争。

（九七）合众国独立之第一功人，为（　　　）。

（九八）欧战发动于（　　）年，结束于（　　）年。

（九九）英国之三大政党，为（一）（　　），（二）（　　），（三）（　　）。

（一百）土耳其的民族革命领袖是（　　）。

（4）浙江兴业银行招考练习生试题（1934 年 8 月）

国文试题

我之家庭生活

注意：（一）不拘白话文言。（二）用毛笔誊清。（三）加新式标点。（四）至少五百字。

ENGLISH

I. Write a letter of application（about 200 words）addressed to this Bank applying for a position，stating，in full details，your age，home town，school training and past experiences，if any，as well as why you wish to enter the banking profession.

II. Please translate the following paragraph into Chinese：

"More than fifty years have elapsed since electrical means of communication were first installed in China. With a population of more than 450 million and a territory twenty times as large as Japan，it might be assumed that telegraphy in China would equal，if not exceed，the standard of other countries，but owing to political unsettlement，coupled with military operations throughout the country for many years development of the telegraphic system has been exceedingly slow. Very rapid advancement was made last year both in the way of readjustment of existing lines and extension of routes through the untiring efforts of the Ministry of Communications，the authorities realizing the military and economic importance of efficient telegraphic communication. "

数学试题

(1) $29 \div \{8 + 7 \times [18 \div (5+1)]\} + (22 - 21 \div 3 - 5 \times 3) = ?(10)$

(2) $\cfrac{1}{1 + \cfrac{1}{2 + \cfrac{1}{3 + \cfrac{1}{4 + \cfrac{1}{5}}}}} + \cfrac{1}{5 + \cfrac{1}{4 + \cfrac{1}{3 + \cfrac{1}{2 + \cfrac{1}{1}}}}} = ?(10)$

(3) 某乙藏金二万零零三十四元，分六次取出。每次取出之数，均比上次加

倍。问,第一次取出若干?（10）

（4）某甲有银行存折四扣,计 ABCD 四户,共计结存洋六百四十元。后来某甲先由 A 户中支款若干,分别加存 BCD 三户内;其加存之数,与该三户原有存数相同。第二次又由 B 户中支款若干,分别加存 ACD 三户内;其加存之数,亦与该三户结存数相同。如此顺次更由 C 户支款,加存 ABD 户内;由 D 户支款,加存 ABC 户内。如此四度支存后,四折结存数,适各相同。问最初该四折各有存数若干?（10）

（5）某银行收入一年定期存款,给周息七厘。若以该存款七分之一为现金准备,不计利息;再以该存款五分之一,存放同业,一年得月息二厘半;其余做出一年期押款。问此项押款,至少须放周息若干,方适足支付存息?（10）

（6）某公司负债洋十五万元,按月息七厘计算。每年归还本息一次,分四次还清,利随本减。每次归还本利之和,数目相同。问该数应为若干?（10）

（7）解联立方程式：（20）

（a）$x^2 + y^2 = 25$

$xy = 12$

（b）$x + y + z = 6$

$x + y + u = 7$

$x + z + u = 8$

$y + z + u = 9$

（8）二等边三角形之两底角相等,试证之。（20）

常识试题

一、试述(一)云(二)雾(三)雨(四)露之成因。（8）

（一）云—
（二）雾—
（三）雨—
（四）露—

二、顺次举长江经流各省名。（5）

（一） ；（二） ；（三） ；（四） ；
（五） ；（六） ；（七） ；（八） ；
（九） 。

三、试举下列各地所属省名。（5）

（一）汉阳属 ；（二）青岛属 ；（三）蚌埠属 ；
（四）昆明属 ；（五）归绥属 ；（六）郑州属 ；
（七）汕头属 ；（八）梧州属 ；（九）厦门属 ；

（十）长沙属 [　　　　] 。

四、试举我国领海之名称，及其位置。（8）

（一）[　　] 海— [　　　　　　　　　　　　]

（二）[　　] 海— [　　　　　　　　　　　　]

（三）[　　] 海— [　　　　　　　　　　　　]

（四）[　　] 海— [　　　　　　　　　　　　]

五、顺次列举京沪、津浦两铁路各大站。（8）

京沪路：（一）[　　] ；（二）[　　] ；（三）[　　] ；（四）[　　] ；

（五）[　　] ；（六）[　　] ；（七）[　　] ；（八）[　　] 。

津浦路：（一）[　　] ；（二）[　　] ；（三）[　　] ；（四）[　　] ；

（五）[　　] ；（六）[　　] ；（七）[　　] ；（八）[　　] 。

六、试举下列各地所属国名。（6）

（一）孟买属 [　　] ；（二）支加哥属 [　　] ；（三）维也纳属 [　　] ；

（四）日内瓦属 [　　] ；（五）汉堡属 [　　] ；（六）利物浦属 [　　] 。

七、下列诸人之（一）时代及（二）其最著事迹。（8）

王石安（一）[　　] ；（二）[　　　　　　　　　　　]

史可法（一）[　　] ；（二）[　　　　　　　　　　　]

洪秀全（一）[　　] ；（二）[　　　　　　　　　　　]

林则徐（一）[　　] ；（二）[　　　　　　　　　　　]

八、道、佛、回三教之（一）始创者，及始创时或传入中国时。（6）

道教为 [　　] 所创；（二）创于 [　　] 时。

佛教为 [　　] 所创；（二）于 [　　] 时传入中国。

回教为 [　　] 所创；（二）于 [　　] 时传入中国。

九、请注明下列两条约之（一）订约对方，（二）订约原因，及（三）其主要条件。（6）

江宁条约（一）[　　] （二）[　　　　　　　　　　]

（三）[　　　　　　　　　　]

马关条约（一）[　　] （二）[　　　　　　　　　　]

（三）[　　　　　　　　　　]

一〇、下列事件发生年份。（5）

"五九"发生于民国 [　　] 年。

"五四"发生于民国 _____ 年。

"五卅"发生于民国 _____ 年。

"九一八"发生于民国 _____ 年。

"一二八"发生于民国 _____ 年。

一一、解释下列各成语或名词。（8）

（一）合纵连横—_____。

（二）不合作主义—_____

（三）工业革命—_____

（四）大众语—_____

一二、请举吾国现任国府五院长姓名。（5）

（一）_____ 院长，为 _____。

（二）_____ 院长，为 _____。

（三）_____ 院长，为 _____。

（四）_____ 院长，为 _____。

（五）_____ 院长，为 _____。

一三、下列政府重员，据最近报载，（一）现在何地，（二）有何任务？（8）

黄郛（一）_____ （二）_____

孙科（一）_____ （二）_____

胡汉民（一）_____ （二）_____

顾维钧（一）_____ （二）_____

一四、请举最近一月内去世之世界两伟人：（一）姓名；（二）国籍；（三）职位。（6）

（一）_____ （二）_____ （三）_____

（一）_____ （二）_____ （三）_____

一五、最近米价及粉价，何以大涨？（8）

_____

_____

书法试题

（一）中文书法（照录下文，并照加标点。）

综计上列各项商品，与杂货业关系最切者，厥推面粉砂糖；次为大米、鸡卵、海味、罐头、酒类、煤油、木炭之属；再次为粮豆、磁器、食盐等项。兹就大体言之：连埠市面，近年极形萧索，各业获利颇难，就中粗细杂货系属日用必需；但细杂货中，属于妆饰品者，供给须视需要之趋势，日新月异，压本极易；且销路优劣，全视市面盛衰为转移。粗杂货地位，无论市面如何，不能因之停顿，不过因各业之不振，不免咸受相当影响。且以面粉落价，所遭打击与损失至为重大，杂货业之前途，不可遽抱乐观，大都审慎从事，不敢放手以图发展也。

（二）西文书法（照录下文，并照加标点）

James Thomson has been justly called the poet of nature. His "Seasons", which appeared between 1726 and 1730, possessed the charm of novelty. "The fresh treatment of a simple theme", to use the words of Professor Minto, "the warm poetical coloring of common place incidents, the freedom and irregularity of the plan, the boldness of the descriptions, the manly and sincere sentiment, the rough vigor of the verse, took by surprise a generation accustomed to witty satire and burlesque, refined diction, translations from the classics, themes valued in proportion to their remoteness from vulgar life". Thomson looked upon nature with a poet's eyes. If he learned from books, he learned also from observation. There is truth in the lines describing his poetical life:

"I solitary court

The inspiring breeze, and meditate the book

Of Nature, over open; aiming thence,

Warm from the heart, to pour the moral song."

His descriptions are wonderfully accurate, vivid, picturesque; and there is no phase of the various forms of earth and sky that has escaped the minuteness of his observation.

浙江兴业银行智力测验试卷

测验一

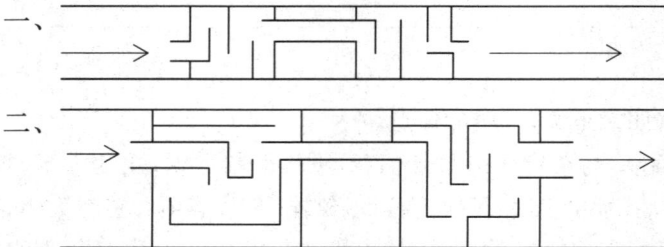

一、

二、

三、

四、

五、

测验二

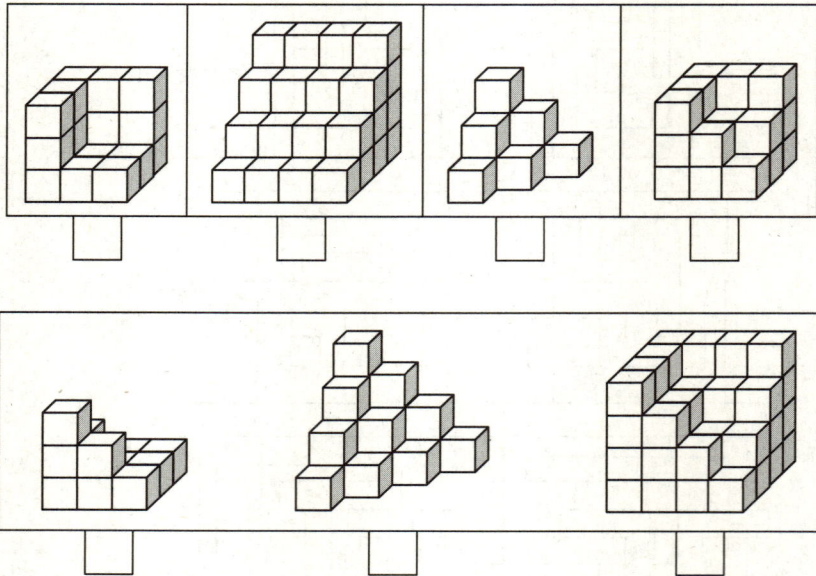

测验三

一、XXXXXX

二、X X X X X

三、XOXOXOXOXO

四、XX XX XX XX

五、XO XO XO XO

六、XXOXXOXXOXXO

七、OOXXOOXXOOXX

八、XXOOOXXOOOXXOOO

九、XOX XOX XOX XOX

十、XXOXOXXOXOXXOXO

十一、XOXXOXXXOXOXXOXXXO

十二、XXXXOOOXXOXXXXOOOXXO

测验四

一	二	三	四	五	六	七	八	九
∩	∩	⊃	L	∪	○	∧	×	=

一、	三	一	二	一	三	二	一	四	二	三	五	二	九	一	四

二、	六	三	一	五	四	二	七	六	三	八	七	二	九	五	四

三、	六	三	七	二	八	一	九	五	八	四	七	三	六	九	五

四、	一	九	二	八	三	七	四	六	五	九	四	八	五	七	六

五、	九	三	八	六	四	一	五	七	二	六	二	四	八	一	三

六、	四	九	五	一	七	五	二	六	九	三	七	八	四	一	八

测验五

650·············650	10243586·············10243586
041·············044	659012534·············659021354
2579·············2579	388172902·············381872902
3281·············3281	631027594·············631027594
55190·············55102	2499901354·············2499901534
39190·············39190	2261059310·············2261659310
658049·············650849	2911038227·············2911038227
3295017·············3290517	313377752·············313377752
63015991·············63019991	1012938567·············1012938567
39007106·············39007106	7166220988·············7162220988
69931087·············69931087	3177628449·············3177682449
251004818·············251004418	468672663·············468672663
299056013·············299056013	9104529003·············9194529003

36015992·········360155992	3485657120··········3484657210
3910066482·········391006482	8588172556··········8581722556
8510273301·········8510273301	3120166671··········3120166671
263136996·········263136996	7611348879··········76111345879
451152903·········451152903	26557239164··········26557239164
3259016275·········3295016725	8819002341··········8819002341
582039144·········582039144	6571013034··········6571013034
61551529·········61551529	38779762514··········38779765214
211915883·········219915883	39008126557··········39008126657
670413822·········670143822	7565800398··········75658100398
17198591·········17198591	41181900725··········41181900726
36482991·········3642991	6543920817··········6543920871

测验六
（凡遇到字母 a 即划去）

material, theories, viewpoints, and problems which are most worth while for intellectual breadth and culture. For those, on the other hand, who are entering upon a serious study of society, it provides the necessary background for accurate and realistic thinking regarding soccial processes, institutions, and problems. The author's point of view is that of the evolutionist and is strictly modern throughout. Controversial issues have been stated as fairly as possible and with the purpose of stimulating thought and creating the open, understanding mind. After an introductory chapter in which the pitfalls of bias and the characteristics of the scientific or evolutionary viewpoint are discussed, a chapter, The Origin of Man, is included. There follow chapters on the four primary factors in social life, the geographical, the biological, the psychological, and the cultural. Many of the problems raised here are brought together synthetically with reference to specific problem in the next chapter, Races of Men. A brief chapter is included on certain fundamental concepts such as society, community, institution, social structure, and function, after which the most important institutions are studied under the following heads: Evolution of Material Culture; Myth, Magic, Religion, and Science; the Family; and Evolution of Social Organization and Integration.

KINNEMAN

Society and Education

By John A. Kinneman, of the Department of Sociology, Illinois State Normal University. New York, 1932.

558 pp. . 12mo, $2. 00d.

This is a book which is at once a thorough review of those sociological facts and principles essential to the background of every teacher, and a challenging, stimulating excursion into educational philosobhy. It can be used to advantage in the introductory course in sociology, although it was written with a view to satisfying the needs of the educational sociology course. Its focal point is the curriculum. The author makes clear the sociological objectives of education, shows how the traditional curriculum fails to meet them, and pleads for a new course of study better adapted to the social conditions and social problems of modern civilization. What can the school do about lawlessness, radicalism, racial and religious prejudice, crime, poverty, unemployment? What are the school's responsibilities in developing a society whose members will be physically sound, mentally disciplined, emotionally balanced, vocationally and socially adjusted?

测验七

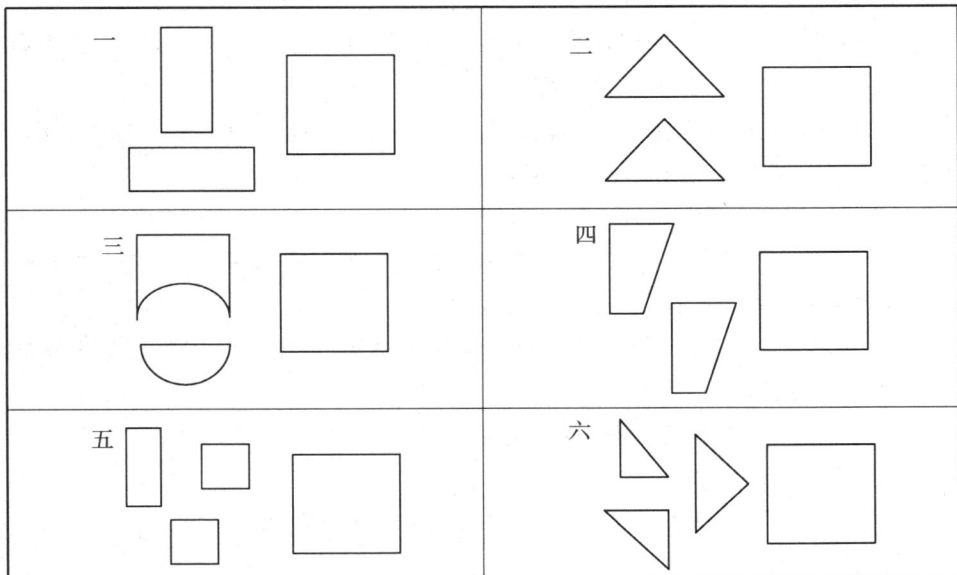

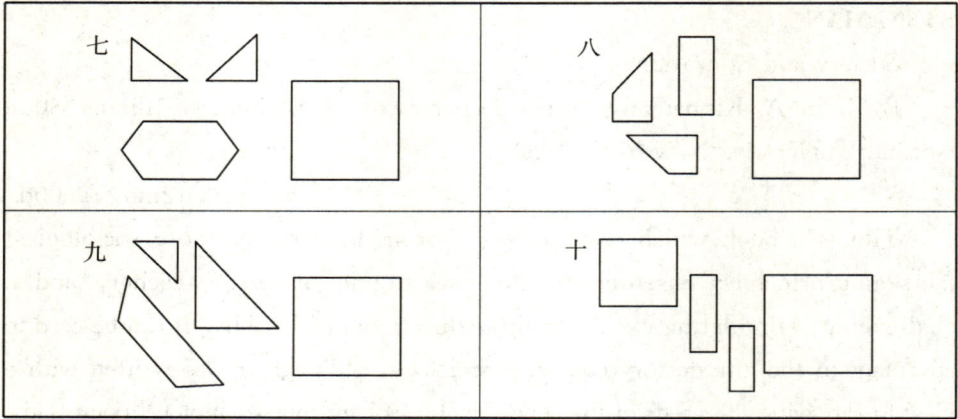

测验八

1. 这里有五个字，**仁　义　礼　智　信**，用你的笔，任意抹去一个。

2. 在这三个字中，**天　地　人**笔画最多的一个字脚下画一短横。

3. 鸡蛋若比石头硬些，就在这里 ……… 画两点；不然，就在这两个姓中间：**苏　　　张**，画三个圈。

4. 若是你相信电灯是孔明发明的，就把你方才画的圈抹去一个；若是别人发明的，就把这两条线连起来——　——。

5. 在这里 ……… 写一个比十小些的数，但不要写"五"。

6. 写"八" ……… 若是三乘三是九。

7. 写"是" ……… 不管印度国在美洲也好，在澳洲也好；然后用一个不对的答去答这一问："一只狗有几条腿"？ ——

8. 假如冬之夜比冬之昼长些，就在这里 ……… 画两个圈；假如短些，就在这里 ……… 画一个三角形，或在这里 ……… 画一个四方形。

9. 留心这五个数：46，23，58，19，37，

10. 若是太阳比月亮光明些，就把顶大的一个数写在这里 ……… ；若是星比月亮光明些，就把顶小的一个数写在这里 ……… 。

11. 写"不" ……… 若是父亲的父亲叫做祖父；再用一个数把这几个字做成一句话：**一星期有　　　天**。

12. 用一个圈去答这一问：那件东西卖得贵些；一双皮鞋呢？ ……… ，四两猪肉呢？ ……… ，

13. 拿一个对的答去答这一问："**黄河**之水是从天上发源么"？ ……… ，把你的答再写一回 ……… 。

14. 不要在这里做甚么（$10 \div 2 = \quad$），但把你的姓起头的三画，你的名字最后的三画写在这里 ....。

（6）新华信托储蓄银行招考练习生试题（1936年）

国文试题

任作一题（白话、文言不拘）

一、储蓄银行与社会之关系

二、失业苦痛的写实

算学试题

一、两数相差为8，其中大数加2则适等小数3倍，该两数各几何？

二、某甲持有银行存单1纸，计洋100元正，定期3年，按年6厘计算，每年复利一次。问到期时，某甲可得本利若干？若以领得利息折合单利，其利率应为几何（小数要二位，第三位四舍五入）？

三、某甲按市价80元，购买某种公债百张，共计票面10 000元。该公债年息7厘，每年付息一次，问某甲投资实得利息，合利率若干？

四、分解下列各式因数：

$6a^3 + 2a^4 + 4a^5 =$

$a^2 + ab + ac + bc =$

五、填写下列空白

1. 在二等边三角形内，对等边的角 ....

2. 一个三角形内，三角相加等于 .... 度

3. 经过不在一条直线上的三个点只能画 .... 个圈

4. 倘若 $a : b = b : c$，则 $a : c =$ ....

5. 甲三角形的三个角等于乙三角形的三个角时，则甲乙三角形 ....

常识测验

1. 电报是 .... 发明的。

2. 苍颉六书为 1. .... ；2. .... ；3. .... ；4. .... ；5. .... ；6. .... 。

3. 佛教于 .... 时传入中国。

4. 中国人口最稀的省为 .... 。

5. 国社党是 .... 的政党。

6. 我国女子参政始于 .... 朝。

7. 英美日三国海军比例为 .... 。

8. 我国全国存银约共＿＿＿。

9. 电车或火车初停时，因＿＿＿所以立足不稳。

10. 磁茶壶盖上何以必有孔？答＿＿＿。

11. 我国＿＿＿省人口最密。

12. 眼球水晶体之凸度过甚，则成＿＿＿眼。

13. 日本于＿＿＿时合并朝鲜。

14. 面包何以空松？答＿＿＿。

15. 人出汗后，挥扇何以特别凉爽？答＿＿＿。

16. 无花果既无花，何以能结果？答＿＿＿。

17. 洋油灯何以须加罩？答＿＿＿。

18. 人脑分为三部：1.＿＿＿；2.＿＿＿；3.＿＿＿。

19. 皮肤作用有五：1.＿＿＿；2.＿＿＿；3.＿＿＿；4.＿＿＿；
5.＿＿＿。

20. 人在日光中，忽入室内，则不见物，其故何在？答＿＿＿。

英文试题

I. Fill in the following blanks：

Example：The letter <u>was written</u> by any brother.

1. ＿＿＿the book on the table.

2. He ＿＿＿for stealing.

3. This horse ＿＿＿yb a rich man.

4. The building ＿＿＿the street is mine.

5. ＿＿＿time nor money was enough.

II. Correct the following sentence：

Example：One of the cbairs has been moved.

1. The blue bird，rs well as the robin，come early.

2. The store with all the goods were burned.

3. Either Tom Harry are using may telephone. .

4. Although the price was dear，I bougt it. .

5. I found it breaks.

III. Underline the following correct sentences：

Example：You looks sick.

　　　　　You ilook sick.

1. He walked slowly lest he should fall down.

He walked slowly that he shall fall down.

2. I trust his word, after he speaks the true.

   I trust his words, because he speaks the truth.

3. He is interesting in such matter.

   He is interested in such matter.

4. You ought be clean.

   You ought to be clean.

5. Sanghai is in East China.

   Shanghai is at East China.

IV. Give one word of opposite meaning for each of the following words.

   Example：Young _____Old

   1. friend　　2. peace　　3. sit　　4. true　　5. buy

   6. careful　　7. clean　　8. live　　9. poor　　10. night

V. "He should take his hat off when he comes into a house, He should raise his hat to men older than he is, He should let others go first, He should not ask for anything without saying 'Please', He should not take anything without saying 'Thank you', He should say, 'Excuse me', when he passes in front of another person, He should remember this rhyme Politeness, is to do and say, the kindest way".

   Read over the above passage and give answers to the following questions：

   1. How should one do when he comes into a house?

   2. What should one say when he askes for something?

   3. What should one say when he takes something?

   4. When one passes in front of another person what should he say?

   5. What is meant by "Politeness"?

(7) 江苏银行招考练习生试题(1936 年)

国文试题

(一) 新青年应具有之学识与道德。

(二) 中国经济衰落之症结。

(以上任择一题)

笔算试题

1. 某乙于二月十四日存入洋四千五百元,三月二十五日支洋一千零五十元,四月十二日存入洋五百元,六月三日支出洋一千二百元,此项存款,言明月息四厘,按日计算,每月作为三十日,问至六月底共得本利若干?(二月二十八日;三、五月均为三十一日;四、六月均为三十日)

2. 某公债票每张票面百元,市价六十元,利率规定依票面为标准,按月息六厘计算,问此项公债,如以市价为标准,实际利率应折合几何?

3. 每国币一元,合英金一先令二辨士半,问现有十七镑八先令四辨士,应合国币若干?

4. 某甲存洋三千四百六十七元,定期半年,月息七厘半,问到期本利共得若干?

(以上四题任择两题)

簿记试题

1. 富友余君交来本行即期本票一万元,存作定期存款,期限五年,年息一分;

2. 经继宽君与本行往来,已经透支三千六百〇四元二角五分,今日送来法币四千元,请收帐;

3. 行员费荣省君因公出外,现已公毕回行,前在暂记欠款由预支旅费一百元,除报销六十四元六角外,余数找回;

4. 殷石家君以某汇划庄本月十五期庄票二万元,托汇南通,当由本行书给本月二十日板期汇票一纸,并按每千元五角计算手续费,收入法币;

5. 周转南君以十天期汇划庄票三千元,向本行贴现,按月息八厘计息,除以一千元代汇南京及应扣手续费一元外,余付法币;

6. 钱丰裕君与本行订有透支二千元,未经支用,而帐上尚有存款一千九百九十元,但今日钱君所出之一个月期支票二千元,已经本行承认保付。

(以上六题,选择四则,照制传票,记日记帐,并过总帐)

1. 何谓主要帐与补助帐?

2. 试述银行各交易记帐之程序?

3. 日记帐之帐记载,如何过入总帐,总帐之现金科目,如何记入?

4. 试述复写传票及抄报帐之功用?

5. 试述摊提之意义及其方法?

6. 试拟利息子目?

(以上六题,选答四则)

（8）聚兴诚银行招考练习生试题（1936年）

国文试题（任选一题）

一、以诚信勤俭服务社会说

二、试言服务金融界之志趣

常识试题（任选十题）

1. 下列商埠系在何省？

　　1. 北海　2. 龙口　3. 鼓浪屿　4. 龙州　5. 迪化　6. 巴县　7. 思茅

　　8. 思明

2. 下列人名为何时人？

　　1. 商鞅　2. 司马光　3. 杨炎　4. 史可法　5. Lloyd George

　　6. Louis XIV　7. Malthus　8. Adam Smith

3. 试言我国最高之山峰为何？

4. 五口通商始于何时，并举五口之名？

5. 我国沿海岸线以何省为最长，何省次之，何省再次之？

6. 四库全书成于何时，何人总纂？

7. 试举世界产银区域，以何国产银为最多？

8. 扬子江及黄河各长若干里？各经过几省？各由何处入海？

9. 何谓五权宪法？

10. 电灯是谁发明的？

11. 试释出超、入超之意义

12. 无限公司与有限公司之分别

13. 巴拿马运河是何国出资开凿，长约若干英里？

14. 中国最大工程为何？

英文试题

I. Fill in the following blanks：

　　6. I tell you _____ I heard.

　　7. I tried to lift him up but _____ was impossible.

　　8. She is the fairest woman _____ I ever spoke.

　　9. _____ of these books is mine?

　　10. It was I _____ called on you yesterday.

II. Correct the following sentences：

　　6. He promised he will go in another week.

7. He was writing an hour ago and still writes.

8. John，James or I is to win the prize.

9. The quality of these potatoes are bad.

10. At length we arrived.

III. Give one synonym for each of the following words：

Example：rich，wealthy.

1. beautiful   2. bold   3. capable   4. cold   5. commodity

6. deceive   7. decide 8. economical   9. management 10. graphic

IV. Give one antonym for each of the following words：

Example：rich，poor.

1. bright   2. base   3. calm   4. cheap   5. cheerful

6. conquer   7. cruel 8. decrease   9. easy   10. pride

V. Write a short letter of not more than one hundred words for applying a position in a bank.

算数试题

1. 设有银圆一千元存于储蓄银行，按周息一分计算，此款本息倘不提取，则

(1) 三年后本息共几何？

(2) 六年后本息共几何？

(3) 十五年后本息共几何？

将(1)详细算出；(2)(3)仅引用公式，说明如何计算，无须答数。

2. 假定周息一分三个月的期票一纸，计洋一千元，问现值几何？

3. 某商人与人订一契约，每年可获净利五千元，六年为期，假使该契约在第四年出售，而其时利率为周息六厘，问该契约售价几何？

4. 某块地皮每年可得净收入一千元。

(1) 设按周息六厘计算，其现值几何？

(2) 设按周息八厘计算，其现值几何？

(3) 设按周息一分计算，其现值几何？

(9) 上海绸业银行招考练习生试题(1934年)

国文试题

一、拟上海绸业银行举办家庭储蓄宣言（登广告用）

二、拟上海绸业银行同人进德会缘起及组织简则

（两题须全作）

English

I. Write a short essay on the following subject：

The Need of Vocational Education.

II. Translate the following into English：

1. 吾生也有涯而知也无涯。

2. 国民政府以取消不平等条约为己任，将采正当及和平之手段以达此目的。

3. 夙夜匪懈，主义是从。

4. 月明星稀，乌鹊南飞。

珠算试题

一、财部向某银行借款五十万元，年利一分二厘，言明三年后归还。问归还时当收本利和若干元。

二、天津银九十四两二钱五分五厘，合上海规银一百两。今自天津电汇银八百两至上海，计当扣电费五钱四分，又每百两须汇费三钱二分。问上海该收银若干两。

算术试题

一、以三百工人修筑二百五十丈之道路，七十日可成。问开长六百丈之路，限一百八十日完工，须用工人若干。

二、有牛商以银六九〇九元，买牛一四七匹。嗣从其中卖去若干匹，得银二三三二元，尚余九四匹。问每匹盈或亏若干。

三、有父子二人，现年合共八十八岁。自今年前十四年时，父年为子之四倍。问父子二人现年各几岁。

复利试题

一、今有一人，存某庄本金一五〇元，年利五厘。三年后问按复利计算，可得本利若干。

二、今有人欲营商，借来本金三七五〇元，年利六厘。问若干时后，本利合成四五六〇元。

三、存款一宗，按复利周年五厘计算，存八年后，可得三万元。问其本金若干。

代数试题

一、试分解下列因数。

(a) $ax^3 - a^2x^2y + axy^3$

(b) $a(x - y^2) - b(xy - y^2)$

二、有甲乙丙三人作一事，作成之时间，甲需乙之二倍，乙需丙之二倍。若三人共作，则十二时可成。问一人作之，各需时几何。

会计学、簿记学试题

一、试说明会计学及簿记学之区别及功用。

二、试述学式及复式记帐法之异点及优劣。

三、试述借贷之原理并举例以明之。

四、试解释下列各字之意义：

1. 资产　2. 负债　3. 资本　4. 净益　5. 过帐　6. 公积金

五、试将下列各种交易，分别记入应记各补助帐及主要帐，并作日计表：

（一）本行股本统额银元一千万元，分作十万股，每股银元一百元，分四次缴清。

（二）收各股东交第一期股款二百五十万元。

（三）支庶务科开办费银元四千元。

（四）支庶务科营业用器具银元二千元。

（五）支庶务科营业用房屋地皮价十万元。

（六）买入整六公债面额银元十万元，价三十五元，共支银元三万五千元。

（七）以银元二十万元，存入本行，存息四厘，当收到财字第一〇〇至二〇〇号支票一百张并三十号存折一扣。

（八）收三和堂银元二万元，期一年，年息一分，当给以 A 字第一张定期存单一纸。

（九）支张某抵押放款五百元，抵押品万利公司千元股票二张，面额计二千元，期限一个月，月息一分二厘。保证人李某当收到第一号借据一纸。

（十）设立南京分行，运去现银十万元。

（十一）支本行请客二十元。

（十二）赵某以盐税面额二十万元，寄存本行，期一个月，预收保管手续费二元。

（十三）仁记以大有公司所出四十号期票一纸，计银元二千元，本日出票，下月三十一日到期。付款人南京万胜洋行托本行代收，当将此票寄南京分行。

（十四）董事长王先生以银元二千四百元暂存本行。

（十五）收赵五往来存款五千四百元，当给以丙字第七八九至八八九号支票一本，并二八五号送银簿一本。约定透支额二千元，存款息四厘，透支息一分，以交通股票十股作抵押品。

（十六）赵五来丙字第七八九号支票一纸四千元，印鉴荷合，照付。

（十七）赵五来丙字第七百九十号支票一纸二千元,在存款内照支外,其不敷之数,即在帐内透支。

（十八）收吴太太储蓄存款四百元,当给以八十号储蓄折一扣。

口试

1. 各银行在本埠设立支行或分办事处主要目的何在?

2. 何谓五权宪法?

3. 中央银行与商业银行有何区别?

4. 中国有历史以来占有领土最广的是何朝代?

5. 东三省土地的面积与日本土地的面积孰大? 约差几倍?

6. 美国新任大总统是何人? 是否加入国联理事?

（10）永大银行招考练习生试题（1936 年）

国文试题

现代青年之修养

试述投考永大银行之志趣（任择一题）

珠算试题

计算下列各题,并将计算步骤详细列出：

$8\,454 \times 54 =$

$4\,284$ 润 $42 =$

银行簿记试题

1. 略述传票之意义及其种类?

2. 银行的主要业务是什么? 附属业务是什么?

3. 将以下事实作为传票：李志白定期存款二万五千元（存单第 33 号,期三月周息七厘）,本日到期,李君来行声请照原条件续存三月,当将旧存单收回,发与第 96 号新存单一纸,利息付出现金。

4. 王尔锡以本行第 12 号本票二千元一纸,兑出现款五百元,余请作活期存款,周息四厘,凭折支取,当付以第 81 号存折一扣。

英文试题

I. Fill the following blanks：

Example：He was at home but <u>not at</u> work.

1. The servant tried to do _____ duty.

2. We go to School _____.

3. _____ many foreigners in shanghai.

4. _____ told you that I was going to Hang Chow.

5. On is a very useful _____.

6. We _____ ball every Saturday afternoon.

7. A dog and a cat _____ usually enemies.

8. The servant looks _____ the baby.

9. Every child _____ candy.

10. I work _____ you work and he _____ too.

II. Underline the following correct Sentences：

Example：Does he look good?

<u>Does he look well?</u>

1. you ought to be clean.

2. He wanted very much to see me.

3. First he talked slow，then he talked hurry.

4. I always study hardly.

5. He came in quite yesterday.

6. Every monday I go to the city.

7. A cat caught a mice.

8. Like Swiming in the ocean.

9. The man and her son were my friend.

10. you can succeed by try hard.

III. Give one word of opposite meaning for each of the following words：

Example：Poor Rich

1. old   2. king   3. Daughter   4. Friend   5. mother

6. Boy   7. Sister   8. Servant   9. Day   10. Man

IV. Give one Synonym for each of the following words：

Example：Clean neat

1. Happy   2. door   3. laugh   4. Great   5. Look

6. Speak   7. little   8. Silent   9. afraid   10. Excuse

V. I sat down in the station and looked about me，one seat was a man who kept opening and closing a box. It seemed to be a box that had suffered many hard knocks，next to him sat an old woman who was trying to sleep and to watch her baggage in the corner there was a big fat man who had missed his train. He talked all the time to a boy who was going to help him get a seat（or two）on the next train. Then there was a tall man who had lost his lunch basket. He was trying to find the person who had stolen it. He was ready to pay a dollar to anybody that would find it for him. He was a funny fellow. He had a ticket，he said which would carry him all around the world by land Travelling people always interesting. Read over the above passage and give answers to the following questions：

1. what kind of a box which the man kept opening and closing?

2. who talked all the time to a boy?

3. who want to get a seat on the next train?

4. what kind of ticket the man had?

5. How many people he noticed at the station?

算学试题

1. 二数之合为 58，差为 16，求二数？

2. 某甲按市价 80 元购买某种公债百张，共计票面 10 000 元，该公债年息厘，每年付息一次，问某甲投资实得利息合利率若干？

3. 职工四人合作一事，预定十日可完。今合作四日之后，增加工人二名，则所作日数几何？

4. 分解下列各式因数：

   a. $a^2 + abacbc =$ b. $a^3 c^3 b^3 =$

   c. $6\frac{3}{力} + 2\frac{4}{力} + 4\frac{5}{力} =$ d. $力2 + 2a力 - b力 - 2aq =$

5. 填写下列各句空白：

   (1) 两线交叉，其_____相等。

   (2) 弓形为全圆之半时名为_____。扇形为全圆之四分之一时为_____。

   (3) 自圆心至圆周之直线，为圆之_____。一线过圆心而两端在圆周上者为_____。

   (4) 三角形任何两边之和必较第三边_____。而其差必_____于第三边。

   (5) 依次引长多边形之各边，所作之诸外角之和等于_____。

（11）四行准备库储蓄会招考助理员及练习生试题（1933 年）

国文——任作一题

    统制经济之意义

    试论银行与工商业之关系

我之志愿

算术——甲、笔算

（1）倘若甲三角形之两边与夹角等于乙三角形之相符边与夹角时,则甲乙两三角形相符合,试证之。

（2）证明三角形内之三角相加为 180 度。

（3）存若干钱于银行,按周息一分计息,每年复利一次,则二年后可得 1 452 元。

（4）某老人年岁适长其子五倍,如将老人年岁自乘与其子年岁自乘,二数相加等于 2 016,问父子二人年龄各几何?

（5）某甲存洋 1 500 元于银行,周息七厘,问一年后应得本利合若干元?

（6）某数自乘后减 119,适等于该数减 8 再用 10 乘的结果,求某数。

（7）a. 分解下列各式因数:

       1. $a^2 - 2ax + x^2 - 4b^2$ 2. $42x^2 + 74xy + 20y^2$

    b. 求下列各式之积数:

       1. $(a+b+c)(a+b+c) = ?$ 2. $(x+y)(x^2 - xy + y^2) = ?$

（8）某甲按市价 80 元购买某种公债百张,共计票面 10000 元,该公债周息 7 厘,每年付息一次。问某甲投资实得利息折合利率若干? 若市面通行利率为 8 厘,则此种债票每张应值价若干?

乙、珠算

计算下列各题,并将计算的步骤详细列出:

1. $3592 + 4876 = ?$ 2. $90184 - 82501 = ?$

3. $7368 \times 542 = ?$ 4. $3996 \div 45 = ?$

英文——应试练习生者此作作否听便

I. Fill in the following blanks:

1. Why _____ you come so late?

2. It is mary _____ I visited yesterday.

3. Either he or I _____ wrong.

4. If I _____ you, I should have told him.

5. He is _____ to join us.

II. Correct the following Sentences:

1. Will you please to tell me the date set for examination?

2. John help me a great deal.

3. I will go to see you at Sunday.

4. In the dark my mother mistook Henay to be I.

5. Why you are so busy?

III. Give the synonym and antomym for each of the following words：

1. Clever   2. Liberty   3. Lazy   4. Light   5. Fast

IV. Write a Composition of about 100 words on any one of the following subjects：

1. My Family.

2. My School Life.

簿记——

某商店于本年一月成立，资本 200 000 元，由成立之日起至一月卅一日止，营业状况如下：

一月一日，买家具值洋 5 000 元；买文具洋 525 元。

二日，付半年房租 1 500 元；现钱买货 37 000 元。

四日，由先施公司买货 12 500 元（暂欠）。

七日，卖给同发号货洋 2 340 元（暂欠）。

八日，付杂费洋 214.51 元；由天章纸厂买来道林纸共值洋 320 元（暂欠）。

十日，同发号付期票一纸，计洋 1 500 元，还其暂欠的一部份；现钱买货 5 020元；

十一日，卖给日升号货洋 19 545.28 元（该号除付半价外，余暂欠）。

十二日，本日现钱卖货共洋 2 913.72 元。

十五日，本月份同人薪金共付洋 1 500 元；付工友工资洋 130 元。

十六日，现钱买货，共洋 60 500 元；本日现钱卖货，共洋 4 980.70 元。

十七日，付广告费 550 元；付保险费 150 元。

二十日，日升号退回货物，值洋 1 236.70 元。

二十三日，由先施公司买货 10 800 元（暂欠）。

二十六日，同发号付现钱 840 元（清账）。

二十八日，付先施公司期票一纸洋 15 000 元（还暂欠的一部份）。

三十一日，本日现钱卖货 7 430 元。

（1）将以上各项记入总账中。

（2）作一试算表。

（3）作一资产负债对照表。

货币与银行学、经济学（任作八题）（应试练习生者此门作否听便）

1. 何谓本位币？何谓辅币？

2. 试述货币之职务,哪一种职务最主要? 其故安在?

3. 我国现在以银为本位,其利弊如何?

4. 试述银行之效用及其种类(按银行营业性质分类之)。

5. 试述我国发行之准备制度,该制度与英国发行准备制度有何异同?

6. 美国通用之纸币,由各银行发行者有三种如下:

一、国民银行纸币(National Bank notes)

二、联邦准备银行纸币(Federal Reserve Bank Notes)

三、联邦准备纸币(Federal Reserve Notes)

甲、上述三种发行之准备有何异同?

乙、上述三种发行之准备与我国之发行准备有何异同?

7. 解释下列经济新闻:

本埠汇丰挂牌汇价

伦敦电汇　一先令四便士三七五　　　日本电汇　一一四元七五

纽约电汇　美金三四元七五　　　　　印度电汇　九○卢比二五

香港电汇　八九元七五

8. 近年来我国资金由农村继续流往都市,其故安在? 影响如何? 应如何设法救济之?

9. 解释下列各名词:

一、经济财(Economic goods)

二、自由财(Free goods)

三、购买力(Purchasing Power)

四、效用(Utility)

五、价值(Value)

六、物价(Price)

七、物价水平(Price Level)

八、指数(Index Number)

参考文献

（一）档案史料

上海市档案馆藏档

大陆银行档案，全宗号：Q266；

浙江兴业银行档案，全宗号：Q268；

上海商业储蓄银行档案，全宗号：Q275；

四明商业储蓄银行档案，全宗号：Q279；

中国银行总行、中国第二历史档案馆合编：《中国银行行史资料汇编》，档案出版社1991
年版。

交通银行总行、中国第二历史档案馆合编：《交通银行史料》第一卷，中国金融出版社1995年
12月版。

中国人民银行上海市分行金融研究室编：《金城银行史料》，上海人民出版社1983年版。

中国人民银行上海市分行编：《上海钱庄史料》，上海人民出版社1960年3月版。

《中国银行行员手册》

《中国银行业务会计通信录》

《福建省银行章则汇编》

（二）报刊资料

《中行生活》（中国银行）

《交行通信》（交通银行）

《海光》（上海商业储蓄银行）

《兴业邮乘》（浙江兴业银行）

《浙光》（浙江实业银行）

《苏行旬报》（江苏银行）

《苏农》（江苏农民银行）

《绸缪》（上海绸业银行）

《申报》

《银行周报》

《妇女杂志》

《新生周刊》

《教育与职业》

《万花筒》

（三）研究著述

施蛰存：《小珍集》，上海良友图书印刷公司，1936 年 9 月版。

中华书局编：《上海的将来》，中华书局 1934 年 1 月版。

张公权：《银行行员的新生活》，正中书局 1934 年 5 月版。

韬奋编：《读者信箱外集》，生活周刊社 1931 年第 3 版。

骆耕漠：《现代青年的职业问题》，新知书店 1937 年 3 月版。

李建树著：《应昌期传》，台湾理艺出版社 1999 年版。

仲向平、申俭编著：《银行家金润泉传》，中国文化艺术出版社 2008 年 1 月版。

王笛：《时间·空间·书写》，浙江人民出版社 2006 年 8 月版。

程乃珊：《上海先生》，文汇出版社 2008 年 8 月版。

叶文心著，王琴、刘润堂译：《上海繁华：都会经济伦理与近代中国》，时报文化出版公司 2010
年 6 月版。

章乃器：《七十自述》，《文史资料选辑》第 82 辑。

浙江省政协文史资料委员会编：《浙江近代金融业和金融家》，浙江人民出版社 1992 年 2
月版。

史立丽：《上海女子商业储蓄银行研究（1924～1955）》，复旦大学硕士学位论文（2003 年）。

曾凡：《人力资本与近代上海职工工资差异：基于 1920～40 年代上海企业的实证分析》，《上
海经济研究》2011 年第 2 期。

张健：《近代上海华资银行薪酬体系研究（1897～1937）》，《安庆师范学院学报（社会科学版）》
第 30 卷第 11 期，2011 年 11 月。

姜建清主编：《近代中国银行业机构人名大辞典》，上海古籍出版社 2014 年 1 月版。

（四）互联网资源

胡守礼：《雪泥偶留》，http://hushouli.netor.com/，2016 年 5 月 26 日登录。

后记

　　本书的写作，与《稀见民国银行史料丛编》的编纂有很大的关系。该丛编涉及民国时期的中国银行、交通银行、上海商业储蓄银行、浙江兴业银行等多家银行，所收录的史料均为这些银行内部刊物所刊文稿的分类精选。对于近现代经济史、金融史和银行史研究者而言，这批文稿所蕴含的丰富而珍贵的史料价值，显然是不可忽略的。对于今天的银行管理者或银行职员，甚至普通读者，若要了解当年银行的生活环境，以及银行员工的生存状况，这批史料无疑也提供了一个新的窗口和视角。

　　近几年来，我的大部分业余时间都用以编纂这套丛书。编纂之余，我自己也尝试着利用这批史料，着重研究民国时期银行管理者和普通职员的职业生涯和公余生活。每当夜深人静，在灯下捧读这些纸张已经泛黄的史料，我时常感觉是在与当年的银行界前辈们对话，倾听他们的娓娓诉说。当年筚路蓝缕的艰辛，其辉煌与苍凉，每每让我感念不已。作为一个近代中国金融史研究者，同时也是现今中国银行业的实际从业者，我常常感到，自己有责任将这段历史尽可能全面真实地再现出来。

　　其中，有关民国时期银行练习生的内容，是我近几年来关注的重点之一。为全面准确地还原当年银行练习生的真实生活状态，除了利用《稀见民国银行史料丛编》中的相关内容外，我还在国家图书馆、上海图书馆、上海市档案馆、多家旧书店以及互联网等处，访求相关史料，力争使研究建立在更为扎实的基础之上。其间，我陆续撰写的有关这一主题的文稿，先后在《金融博览》杂志以及《中国银行业》杂志等连载或刊登。有部分文稿在刊出后受到了不少媒体和读者的关注和肯定，不少专家学者还提出了具体的修改建议。本书即是以这些文稿为基础，重新修改、补充而成。

　　在本书写作和出版过程中，多位师友提供了帮助和支持，我向他们致以由衷的谢意：

感谢我在复旦大学攻读博士学位时的导师吴景平教授,在我毕业后的多年时间里,他一直关心着我的工作与生活,并对我的研究工作给予了许多直接的指导。今年夏天,他在美国斯坦福大学胡佛研究院访问研究期间,阅读了书稿并拨冗撰写了序言。

感谢上海市档案局副局长邢建榕研究员,他对我的写作与研究给予了许多指点与帮助,提出了不少宝贵的建议,我从中获益匪浅。

感谢我在人民银行上海分行和上海银监局工作时的老领导李克渊先生,以及上海金融法制研究会的各位领导,倪维尧先生,许慧诚先生,吴弘先生,刘晓明女士,刘姚莹女士等,他们的鼓励与支持,对我的研究工作和本书的出版帮助极大。

感谢《金融博览》杂志的刘娜首席编辑、刘光辉编辑;感谢《中国银行业》杂志的安嘉理编辑;他们独到的选题眼光和高质量的编辑工作,增添了我继续相关研究的信心。

感谢中国政法大学的王强教授,他也是我在复旦求学时期的室友,尽管平时教学与科研工作相当繁忙,但对我每次求教的电子邮件,他都在第一时间给予详细而令人满意的回复。

感谢上海市档案馆彭晓亮先生,作为本书的特约编辑,对本书的写作与出版发挥了特殊重要作用。无论是相关档案史料的检索、核对,图片资料的筛选,还是文字的润色,他都耗费了不少心血。他细致认真、不厌其烦的工作态度,给我留下了极为深刻的印象。

感谢仇戈先生、苏玉梅女士、徐进先生、朱明宝先生、张姚俊先生、黄沂海先生、沈建中先生、陈靖先生、柯珮女士、陈三三女士、马琳女士、徐昂先生、邓昉女士,等等,为本书的出版提供了不同形式的帮助。

感谢上海远东出版社,以及本书责任编辑、上海远东出版社陈占宏先生,他们富有效率的工作,使得本书得以在较短时间顺利出版。

最后,我要感谢我的妻子与女儿,她们一如既往地给予我极大的宽容与理解,这也是我能够继续坚持研究与写作的重要基础。

刘 平

2016 年夏于上海